Astrid Hochbahn (Hg.)

Gekonnt online in Beratung, Coaching und Weiterbildung

Digitale Formate für die Praxis

Vandenhoeck & Ruprecht

Mit 22 Abbildungen und 2 Tabellen
Inklusive Download-Material

Bibliografische Information der Deutschen Nationalbibliothek:
Die Deutsche Nationalbibliothek verzeichnet diese Publikation in der
Deutschen Nationalbibliografie; detaillierte bibliografische Daten sind
im Internet über https://dnb.de abrufbar.

© 2022 Vandenhoeck & Ruprecht, Theaterstraße 13, D-37073 Göttingen,
ein Imprint der Brill-Gruppe
(Koninklijke Brill NV, Leiden, Niederlande; Brill USA Inc., Boston MA, USA;
Brill Asia Pte Ltd, Singapore; Brill Deutschland GmbH, Paderborn, Deutschland;
Brill Österreich GmbH, Wien, Österreich)
Koninklijke Brill NV umfasst die Imprints Brill, Brill Nijhoff, Brill Hotei,
Brill Schöningh, Brill Fink, Brill mentis, Vandenhoeck & Ruprecht, Böhlau, V&R unipress.

Alle Rechte vorbehalten. Das Werk und seine Teile sind urheberrechtlich
geschützt. Jede Verwertung in anderen als den gesetzlich zugelassenen Fällen
bedarf der vorherigen schriftlichen Einwilligung des Verlages.

Umschlagabbildung: shutterstock.com/Sergey Nivens

Satz: SchwabScantechnik, Göttingen
Druck und Bindung: ⊕ Hubert & Co. BuchPartner, Göttingen
Printed in the EU

Vandenhoeck & Ruprecht Verlage | www.vandenhoeck-ruprecht-verlage.com

ISBN 978-3-525-45338-4

Inhalt

Astrid Hochbahn: Gekonnt online – Digitale Formate für Coaching, Weiterbildung und Beratung. Eine Einleitung 7

I Einsteigen in die Online-Welt 12
1. *Tom Küchler:* Online wachgeküsst – Wie wir hinderliche Glaubenssätze im Umgang mit Online-Formaten transformieren können. Ein Leitfaden für Skeptikerinnen und Skeptiker 14
2. *Mira Engenhorst:* Online sichtbar – #bewusst #authentisch #dynamisch 27
3. *Dorothee Rosenow:* In der Ferne so nah – Auftreten und Wirken im digitalen Raum 36
4. *Tanja Schwichtenberg:* Selfcare online – Wie es uns in digitalen Räumen und Zeiten gut gehen kann: Selbstfürsorge als Thema für Beratende und Klient*innen 43

II Intensität online 52
5. *Katja Möller-Rumann:* Supervision online – Tiefe und Nähe im virtuellen Raum 53
6. *Mirjam Faust:* Ein Praxisbericht – Erlebnisorientiertes Arbeiten mit Einzelpersonen und Paaren in der Video-Beratung 65
7. *Astrid Hochbahn:* Systemisch Zaubern – Durch Visualisierung komplexe Beratungsinhalte kreativ online bearbeiten 81

III Online-Lehre und Trainings 91
8. *Emily Engelhardt:* Blended Counseling – Die Zukunft der Beratung 93
9. *Peter Martin Thomas:* Web Based Training – Das Lehrbuch des digitalen Zeitalters 99
10. *Valentin Frangen:* Lern-Management-Systeme – Die zentralen digitalen Lernorte für systemische Weiterbildungen 107

11. *Christine Jablonski, Robert Baum und Dirk Rohr:* Heutagogik – Didaktische Überlegungen zur Gestaltung von Online-Lehre   115

IV Tools, Formate und Methoden 125

12. *Susanne Nadler und Jakob Bantleon:* Videos für Online-Weiterbildungen und Selbstmarketing 127
13. *Stefan Wierzbitza:* Hörenswert! Podcasts für Beratende und Coaches 137
14. *Holger Lindemann:* Online-Figurenaufstellung mit PowerPoint   148
15. *Clara Stein und Dirk Rohr:* Die digitale Erstellung von Genogrammen – mit der InGeno-App 157
16. *Elke Berninger-Schäfer und Hannah Süß:* Online-Coaching mit der CAI® World 169

Gekonnt online – Digitale Formate für Coaching, Weiterbildung und Beratung

Eine Einleitung

Astrid Hochbahn

Die Pandemie hat vieles verändert. Waren die meisten von uns zuvor zögerlich, Online-Formate in Beratung, Coaching und Weiterbildung zu nutzen, hat Corona uns allen eine steile Lernkurve beschert. Auf einmal war digitale Begegnung das Einzige, was noch möglich war – und entsprechend waren viele auf einmal bereit zu Experimenten und ersten Gehversuchen.

Und siehe da! Wo anfänglich vor allen Dingen Skepsis regierte, zeigte sich schnell: Erheblich mehr Professionalität, Kreativität, Austausch, Intensität und Vernetzung ist digital möglich, als wir glaubten.

Die Entwicklung ist nicht mehr zurückzudrehen. Wir alle haben in einem raschen Lernsprung erlebt, wie groß die Vorteile digitaler Formate sind:
- Sie schaffen Kontakt, wo räumliche Begegnung nicht möglich ist.
- Treffen können ohne weite Anfahrtswege stattfinden.
- Zwischen »großen« und »offiziellen« Meetings kann die Kommunikation über Chats, Messenger, die Beteiligung an Foren und E-Mails die Möglichkeit zu rascher Verständigung schaffen.
- Eine anonyme Kontaktgestaltung ist bei heiklen Themen für besondere Zielgruppen möglich.
- Die asynchrone Aneignung von Inhalten kann über Formate wie Online-Trainings, Podcasts oder Blogs geschehen – dann, wenn Menschen Zeit und Interesse haben, sich mit diesen Inhalten zu beschäftigen.
- Es ist möglich, kollaborativ über weite Entfernungen gemeinsam an Inhalten und Dokumenten zu arbeiten.
- Sich online zu treffen, kann Zeitaufwand und Kosten verringern.

Beratung, Training, Coaching und Weiterbildung werden damit überall verfügbar. Es ist keine räumliche Nähe nötig. Es fallen Hürden und Schwellenängste weg, die klassische Formate mit sich bringen. Auch Anbieter*innen erleben die Freiheit, sich nicht auf den Weg zu machen, sondern wo immer sie sind, ihre Leistungen bereithalten zu können. Es gibt also viele gute Gründe, online zu beraten, fortzubilden, zu trainieren oder zu coachen – auch ohne Pandemie.

Herausforderungen

Gleichzeitig hat die Erfahrung gezeigt, dass digitale Formate analogen Austausch nicht gänzlich ersetzen können. Denn wichtige Zwischentöne gehen schnell verloren, wenn der persönliche Kontakt ganz fehlt:
- Es entsteht größere Nähe und Bindung bei Menschen, die sich gemeinsam in Räumen treffen. Häufig wird der digitale Austausch als unverbindlicher und flüchtiger erlebt.
- Viele Methoden lassen sich nicht 1 zu 1 in den digitalen Raum übersetzen. Auch wenn – das wird dieses Buch zeigen – eine Menge möglich ist und Online-Formate sogar neue kreative Ausdrucksweisen schaffen, so fehlt die Möglichkeit, Aufstellungsarbeit mit Stühlen zu machen, zu malen oder die Puppen tanzen zu lassen.
- Online ist es nur eingeschränkt möglich, die Körpersprache des Gegenübers zu erleben. Wichtige Signale aus der analogen Begegnung fehlen.
- Und es fehlen nonverbale Reaktionsmöglichkeiten. Sie können sich nicht in den Arm nehmen, die Hand schütteln, im Raum bewegen …

Dieses Buch richtet sich an Neueinsteiger*innen, die sich vertraut machen wollen mit den Möglichkeiten einer Video-Beratung oder eines Online-Coachings. Es wendet sich an diejenigen, die überlegen, eigene Videos zu drehen oder Podcasts zu erstellen. Und es ist an die adressiert, die damit liebäugeln, ihre klugen Inhalte im Internet anzubieten oder zukünftig mehr remote arbeiten zu können. Adressat*innen sind darüber hinaus Anbieter von Weiterbildungen, die eingeladen sind, ihre Angebote weiterzuentwickeln und z. B. um Web Based Training und Lernmanagement-Systeme zu erweitern. Digitale Angebote werden immer selbstverständlicher – für Studierende sind sie an Universitäten und Fachhochschulen längst Alltag. Wer solche Entwicklungen verschläft, läuft Gefahr, zum Dinosaurier der Weiterbildungslandschaft zu werden.

Wer sich aufmacht, digitale Räume zu erobern, sieht sich zugleich einer Vielzahl von Fragen gegenüber:
- Welche digitalen Formate gibt es überhaupt und welche sind für Ihre Anliegen lohnenswert?
- Was müssen Sie als Gestalter*in von Online-Angeboten wissen und beachten, damit diese gelingen?
- Wie kann eine Didaktik und Rahmung aussehen, die lebendig, interessant, verbindend und klug online Inhalte und Ideen vermittelt?
- Wie kann die Kontaktgestaltung online gelingen? Was brauchen Menschen, um sich online genauso gut wie offline – oder vielleicht sogar besser? – begleitet zu fühlen?

- Gehen wichtige Aspekte systemischer Beratungsformate verloren, wenn man sich online trifft? Wie kann eine ähnlich hohe Qualität wie bei einer persönlichen Begegnung hergestellt werden?
- Wie können fehlende Kommunikationskanäle – das Fehlen von Gestik, Haptik und kinästhetischen Aspekten – kompensiert werden? Besteht die Gefahr, dass man als Berater*in Wesentliches nicht mitbekommt? Und wie kann ggf. mit dieser Gefahr umgegangen werden?
- Wie können systemische Beratungs- und Fortbildungsformate in den Online-Raum übersetzt werden? Gibt es neue Methoden-Impulse, die die alten ersetzen? Gibt es Entsprechungen für bewährte Tools, die online eingesetzt werden können?

Die Autor*innen haben ganz unterschiedliche Zugänge zu diesen Fragen gewählt – das macht den Reiz dieses Buches aus. Viele Beiträge kombinieren theoretische Reflexionen, persönliche Erfahrungsberichte und jede Menge konkrete Praxistipps, wie Online-Formate optimal gestaltet werden können. Sie stellen uns ihre Erfahrungen und ihre Innenansichten vor. Sie teilen ihr Wissen über neue Formate und Möglichkeiten und nehmen uns an die Hand, um den eigenen Einstieg in die Online-Beratung zu erleichtern. Manche Beiträge sind eher theoretisch ausgerichtet, manche sehr praktisch – manche vermitteln Kenntnisse und Methoden, andere sind eher selbstreflexiv. Dies ist gewollt, denn gerade diese Mischung erzeugt ein Bild der Komplexität, die die Digitalisierung bewirkt. Wir sind aufgefordert, praktische Kompetenzen zu erwerben und diese theoretisch zu reflektieren. Und wie bei jeder Konfrontation mit Neuem sind wir auch persönlich herausgefordert, irritierbar und unsicher. Indem die Autor*innen ihre eigenen Irritationen und Lernprozesse transparent machen, helfen sie, uns mit der neuen digitalen Welt vertraut(er) zu machen.

Es gilt, die neuen Formate kennenzulernen und zu erkunden, um herauszufinden, was davon für Sie zukünftig nützlich sein könnte. Denn eines ist sicher: Ein Zurück gibt es nicht. Die Digitalisierung durchzieht unser ganzes Leben und macht auch vor der Coaching- und Weiterbildungsbranche nicht Halt. Wer sich nicht kontinuierlich fortbildet, mit neuen Möglichkeiten und Formaten auseinandersetzt und Chancen und Nebenwirkungen sortiert, läuft Gefahr, abgehängt zu werden – vielleicht nicht sofort, doch nach und nach durchaus. Und ohnehin wäre es schade, das Neue in Bausch und Bogen abzuwehren, hat es doch Vieles zu bieten, was uns im beruflichen Alltag nützlich sein kann.

Aufbau: analog und digital

Ist es nicht widersprüchlich, ein Buch über Online-Formate zu machen? Braucht es nicht die Online-Form, um Online-Formate vorzustellen? Verlag, Herausgeberin und Autor*innen haben sich entschieden, das Beste aus beiden Welten zu nutzen. Wir nutzen die Buch-Form für alle Themen mit höherer Halbwertszeit: Sie finden im Buch-Teil Grundlegendes zur Gestaltung von Online-Formaten und fachliche Überlegungen, wie Sie systemische Methoden online einsetzen können.

Im Web-Teil finden Sie Links, Hintergrund-Material und methodische Impulse. Sie haben damit online den Zugang zu einer Sammlung nützlicher und praktisch verwertbarer Tools und Methoden. Überall dort, wo ein Download-Icon steht, gibt es passendes Material im Download-Bereich des Verlages.

Um Ihnen das Wiederfinden von Praxis-Tipps zu einer guten Online-Praxis zu erleichtern, finden Sie immer dann einen Praxis-Icon, wenn die Autor*innen konkrete Anleitungen geben, wie Sie didaktisch im Online-Raum arbeiten können. An anderen Stellen bekommen Sie methodische Impulse – diese sind mit einem Methoden-Icon gekennzeichnet.

Das Buch ist in vier Kapitel gegliedert. Das erste Kapitel vermittelt Ihnen grundlegende Impulse für den Einstieg in die digitale Welt. Im zweiten Kapitel geht es um die Intensität in der Online-Arbeit. Im dritten Kapitel dreht sich alles um Online-Lehre und Weiterbildung. Das vierte Kapitel stellt Ihnen praktisch einsetzbare Tools, Methoden und Formate vor. Am Anfang jedes Kapitels finden Sie jeweils eine kurze Einführung in die Beiträge. So können Sie sich einen schnellen Überblick verschaffen, was für Sie von Interesse sein könnte.

Es gibt nicht *den* Weg

Die Beiträge sind wie ein Buffet, das es Ihnen ermöglicht, sich da zu bedienen, wo Sie sich hingezogen fühlen. Sie sind eingeladen, in Themen hineinzuschnuppern, um festzustellen, was für Sie nützlich und attraktiv sein könnte. Denn es gibt nicht DEN Online-Weg, den alle gehen sollten. An Videokonferenzen kommt mittlerweile sicher kaum jemand vorbei. Doch wie Sie diese einsetzen und gestalten, was Sie ggf. noch alles einsetzen und für Ihre Praxis fruchtbar machen, gilt es herauszufinden.

Das Entwicklungstempo bleibt hoch. Es gibt viele Zugänge und Möglichkeiten und täglich kommen neue hinzu. Ich wünsche Ihnen daher Experimentierfreude und Lust am Ausprobieren, damit Sie herausfinden können, was zu Ihnen, Ihren Themen und den Wünschen Ihrer Kund*innen und Teilnehmer*innen passt. Sie dürfen Ihre eigenen Lösungen finden und dabei von den Erfahrungen der Autor*innen profitieren.

Ich wünsche Ihnen viel Freude bei der Erarbeitung Ihrer eigenen digitalen Lösungen.

Astrid Hochbahn

I Einsteigen in die Online-Welt

14 | **Tom Küchler: Online wachgeküsst: Wie wir hinderliche Glaubenssätze im Umgang mit Online-Formaten transformieren können – Ein Leitfaden für Skeptikerinnen und Skeptiker**
Was könnte eine fruchtbare Haltung gegenüber Online-Formaten sein? Können wir auch »präsent« sein, wenn wir uns nicht in Präsenz begegnen?

Tom Küchler lädt Sie ein, sich mit Ihrer Haltung und ggf. Ihrer Skepsis und Ihren Vorbehalten gegenüber Online-Angeboten auseinanderzusetzen. Getreu dem Motto: Sie behalten in jedem Fall recht – was immer Sie glauben, prägt Ihre Haltung dergestalt, dass es Ihr Erleben und Ihren Zugang steuern wird. Dabei stellt er gleichzeitig interessante Überlegungen dazu an, wie sehr allein unsere Begrifflichkeiten unsere Wahrnehmung bedingen.

27 | **Mira Engenhorst: Online sichtbar – #bewusst #authentisch #dynamisch**
Wie möchten Sie sich selbst sehen? Wie könnte ein Blick auf Sie aussehen, der es Ihnen ermöglicht, sich mit Freude und selbstbewusst online zu zeigen?

Mit einer Online-Präsenz ist eine neue Sichtbarkeit verbunden – darum geht es in **Mira Engenhorsts** Beitrag. Die eigene Web-Präsenz zu pflegen, ein Video zu drehen und zu veröffentlichen oder sonstige digitale Formate zu schaffen, heißt, dass Menschen Sie als Person erleben können, ohne dass Sie bestimmen können, wer sich Ihre Produkte wann mit welcher Haltung anschauen wird. Noch dazu sind Sie damit konfrontiert, sich selbst zu sehen. Immer wenn Sie Inhalte aufzeichnen und einer Allgemeinheit oder ausgewählten Teilnehmer*innen zur Verfügung stellen, ist dies auch eine Konfrontation mit Ihren Ansprüchen, Selbstbildern und Selbstkritik.

36 | **Dorothee Rosenow: In der Ferne so nah – Auftreten und Wirken im digitalen Raum**
Wie können Sie dafür sorgen, dass sich Ihre Gesprächspartner*innen in Videokonferenzen und Online-Veranstaltungen so wohl und sicher fühlen, dass sie konstruktiv mitarbeiten?

Dorothee Rosenow ist Kommunikationstrainerin und versiert darin, Online-Kommunikationssituationen professionell zu gestalten. Ihre These: Überlassen

Sie es nicht dem Zufall, ob sich Ihre Teilnehmer*innen wohlfühlen, sondern sorgen Sie dafür durch gute Rahmungen, durch bewusste Steuerung von Licht und Ton, von Präsenz und Stimme.

Tanja Schwichtenberg: Selfcare online. Wie es uns in digitalen Räumen und Zeiten gut gehen kann: Selbstfürsorge als Thema für Beratende und Klient*innen 43

Eine gute Vorbereitung und Ausgestaltung äußerer und innerer Bedingungen für Coaches und Teilnehmer*innen in der Beratungspraxis ist nicht von selbst gegeben, schon gar nicht in digitalen Räumen.

Tanja Schwichtenberg stellt deshalb ins Zentrum ihres Beitrages das Thema Selfcare. Auch sie gibt wertvolle Hinweise und praktische Tipps und reflektiert, wie Sie den Online-Raums gut für sich selbst und für Ihre Teilnehmer*innen gestalten können. Sie liefert eine Reihe von Methoden zur Selbstfürsorge, um eine gute Lebensbalance herzustellen, auch dann, wenn digitales Arbeiten und privater Lebensraum immer mehr miteinander verschwimmen.

1 Online wachgeküsst – Wie wir hinderliche Glaubenssätze im Umgang mit Online-Formaten transformieren können. Ein Leitfaden für Skeptikerinnen und Skeptiker

Tom Küchler

Zögern Sie bisher, online zu beraten, zu coachen oder zu lehren? Haben Sie Vorbehalte gegenüber Online-Formaten? Denken Sie, das Neue kann nicht so gut sein wie bewährte, analoge Formate? Fühlen Sie sich ggf. auch überfordert von all dem, was es da zu lernen gibt?

Wenn es uns schwerfällt, in Veränderungsprozesse zu gehen, wenn wir Schwierigkeiten haben, uns auf etwas Neues einzulassen, wenn wir wenig Zugriff auf unsere Potenziale haben, kann es sein, dass wir durch hinderliche Glaubenssätze gebremst oder blockiert sind. In diesem Beitrag werden praktische Anregungen und Impulse skizziert, die für Veränderungen nützlich sein können. Also, wenn Sie alles so haben wollen wie bisher: Stopp, hören Sie auf zu lesen!

Aller Anfang ist ein Anfang

Seit April 2020, ausgelöst durch die Coronasituation, begleite ich vermehrt Menschen, die ihre Kompetenzen im Bereich der Online-Beratung erweitern möchten. Sie suchen Rat, weil sie ihre klassischen Beratungskompetenzen in die Online-Welt übertragen möchten. Damals, als ich meine Diplomarbeit zum gleichen Thema geschrieben habe (Küchler, 2001), wie heute, zwanzig Jahre später, begegnen mir Aussagen von Praktikerinnen und Praktikern, wie:
- »Richtige Beratung ist nur Face-to-Face möglich!«
- »Beziehung kann so nicht aufgebaut werden.«
- »Das ist keine richtige Beratung (bzw. Therapie, Supervision, Coaching).«
- »Datenschutz geht online ohnehin nicht.«
- »Therapie kann man sowieso nicht online machen.«
- »Meine Kund*innen bzw. Klient*innen können das nicht«
- »In meinem Arbeitskontext geht das nicht.«
- »Ich kann nicht online beraten.«
- »Mit traumatisierten Klient*innen geht Online-Arbeit nicht.«
- »Man kann online nicht gut und richtig systemisch arbeiten.«
- »Online-Beratung erfordert eine hohe technische Kompetenz.«

Nur mal angenommen, Sie lesen diese Sätze noch einmal und tun so, als ob sie wahr seien: Was nehmen Sie dann bei sich wahr? Welchen Zugriff haben Sie auf Ihre Potenziale? Werden Ihre Potenziale dadurch begrenzt oder erweitert? Unsere Glaubenssätze, inneren Wahrheiten und Konstruktionen sind machtvoll: Mal angenommen, Sie hätten jetzt eine Anfrage für eine Online-Beratung. Als wie wirkmächtig erleben Sie sich?

Meine Online-Beratungskompetenzskala

Wer seine Kompetenzen aus dem Offline- in den Online-Kontext übertragen möchte, könnte mit einem Selbsttest starten, so zumindest meine Empfehlung. Dafür eignen sich beispielsweise diese Fragen:

- Was macht meine Beratungskompetenz aus?
- Was ist mein Leitbild, mein Selbstkonzept für meine Arbeit?
- Auf einer Skala von 1 bis 10: Wo sehe ich mich in meiner Beratungskompetenz, einerseits offline und andererseits online?
- In welchen Bereichen ist meine Zuversicht so groß, dass ich meine Kompetenzen aus der Offline- in die Online-Welt übertragen kann?
- In welchen Bereichen ist meine Zuversicht kleiner bis gering?
- Was ist mein Online-Ausbaufeld, wo sehe ich eine besondere Notwendigkeit des entsprechenden Potenzialaufbaus?
- Welche Denkmuster, Glaubenssätze und Einstellungen beeinflussen meine Kompetenz?
- Was wäre mir, wenn ich eine Kundin wäre, besonders wichtig?

Als Sie die Frage hinsichtlich Ihrer Beratungskompetenz beantwortet haben, womit haben Sie die 10 auf der Skala innerlich verknüpft? Was macht eigentlich diese Beratungskompetenz – egal ob online oder offline – aus?

- Wie wird im »H³-Modus« gearbeitet? Wie steht es um die Haltungskompetenz (»Herz«), Wissenskompetenz (»Hirn«) sowie Handlungs- und Methodenkompetenz (»Hand«) (mehr unter Küchler u. Kleve, 2020, und unter https://www.potenzialentfaltung.org/toolbox/)?
- Wie werden die Wirksamkeitsfaktoren nach Hubble et al. (1999) innerhalb der Beratung sichtbar? Zu 40 % wirken die beraterunabhängigen Faktoren, also nur die Ressourcen der Kund*innen, auf welche Bezug genommen werden kann; zu 30 % wirkt die Beziehung, welche durch Anerkennung, Multiparteilichkeit und Neutralität sichtbar werden kann; zu 15 % wirkt die Hoffnung auf Seiten des Kunden und des Beraters, welche sich in den Vor-

annahmen zeigt, und nur zu 10 % wirkt die Methode bzw. Technik (mehr unter https://www.potenzialentfaltung.org/toolbox/).
- Wie werden die drei Kernkompetenzen in der Beratung (Küchler nach Peter Szabó[1]) – resonante Beziehung (z. B. analoge Kommunikation, Back-Channel-Feedback, Schöpferisches Zuhören), Einladungskompetenz (z. B. neue Perspektiven, Impulse, Fragen) und die Los-Lassen-Fähigkeit (z. B. den Ast wechseln und sich von eigenen Hypothesen und Ideen verabschieden können) – sichtbar?
- Werden die »praxeologischen Grundorientierungen systemischen Arbeitens« berücksichtigt, nämlich: Lösungs- und Ressourcenorientierung, Kontext- und Musterorientierung, Kunden- und Auftragsorientierung, Kooperations- und Beziehungsorientierung, Neugier und Kreativitätsorientierung, Allparteilichkeits- und Neutralitätsorientierung (mehr in Ochs, 2020)?
- Wird der Prozess und die Methodenwahl an den »generischen Prinzipien der Synergetik« nach Haken und Schiepek (2010) ausgerichtet, nämlich: Stabilität unterstützen, relevante Systeme und Muster identifizieren, Sinnbezug herstellen, Energetisierung ermöglichen, Destabilisieren, Zeitqualitäten nutzen, restabilisieren (mehr in Kannicht u. Schmid, 2014).

Welche Kriterien nutzen Sie für die Bewertung von Beratungskompetenz? Meine Hypothese ist, dass wir in der Online-Welt die gleichen Fähigkeiten brauchen wie in der Offline-Welt. Wenn wir Zugriff auf diese haben, können wir für die kundigen Menschen wirksam und nützlich sein. Natürlich braucht es noch weitere Kompetenzen und Techniken, damit wir uns in der Online-Welt wohl fühlen. Einige unserer Denkkonstruktionen können diese Kompetenzen jedoch bremsen, weshalb es wichtig sein kann, diese Denkkonstruktionen (Glaubenssätze) zu verändern.

Die Macht der Glaubenssätze – »Hirnküsse« (er)finden

Glaubenssätze sind Kopfsache. Sie sind unsere generalisierten Leitprinzipien. Sie bestehen aus Überzeugungen, Einstellungen (über uns, über die Welt, über Veränderungen und Motivation u. v. m.), Arbeits- und Verhaltensprinzipien sowie Ursache-Wirkungs-Ideen. Sie sind eine Art innere Landkarte, welche wir benutzen, um der Welt Sinn zu geben, und sie bieten uns Stabilität und

---

1 Mehr zu diesem Thema findet sich in meinem noch unveröffentlichen Manuskript »Potenzialentfaltung und Kulturwandel: systemisch-würdeorientiert. Ein Handbuch für Selbstmanagement, Beratung und Führung«.

Kontinuität (vgl. O'Connor u. Seymour, 2001, S. 137 ff.). Wir entwickeln innere Bilder und Glaubenssätze – oder wie wir heute oft sagen: Mindsets – dadurch, dass wir unsere Erfahrungen, die wir mit der Welt und unseren Mitmenschen in der Erziehung und Sozialisation gemacht haben, generalisieren, das heißt, wir leiten aus ihnen allgemeine Überzeugungen ab. Glaubenssätze sind starke Wahrnehmungsfilter. Wir sehen die Welt so, wie wir glauben, wie sie ist. Unsere Denkweisen und Glaubenssätze haben großen Einfluss auf unsere Ressourcen, unsere Potenziale, unser Verhalten und letztendlich unsere Identität. Ich unterscheide gern Glaubenssätze in zwei – wohlwissend nicht ganz »wissenschaftlich korrekt« bezeichnete – Kategorien[2], nämlich:

Limitierende Mindsets, Einstellungen, Erwartungen, Vorannahmen, Überzeugungen, Bewertungsmuster, Lebensregeln, Glaubenssätze, Schemen, Projektionen (kurzum »Hirnschisse«), welche
a) selbstschädlich/hinderlich oder
b) sozialschädlich (asozial)/beziehungshemmend wirken.

Selbstschädliche »Hirnschisse« schaden einem selbst, indem sie uns bei der Zielerreichung blockieren, uns Druck und Stress machen etc. und damit einhergehend oft negative Gefühle und Unwohlsein auslösen.

Sozialschädliche »Hirnschisse« sind Gedanken, welche Beziehungen stören und das soziale Miteinander negativ beeinflussen. Beispiele dafür sind zum einen das Übertragen von eigenen Ansprüchen auf andere Menschen, im Sinn von »Man muss das so machen« oder »Der/die muss das doch genau so sehen wie ich«. Andererseits gehören auch menschenfeindliche Einstellungen zu den sozialschädlichen bzw. vielmehr asozialen »Hirnschissen«.

Potenzialentfaltende Mindsets, Einstellungen, Glaubenssätze, Denkmuster, Modelle, Leitsätze, Vorannahmen, Konstruktionen, Lebensregeln, Gesetzmäßigkeiten und Erlaubnissätze (kurzum »Hirnküsse«), die uns
a) Orientierung und Sinn geben,
b) Wahlmöglichkeiten erweitern, neue Verhaltensmuster eröffnen, Potenziale entfalten und
c) das eigene und soziale Wohlbefinden steigern.

---

2 Ausführlicher stelle ich diese in meinen noch unveröffentlichten Manuskript mit »HIRN*geküsst*. Die Veränderung von inneren Bildern, Mindsets und Glaubenssätzen in Selbstmanagement, Beratung und friedensstiftender Kommunikation« dar.

Wir können unsere hemmenden bzw. schädlichen Denkkonstruktionen verwandeln. Dazu gibt es zahlreiche Möglichkeiten, von denen ich hier ein paar kleine Strategien aus verschiedenen Denkschulen skizzieren will. Gern möchte ich Sie dazu einladen, Ihre limitierenden Glaubenssätze mit diesen Strategien zu reflektieren.

ZDF – Zahlen, Daten, Fakten

Der »sokratische Blick« gibt Ihnen die Möglichkeit, hinderliche Glaubenssätze (z. B. »Richtige Beratung ist nur Face-to-Face möglich!«) zu hinterfragen:
- Ist es logisch?
- Ist es sinn- und zweckmäßig?
- Ist es empirisch belegbar?

Suchen Sie nach empirischen Forschungen, z. B. zu Theorien der computervermittelten Kommunikation (mehr dazu z. B. bei Döring, 2003). Werfen Sie einen Blick in diverse Fachveröffentlichungen aus Wissenschaft und Praxis zur Online-Beratung (vgl. z. B. Kühne u. Hintenberger, 2009; Justen-Horsen u. Paschen, 2016; Engelhardt, 2021). Sprechen Sie mit Kolleginnen und Kollegen, die in der Online-Praxis tätig sind, über deren Erfahrungen. Fragen Sie danach, wie diese vielleicht ihre Skepsis gegenüber der Online-Arbeit überwunden haben. Fragen Sie nach deren Erfolgsstrategien (und machen Sie diese ggf. einfach nach).

Gute Gründe und Bedürfnisse

Nützlich kann jedoch auch ein Blick auf die »guten Gründe« des hinderlichen Glaubenssatzes sein. Möglicherweise geraten hier eigene Bedürfnisse (in Richtung Sicherheit, Beziehung, Autonomie) in den Blick. Bei der Suche nach Bedürfnissen kann ein »In-sich-Hineinfühlen« nützlich sein, denn Gefühle sind »Bedürfniskonzerte« (vgl. Storch u. Kuhl, 2017). Negative Gefühle zeigen uns an, dass Bedürfnisse nicht oder wenig befriedigt sind. Positive Gefühle weisen auf befriedigte Bedürfnisse hin. Fragen Sie sich, wie Sie diese Bedürfnisse würdigen und befriedigen können, selbst wenn Sie es sich erlauben würden, in die Veränderung zu gehen (z. B. mehr online tätig zu sein).

Das System im Dialog: Das innere Team nutzen

Hören Sie in sich hinein und suchen Sie nach »Gegenspieler*innen« zu Ihrem Glaubenssatz und nach »anderen Stimmen«. Wie positionieren diese sich im inneren Team? Vielleicht nutzen Sie ein Systembrett, um mittels des Abstands, des Winkels, der Blickrichtung und der Größe der Figuren Ihr inneres Team aufzustellen. Welche Veränderungen in Ihrem Team können Sie anregen, um Ihre Online-Beratungskompetenz zu fördern?

Transformation

Sie können Ihren hinderlichen Glaubenssatz (z. B. »Ich kann nicht online beraten.«) zu einem förderlichen Glaubenssatz (»Hirnkuss«) transformieren. Im Grunde kann dafür die »kognitive Umstrukturierung« aus der Kognitiven Verhaltenstherapie (welcher das ABC-Modell[3] nach Albert Ellis zu Grunde liegt) angewandt werden, wie in Tabelle 1 dargestellt.

Tabelle 1: Kognitive Umstrukturierung auf Grundlage des ABC-Modells

Hinderlicher Glaubenssatz:	z. B. »Ich kann nicht online beraten.«
Was spricht für diese Idee?	
Was spricht gegen diese Idee?	
Wie würde der Gegenpol zu der »irrationalen Idee« lauten?	z. B. »Ich kann nur online beraten.« oder »Ich bin der beste Online-Berater.«
Wie könnte eine rationale hilfreiche und nützliche Einstellung (ein Erlaubnissatz) lauten? *… und wie würde sich dieser auswirken?*	Ich erlaube mir … Ich darf … z. B. »Ich erlaube mir Erfahrungen in der Online-Beratung zu machen.« Oder »Ich darf und kann online beraten.«

Ich habe mit Blick auf diese Strategie und unter Einbeziehung des Körpers ein Tool »Die Verflüssigung der Irrationalität«[4] entwickelt, was im Selbstmanagement angewandt werden kann. Gern können Sie dieses nutzen.

---

3 Der ABC-Theorie nach Albert Ellis liegt die Erkenntnis zugrunde, dass bestimmte wahrgenommene Reize (A für Activating event) (unbewusst) bewertet werden (B für Belief) und diese Bewertungen Ursache für die daraus abgeleiteten Verhaltenskonsequenzen (C für Consequences) sind (vgl. z. B. Wilken, 2018, S. 17 ff.).

4 Eine ausführliche Beschreibung der Reflexionshilfe finden Sie unter http://potenzialentfaltung.org/wp-content/uploads/2019/09/verfluessigung-der-irrationalitaet_tom-kuechler.pdf

Attraktiven und sinnvollen Hirnküsse auf der Spur

Wenn Sie in einen Veränderungsprozess starten wollen, braucht es attraktive Ziele. Erlaubnissätze, im Sinne von Aussagen wie »Ich erlaube mir ...« oder »Ich darf ...« können Zielsetzungen sein. Ziele setzen ist nicht so einfach. SMART reicht da nicht wirklich aus. Ich nutze gern die Anregungen zum Thema Zielsetzung aus der ACT-(Ziel)Matrix und der ZRM-Zielmatrix.[5] Folgende Denkrichtungen lassen sich dabei ableiten:
- Wo will ich in meinem »inneren Erleben« hin?
- Wovon will ich in meinem »inneren Erleben« weg?
- Wovon will ich in meinem »äußeren Verhalten« weg?
- Wo will ich in meinem »äußeren Verhalten« hin?

Ein Ziel, das auf der Haltungsebene (»inneres Erleben«) formuliert wird, drückt eine angestrebte innere Einstellung aus – quasi ein »Motto-Ziel«. Eine Formulierung im Präsens (Gegenwartsbezug) ist besser imstande, das affektive Entscheidungssystem zu aktivieren. Es soll also bewusst auf Formulierungen wie »ich werde«, »ich will«, »ich möchte« verzichtet werden. Zudem soll die Formulierung eine starke bildhafte Sprache verwenden. Sie kann auch poetisch, träumerisch, gefühlsbetont und sogar humorvoll sein. Solche Formulierungen sprechen das Unbewusste wesentlich besser an als nüchtern-rationale Formulierungen. Eine Aufgabe für Sie könnte sein: Finden Sie ein Bild, welches das »Motto-Ziel« (oder den Erlaubnissatz) gut symbolisiert und welches bei Ihnen gute *Körperimpulse* (»somatische Marker« nach Damásio) auslöst (vgl. auch Zürcher Ressourcenmodell, u. a. Storch u. Kuhl, 2017)!

Mal angenommen, ich würde Sie bei der Beobachtung des Bildes beobachten ... welches Gefühl würde ich bei Ihnen wie beobachten können? Wie sehr »strahlen« Sie beim Anblick dieses Bildes? Was macht dieses Bild mit Ihrer Motivation und dem Zugriff auf Ihre Potenziale?

Wenn Sie dieses »Motto-Ziel« in Ihren Alltag integrieren wollen, können weitere Dinge nützlich sein, welche hier jedoch nicht vertiefend ausgeführt werden können, z. B.
- Verkörperungen Ihres Ziels (Körperhaltung, Atmung, Gestik, Mimik),
- Erinnerungshilfen/Anker (Bilder, Gegenstände, Musik, Gerüche ...),
- Lösungsstrategien für Hindernisse entwickeln (z. B. das WOOP-Konzept nach Gabriele Oettingen[6]) oder das Wunderrad nach Storch u. Kuhl, 2017).

---

5 Siehe dazu das Tool der Ziel-Octomatrix, welche unter https://www.potenzialentfaltung.org/ziel-octomatrix zu finden ist. Diese Matrix kann zur Entwicklung und Beschreibung von Zielen genutzt werden.

6 Mehr zu Gabriele Oettingens »WOOP my life« finden Sie unter http://woopmylife.org

Sprache schafft Wirklichkeiten

Wir erleben die Welt so, wie wir über sie denken und sprechen. Sprache schafft Wirklichkeiten. Über ein paar Begrifflichkeiten lohnt es sich daher nachzudenken. Denn hinter den Begriffen stehen immer auch Denkkonstruktionen, die auf unsere Potenziale wirken.

Präsenz- vs. Online-Formate bzw. die Frage nach der »echten Welt«

Wir unterscheiden zwischen Präsenzveranstaltung und Online-Veranstaltung. Damit verbunden ist die Idee, dass ich nur dann »präsent« bin, wenn ich in einem Raum mit der anderen Person bin. Wer via Videochat gearbeitet hat, weiß, wie präsent die Begegnungen sein können. Selbst bei Telefonberatungen (z. B. innerhalb der Telefonseelsorge), die eine lange Beratungstradition haben, würden wir niemals die Beaterinnen als »abwesend« bezeichnen.

Wir konstruieren durch unsere Wortwahl zwei Welten, als gäbe es die als »echt« und »real« bewertete Offline- und die als »unecht« und »irreal« bewertete Online-Welt. Wer Erfahrungen in der Online-Beratung sammeln konnte, wird wahrgenommen haben, wie »echt« die Welten sind, weil resonierende, empathischen Beziehungsgestaltung genauso spürbar sein kann. Von daher gilt aus meiner Sicht: Online-Beratung ist total präsent und wirklich!

Face-to-Face (F2F) vs. »computer-mediated communication« (CMC)

In der Fachwelt wird oft zwischen den Begriffen Face-to-Face (F2F) vs. »computer-mediated communication« (CMC) unterschieden. Bei dieser Unterscheidung wird in den Blick genommen, dass Beratung vermittelt über ein technisches Tool geschieht, ohne dass man sich unmittelbar gegenübersitzt. Durch die Möglichkeiten des Video-Chats ist diese Unterscheidung meiner Meinung nach nur noch bei der Verwendung spezieller Kommunikationskanäle (z. B. Chatberatung, E-Mail-Beratung, Telefonberatung) hilfreich, denn: F2F geht heute auch CMC.

Analog vs. digital

Viele Kolleginnen und Kollegen unterscheiden zwischen analog und digital und auch ich nutze diese Begriffe gern (vgl. Küchler u. Kleve, 2020). Leider führt dies oft zu Verwirrungen, da im Bereich der Kommunikation eine Unterscheidung von »analoger« und »digitaler« Kommunikation durch Watzlawick, Beavin und Jackson (1969)[7] anders definiert wurde, nämlich: Digitale Kommunikation umfasst Sprache, Text, Zeichen und Symbole. Analoge Kommunikation umfasst unter anderem Körpersprache, Gestik, Mimik und Stimmklang. Innerhalb der Online-Beratung ist es nützlich bzw. notwendig und auch möglich, sowohl analog als auch digital (siehe ausführlich dazu Küchler u. Kleve, 2020) im Sinne von Watzlawick zu kommunizieren.

Online vs. offline

Die Unterscheidung zwischen online und offline ist in Zeiten, in denen unsere Jacken, (Daten-)Brillen, Rückspiegel, TV-Geräte, Uhren, Kühlschränke oder Mobiltelefone permanent online sein könn(t)en, eigentlich wenig nützlich. Ich präferiere aktuell dennoch diese Unterscheidung, weil ich für mich noch keine nützlichere Kategorisierung gefunden habe.

Mit Online-Beratung meine ich die Kommunikation mittels Telefon, Messenger-Dienst (z. B. Signal, Threema …), E-Mail oder Video-Chat (z. B. Zoom, Webex, Teams, Jitsi, Skype sowie diverse Videotherapie-Plattformen).

Innerhalb der Online-Beratung kann ich weitere Online-Tools für Aufstellungen oder andere Visualisierungen nutzen. Offline-Beratung findet im Beratungsraum statt.

Welche Begrifflichkeiten nutzen Sie bisher und welche Denkkonstruktionen sind damit verbunden? Wird der Zugriff auf Ihre Kompetenzen durch diese Denkkonstruktionen erweitert oder begrenzt?

---

7 Paul Watzlawick stellte fünf Grundregeln (pragmatische Axiome) auf, die die menschliche Kommunikation erklären und ihre Paradoxie zeigen. Im vierten Axiom beschreibt er »Menschliche Kommunikation bedient sich analoger und digitaler Modalitäten« (Watzlawick, Beavin u. Jackson, 1969, vgl. S. 70–78).

Veränderung muss S.E.X.Y. sein!

Nur mal angenommen, Sie hätten wirklich Lust, Ihre Beratungskompetenz im Online-Bereich zu erweitern, dann würde ich Ihnen wünschen, folgende vier S.E.X.Y.-Fokussierungen (Küchler, 2016) in diesem Veränderungsprozess in den Blick zu nehmen:

Selbstverantwortung – Akzeptanz und Lösungstrance herstellen!

Wenn wir uns verändern wollen, sollten wir zunächst eine selbstverantwortliche Haltung einnehmen. Dazu gehört die Akzeptanz dessen, was war und ist, und ein Gefühl, es »selbst in die Hand nehmen zu wollen«, statt ein »Opfer des Problems« zu sein. Der Veränderungswunsch sollte für uns intrinsisch motiviert (selbstmotiviert), wichtig und dringlich sein. Gleichfalls braucht es einen guten Blick auf den eigenen Einflussbereich. Auf dieser Grundlage können wir lösungsorientiert in Richtung des Veränderungswunsches schauen. Wie sieht es mit Ihrer Selbstverantwortung hinsichtlich der Kompetenzsteigerung im Online-Kontext aus?

Ergebnisorientierung – Attraktive und sinnvolle Ziele (er)finden!

Das Ergebnis der gewünschten Veränderung (die Lösung) muss für uns anziehend sein. Ziele sollten sinnspezifisch beschrieben werden. Wir sollten Lust haben, das Ziel zu erreichen. Es sollte für uns ansprechend sein und eine anziehende Wirkung haben. Gleichfalls ist es in Veränderungsprozessen von großer Bedeutung, wie wir diese Veränderung, im Sinne eines Ziels oder einer Lösung beschreiben. Wie können wir anfangen zu bemerken, dass die Veränderung passiert ist? Was werden wir sehen, hören, riechen, schmecken und fühlen? Kurzum: Wie können wir die Veränderung sinnlich wahrnehmen und beschreiben? Also, wie attraktiv und sinnvoll ist es, Ihre Beratungskompetenzen aus der Offline- in die Online-Welt zu übertragen?

X-Faktoren – Ambivalenzen zum Schwingen bringen und Hindernisse managen!

Veränderungen haben oft unbekannte Variablen und auf unserem Weg gibt es Stolpersteine, Hindernisse oder sogar mögliche Worst-Case-Szenarien. Es ist daher nützlich, Entscheidungen zu treffen, die auftauchenden Ambivalenzen innerhalb von Veränderungsprozessen abzuwägen und zu reflektieren sowie Ideen für den Umgang mit Hindernissen zu kreieren. Hier in diesem Bereich lauern vermutlich Ihre bisherigen hinderlichen Denkkonstruktionen (Glaubenssätze) zum Thema Online-Beratung, welche es zu »managen« gilt. Alle anderen Hindernisse, wie beispielsweise fehlende technische oder wissensbezogene Kompetenzen, können ebenso bewältigt werden, indem Sie sich diese aneignen.

Yes-Ressourcen vitalisieren und Optionen eröffnen!

Damit ein »Yes!« im Sinne eines Ausrufs der Freude entstehen kann, braucht es Vertrauen in Erfolg, die Hoffnung auf Erreichbarkeit und den Zugriff auf unsere Ressourcen, Fähigkeiten und Möglichkeiten, um das Veränderungsziel erreichen zu können. Schauen Sie auf Ihre Beratungskompetenzen aus dem Offline-Feld. Diese können Sie übertragen in die Online-Welt. Versprochen!

Erlauben Sie mir einen Impuls zwischendurch: Denken Sie »simpel«! Machen Sie es sich leicht! Vielleicht braucht Ihr Gegenüber einfach jemanden, der wirklich nur zuhört und über Fragen kleine Impulse anregt. Vielleicht kann eine kleine Strukturaufstellung mit Kaffeetassen (über die Kamera übertragen) passfähiger sein als eine 3D-animierte Arbeit in einem virtuellen Raum. Vielleicht ist eine Skizze auf dem Zeichenblock oder einer Moderationskarte genau so effektiv wie das Schreiben auf einem virtuellen Whiteboard. Schauen Sie sich die Lebenswelten der Kund*innen an und wählen Sie entsprechende Tools. Digitale Kommunikation verbraucht viel Energie. Wir sollten diese nicht für technisches Geplänkel verschwenden und lieber in Beziehung investieren (weiterführend dazu Küchler u. Kleve, 2020). Und dies geht aus meiner Erfahrung heraus wirklich online genau so gut wie offline.

Denkkonstruktionen zum Thema Online-Beratung

Abschließend möchte ich Ihnen meine Denkkonstruktionen anbieten, die mir helfen, meine Potenziale als Online-Berater zu entfalten.

- ▶ Digitale Online-Beratung ist genauso nützlich wie analoge Beratung und ich glaube an meine Fähigkeiten.
- ▶ Gehe in die Beziehung (Aktives und schöpferisches Zuhören, analoge Kommunikation).
- ▶ Interveniere nur so wenig wie nötig.
- ▶ Stärke die Selbstwirksamkeit der kundigen Menschen (konsequentes »Empowerment« und »Hilfe zur Selbsthilfe«).
- ▶ Orientiere dich an den wichtigen Wirksamkeitsfaktoren von Beratung und Therapie, nämlich: Beziehung, Hoffnung und den Blick auf Ressourcen. Diese Haltung hat gegenüber den Methoden Vorrang.
- ▶ Orientiere dich an den lösungsfokussierten Grundannahmen: Finde heraus, was die Menschen wollen: Wenn etwas nicht kaputt ist, dann repariere es auch nicht. Wenn du weißt, was funktioniert, mach mehr davon. Wenn etwas nicht funktioniert, dann höre auf damit und mach etwas ander(e)s.
- ▶ Nutze die vier S.E.X.Y.-Leitlinien der Veränderungsarbeit (Küchler, 2016): Selbstverantwortungs-Fokus, Ergebnis-Orientierung; X-Faktor im Sinne von Ambivalenzen/Widersprüche ins Schwingen bringen und Yes-Set, also Positives, das heißt Ressourcen stützen und Optionen eröffnen.

Autor

Tom Küchler, Jahrgang 1971, wohnt in Olbernhau im Erzgebirge und ist Vater von zwei Kindern. Der Diplom Sozialpädagoge (FH), Systemische Berater, Supervisor und Therapeut (SG), Systemisch-lösungsorientierter Coach (isi), Lehrtherapeut (SG), Lehrender Supervisor (SG), Lehrender Coach (SG) und Lehrender für Systemische Organisationsentwicklung (SG) ist in verschiedenen Feldern und Settings (Einzelpersonen, Paare, Familien, Teams, Organisationen) tätig und leitet das Systemische Institut Sachsen in Chemnitz, während er sich als Founder und Netzwerk-Manager um Potenzialentfaltung und Kulturwandeln für Organisationen und deren Menschen sorgt. www.potenzialentfaltung.org

Literatur

Döring, N. (2003). Sozialpsychologie des Internets (2. Aufl.). Göttingen: Hogrefe.
Engelhardt, E. M. (2021). Lehrbuch Onlineberatung (2. erw. Aufl.). Göttingen: Vandenhoeck & Ruprecht.
Haken, H., Schiepek, G. (2010). Synergetik in der Psychologie. Selbstorganisation verstehen und gestalten (2. Aufl.). Göttingen u. a.: Hogrefe.

Hubble, M. A., Duncan, B. L., Miller, S. D. (1999). The heart and soul of change: What works in therapy. American Psychological Association.

Justen-Horsten, A., Paschen, H. (2016). Online-Interventionen in Therapie und Beratung. Ein Praxisleitfaden. Weinheim: Beltz.

Kannnicht, A., Schmid, B. (2014): Einführung in systemische Konzepte der Selbststeuerung. Heidelberg: Carl-Auer. Ergänzendes Online-Material zum Buch unter https://www.carl-auer.de/media/carl-auer/sample/ZM/MB_0000026.pdf (Zugriff im Mai 2021).

Küchler, T. (2001). Online-Beratung in der Sozialarbeit: Möglichkeiten und Grenzen der Online-Beratung für jugendliche Konsumenten illegaler Drogen. Projektidee für den Mittleren Erzgebirgskreis. Diplomarbeit an der ehs Dresden.

Küchler, T. (2016). Veränderung muss S.E.X.Y. sein!: Lösungsorientierte Anregungen für das (Selbst-)Management von Veränderungen. Dortmund: verlag modernes lernen.

Küchler, T., Kleve, H. (2020). Mehr als Zoomen. Anregungen für die Online-Beratung im H^3-Modus. Familiendynamik, 4, 286–294.

Kühne, S., Hintenberger, G. (2009). Handbuch Online-Beratung. Psychosoziale Beratung im Internet. Göttingen: Vandenhoeck & Ruprecht.

O'Connor, J., Seymour, J. (2001). Neurolinguistisches Programmieren: Gelungene Kommunikation und persönliche Entfaltung. Kirchzarten: VAK.

Ochs, M. (2020). Die erkenntnistheoretischen Säulen und praxeologischen Grundorientierungen systemischen Arbeitens. In P. Bauer, M. Weinhardt (Hrsg.), Systemische Kompetenzen entwickeln: Grundlagen, Lernprozesse und Didaktik (S. 134–157). Göttingen: Vandenhoeck & Ruprecht.

Storch, M., Kuhl, J. (2017). Die Kraft aus dem Selbst. Sieben PsychoGyms für das Unbewusste. Göttingen: Hogrefe.

Watzlawick, P., Beavin, J. H., Jackson, D. D. (1969). Menschliche Kommunikation. Formen, Störungen, Paradoxien. Bern u. a.: Huber.

Wilken, B. (2018). Methoden der kognitiven Umstrukturierung: Ein Leitfaden für die psychotherapeutische Praxis. Stuttgart: Kohlhammer.

2 Online sichtbar – #bewusst #authentisch #dynamisch

Mira Engenhorst

Heute Morgen hatte ich ein Zoom-Meeting mit einer Kollegin. Es war ein lockeres Treffen, in dem mehr der kollegiale Austausch und die gemeinsame Projektentwicklung als meine professionelle Expertise im Vordergrund stand. Wie ich bei einem solchen Meeting aussehe, ist meiner Kollegin höchst wahrscheinlich ziemlich egal. Mir jedoch leider nicht!

Vor Corona war die Arbeit im Homeoffice für mich als selbstständig tätige Mutter ein Segen. Sofern ich nicht in der Praxis Klient*innen empfing, arbeitete ich seither äußerst gerne von zuhause. Sobald meine Familie aus dem Haus war, zelebrierte ich es, mich in gemütlicher Kleidung, vollkommen ungeschminkt und mit wuscheligen Haaren, an meinen Schreibtisch zu setzen und all das an Bürotätigkeiten zu erledigen, was jenseits des Kontaktes mit Klient*innen noch nötig ist. Abgegrenzt von der Außenwelt und somit frei von jeglichem gesellschaftlichen Anspruch, war dies für mich ein kleines Privileg in meinem Arbeitsalltag. Anstatt mich mit Äußerlichkeiten zu beschäftigen, konnte ich mich voll und ganz dem Inhalt meiner Arbeit hingeben. Bis zum Beginn von Corona im Frühjahr 2020.

Die aus der Pandemie resultierende explosive Digitalisierung veränderte mein kleines Privileg im Homeoffice schlagartig. Plötzlich war ich nicht mehr alleine zuhause, auch meine Kinder waren den ganzen Tag mit dabei – und von ihnen erwartete ich selbstverständlich, dass sie angezogen und gestriegelt am Schreibtisch sitzen, bevor das Homeschooling startete. Bei mir häuften sich währenddessen die Online-Veranstaltungen und somit meine digitale Sichtbarkeit.

Die gesamte Online-Branche war mir bis zum Frühjahr 2020, ehrlich gesagt, ziemlich fremd.

Ich kannte sie bis dato überwiegend aus den Erzählungen meiner Schwester, die auch vor Beginn der Pandemie bereits remote arbeitete, weil sie sich örtlich nicht binden wollte. Für mich bot die Online-Welt bis dahin jedoch keine wirklich reizvolle Alternative zur analogen Welt und somit konnte ich lange gut ohne sie leben. Bis zur Pandemie und den damit verbundenen Kontaktbeschränkungen. Nun ermöglichten mir Online-Tools, mit anderen Menschen in Verbindung zu treten, ohne mein Haus verlassen zu müssen. Ich konnte mich austauschen und in Kontakt bleiben in einer, für mich damals noch, völlig neuen Dimension. Plötzlich war es möglich, die anderen Menschen nicht mehr nur zu hören, sondern sie neuerdings auch zu sehen. Das Videokonferenztool machte die Beziehungen zu Menschen in meinem Umfeld wieder erlebbarer und wurde damit für mich zu einer tragenden Säule in der Pandemie. Distanzen schienen plötzlich keine Rolle mehr zu spielen und es eröffnete sich mir ein vollkommen neues Feld an Möglichkeiten.

Was für mich dabei eine hoch spannende Erfahrung war, war die Konfrontation mit einem Menschen, der mir grundsätzlich zutiefst vertraut sein sollte, in diesem Kontext jedoch vollkommen fremd erschien – ich selbst. Erinnern Sie sich daran, wie es sich für Sie angefühlt hat, sich das erste Mal selbst auf einem Bildschirm zu sehen? Für mich ist dieses Gefühl vergleichbar mit dem Hören meiner eigenen Stimme auf einem Anrufbeantworter. Es ist lange her, doch früher war auch das irgendwann mal neu und fremd. Genau dieses Gefühl von Fremdheit erlebte ich, als ich mir selbst auf dem Bildschirm in einer Videokonferenz gegenübersaß. Ich sah mich an und taxierte mich: Wie sehe ich aus? Wie liegen meine Haare? Welches Bild entsteht bei den anderen von mir? Ich konnte mich auf einmal sprechend, schweigend, an einer Diskussion teilnehmend beobachten – von außen.

Uns von uns selbst getrennt zu erleben, ist wohl das Letzte, das wir brauchen, wenn wir uns im beruflichen Kontext online zeigen wollen. Wenn wir uns selbst gegenüber fremd fühlen, die Verbindung zwischen dem Innen und dem Außen verlieren, was macht das dann mit uns? Sind wir dann noch arbeitsfähig? Welchen Einfluss hat das auf unser Wirken? Können andere das überhaupt sehen? Ist das im Außen spürbar? Oder ist es nur ein Gefühl in uns? Und vor allem: Wie schaffen wir es, diese Verbindung zu stärken und unsere Selbstsicherheit zurückzugewinnen?

Das Selbst bewusst wahrnehmen

Plötzlich sind wir ungefiltert mit uns selbst konfrontiert. Können uns selbst anschauen. Uns selbst beobachten. Nehmen uns selbst viel bewusster wahr. Und dann passiert das, was wir im Idealfall alle vermeiden wollen und es doch immer wieder tun: wir bewerten – uns selbst.

Das hört sich bei mir dann z. B. so an: »Wie siehst du eigentlich wieder aus? Deine Haare lagen auch schon mal besser! Hast du dich überhaupt gut genug vorbereitet? Bist du dir wirklich sicher, dass dein heutiger Beitrag deinen Mitmenschen einen Mehrwert bietet? Ach, und übrigens: Das Regal im Hintergrund könnte auch ordentlicher sein!«

Spätestens in diesem Moment erreiche ich die Grenze meiner Homeoffice-Komfort-Zone.

Wie bereits erwähnt, lege ich Wert auf mein äußeres Erscheinungsbild. Vor allem wenn ich im beruflichen Kontext unterwegs bin, habe ich inzwischen eine klare Vorstellung davon, wie ich mich präsentieren möchte. Im Alltag findet die Überprüfung meiner Außenwirkung meist unbewusst statt – ein schneller Blick in den Spiegel, als letztes Checkup, bevor ich das Haus verlasse: Und los geht's!

Wenn ich mich und mein Tun jedoch permanent beobachten kann, ununterbrochen von dem Bildschirm mit meinem eigenen Spiegelbild konfrontiert werde, nehme ich mich auf einmal viel bewusster wahr. Ich kann ununterbrochen überprüfen, wie ich aussehe, während ich spreche. Wie ich wirke. Fast so, als würde ich in einen Dialog mit mir selbst eintauchen und mich dabei selbst beobachten.

Doch was genau passiert da eigentlich in mir, wenn ich mich online zeige? Was sind das für merkwürdige Blockaden und Selbstzweifel, die da plötzlich spürbar werden, tief in meinem Inneren, wenn ich mich mit meinem Online-Erscheinungsbild auseinandersetze? Was hält mich davon ab, online sichtbar zu werden? Welche Anteile in mir sind es, die da so laut werden? Und warum werden sie laut? Wovor wollen sie mich bewahren?

All das sind Fragen, die mich das letzte Jahr über begleitet und beschäftigt haben. Die mal mehr, mal weniger Raum hatten. Zu Beginn waren mir diese inneren Prozesse weniger bewusst. Wahrscheinlich habe ich sie ganz klassisch verdrängt. Ich wollte mich mit ihnen nicht auseinandersetzen und mir mein letztes kleines Stück Komfortzone erhalten. Doch wie wir inzwischen alle wissen, blieb uns nichts anderes übrig, als uns den Herausforderungen der Digitalisierung zu stellen.

Wenn wir beginnen, uns mit uns selbst auseinanderzusetzen, dann eröffnet sich uns ein unfassbar weites Feld. Je nachdem aus welcher Fach- oder auch Glaubensrichtung wir dieses Selbst ergründen.

Über kurz oder lang werden wir mit unbewussten Anteilen unseres Selbst konfrontiert. Wir sehen uns selbst. Und wir nehmen uns selbst auf eine neue, andere Art und Weise wahr. Anders als auf einem Foto werden wir in der digitalen Welt mit bewegten Bildern von uns selbst konfrontiert – und dies beeinflusst und verändert u. U. unser bisheriges Selbstbild. Es eröffnet uns die Möglichkeit, uns selbst aus einer ganz neuen Perspektive wahrzunehmen.

Mit dieser Wahrnehmung entstehen Bewertungen, welche sowohl den gesellschaftlichen Normen, als auch den familiären und sozialen Werten unterliegen, die uns geprägt haben. Von klein auf werden wir durch unsere Familie, unser soziales Umfeld, unsere Kultur und immer mehr auch durch die gezielte Werbepsychologie wie z. B. die der Schönheitsindustrie beeinflusst, gesteuert und leider auch immer wieder verunsichert.

Ich kenne nur wenige Menschen, die mir davon erzählen, dass sie sich in Videokonferenzen sehen und denken »Was bin ich schön!«. Die meisten berichten, dass sie es ausgesprochen konfrontierend finden und eher in negative Selbstgespräche verfallen, wenn sie sich auf einem Bildschirm selbst beobachten können. »Wie sehe ich denn wieder aus! Ich habe ein Doppelkinn gekriegt. Ich sollte mir dringend eine neue Brille kaufen – die sieht unmöglich aus …«.

Es sind die negativen Glaubenssätze, die uns unser Leben häufig so schwer machen. Gesprochen von einer Stimme, die tief in unserem Inneren verankert ist. An dem einen Tag ist sie mal leiser, an anderen Tagen lauter, doch wenn wir ehrlich zu uns sind, kennen wir sie alle: die Stimme des inneren Kritikers/der inneren Kritikerin.

In meiner Welt ist sie ein fester Bestandteil meines inneren Teams (Schulz von Thun, 1998). Dabei vertritt sie rigoros die Grundwerte meiner Großeltern. Sie setzt sich dafür ein, dass ich immer wieder mein Bestes gebe, mich gesellschaftlichen Regeln unterordne und bloß nicht auffalle! »Was sollen bloß die Nachbarn denken!« ist einer dieser Sätze, die mir immer wieder das Leben schwer gemacht haben und mich bis heute begleiten.

Über die Jahre habe ich mich intensiv mit meiner inneren Kritikerin auseinandergesetzt. Ich habe ihr zugehört, sie ernst genommen und mich mit ihren Sorgen und Ängsten vertraut gemacht. Dadurch habe ich es geschafft, die positiven Absichten in ihrer Strenge herauszuarbeiten. Heute ist für mich verständlicher, warum es meinen Großeltern so wichtig war, dass ich mich anpasse, möglichst nicht auffalle und anderen Menschen dadurch möglichst wenig Angriffsfläche biete.

In Bezug auf die analoge Welt, hat meine innere Teamchefin inzwischen meiner inneren Kritikerin wertschätzend einen festen Platz zugewiesen. Dort wird sie gehört und ernst genommen, nimmt dabei jedoch nicht zu viel Raum ein.

Sobald ich mich allerdings mit der Online-Welt und vor allem mit meiner ganz persönlichen Sichtbarkeit beschäftige, gibt es für meine innere Kritikerin kein Halten mehr. Sie wittert große Gefahren und der innere Konflikt ist vorprogrammiert.

Da ich inzwischen gelernt habe, dass meine innere Kritikerin es größtenteils gut mit mir meint und mich schützen will, nehme ich sie erst einmal ernst und höre ihr zu: »Wozu soll das eigentlich gut sein? Muss man denn heutzutage wirklich online sichtbar werden? Gibt es keine anderen Wege? Früher war das doch auch nicht nötig. Das Internet ist gefährlich. Wer wird dich schützen? Wie wirst du mit all der Kritik umgehen, mit der die Menschen dich ungefragt und ungefiltert konfrontieren werden? Bist du emotional wirklich stark genug, das auszuhalten und dich gut abzugrenzen?«

All das sind Fragen, mit denen ich mich ganz besonders seit Beginn meiner Selbstständigkeit immer wieder konfrontiert fühle.

Selbstständigkeit und Personal Branding

Die Videokonferenzen waren nur ein Teil der Online-Sichtbarkeit, der mich auf eine neue Art und Weise mit mir selbst konfrontierte. Jeder Mensch, der sich selbstständig macht, stößt unweigerlich auf die Notwendigkeit, sich mit dem eigenen – auch digitalen – Selbstbild auseinanderzusetzen.

Ich erinnere mich noch gut daran, wie mein Berater im Gründungscoaching zu mir sagte: »Sie und Ihr Business sind ideal für ein Personal Branding!« Ich dachte: »Personal Branding? Was sollte das denn jetzt schon wieder sein? Warum fand dieser Mensch, der mich doch gerade zum ersten Mal sah, dass ich dafür ideal geeignet wäre?« »Ganz einfach!« sagte er: »Sie und all Ihre persönlichen Qualitäten werden zu einer Marke. Sie haben eine tolle Ausstrahlung, sehen gut aus, sind super ausgebildet und als Mutter von zwei Kindern bringen Sie damit alles mit, was FAMILY-COACHING.NRW braucht, um gut vermarktet zu werden.« »Wow! Das hört sich ja ganz einfach an,« dachte ich in diesem Moment. War es dann aber leider nicht!

Wie so oft in meinem Leben, habe ich auch in Bezug auf das Personal Branding die Erfahrung gemacht, dass zwischen Theorie und Praxis Welten liegen.

Meine eigene Webseite gab es zu diesem Zeitpunkt bereits. Damit hatte ich die erste große Hürde, was das Thema Online-Sichtbarkeit betrifft, bereits gemeistert. Allerdings gab es auf dieser Webseite lediglich ein ziemlich kleines, leicht unscharfes Bild von mir. Ein Bild, das meine Schwester mit dem Handy von mir geschossen hatte. Ein professionelles Fotoshooting für meine eigene Webseite zu machen, mich selbst darzustellen und bewusst als Aushängeschild für mein eigenes Business zu nutzen, schien mir damals noch undenkbar.

Ich entschied mich, es vorerst bei diesem Bild zu belassen und mich anderen Themenbereichen meiner Selbstständigkeit zu widmen. Schließlich gibt es ja auch noch viele andere Wege, sichtbar zu werden. Je mehr ich mich jedoch mit der Weiterentwicklung meiner Selbstständigkeit beschäftigte, wurde mir klar, dass ich um eine intensive Auseinandersetzung mit mir selbst nicht herumkommen würde. Und dabei hatte ich zunächst noch geglaubt, die entscheidende Hürde sei die Kündigung meiner Festanstellung gewesen. Nein, das war lediglich eines der Hindernisse auf meinem Weg.

Meine Komfortzone schien bereits mit Beginn meiner Selbstständigkeit von Tag zu Tag zu schrumpfen. Der Weg durch die Angst, hinein ins Lernen und in die daraus erwachsende Entwicklung bahnte sich immer neue, bisher unbeschrittene Wege in meinem Leben. Ich wuchs an meinen Aufgaben und erkannte mit der Zeit, dass vieles leichter wurde, je regelmäßiger ich mich damit beschäftigte.

Das Thema der Sichtbarkeit löste viele Fragen in mir aus. Mein äußeres Erscheinungsbild rückte dabei zunehmend in den Hintergrund und neue innere

Prozesse wurden in Gang gesetzt. »Was ist dein USP (Unique Selling Propositions)?« wurde ich gefragt. »Was unterscheidet dich von anderen systemischen Therapeutinnen? Was macht dich in deiner Arbeit einzigartig? Was ist dein Alleinstellungsmerkmal?« All diese Fragen begegneten mir immer wieder in meiner Gründungsphase und nervten mich! Ich wollte mich nicht abheben. Anders sein als die anderen. Aus der Masse hervorstechen. Das machte mir Angst. Das erinnerte mich an Situationen aus meiner Vergangenheit, in denen ich mich angreifbar machte. Viele Jahre habe ich daran gearbeitet, weniger aus der Masse hervorzustechen, mich anzupassen, mich einzufügen. Eine Perle in der Kette zu werden. Viel zu oft in meinem Leben wurde ich von anderen Menschen um mich herum ausgegrenzt, weil ich anders war, weil ich Ich war. Weil ich zu groß, zu laut, zu sichtbar war. Ich bin oft angeeckt in meinem Leben, weil Anpassung in meiner Kernfamilie keinen besonderen Wert hatte. Ja, sie war sogar eher negativ behaftet. Wir waren immer anders und weil mir das irgendwann zu anstrengend wurde, habe ich entschieden, mein inneres Leuchten zu dimmen, um andere Menschen damit nicht zu blenden.

Gemeinsam leuchten

Für mich war einer der wichtigsten Bausteine in diesem persönlichen Entwicklungsprozess das Netzwerk für Freiberufler*innen in der DGSF. Hier hatte und habe ich bis heute immer wieder den Raum, mich als Einzelunternehmerin kollegial auszutauschen.

Im Netzwerk für systemisch qualifizierte Freiberufler*innen traf ich auf Gleichgesinnte. Auf Menschen, die durch ihre systemische Haltung und ihr Streben nach Selbstverwirklichung ein ähnliches Wertesystem wie das meinige vertreten. Hier eröffnete sich mir ein Ort, an dem ich darüber ins Gespräch kommen konnte, wie es sich anfühlt, sich online zu zeigen. In verschiedenen Gruppenkontexten wurde dieses Thema immer wieder diskutiert und dabei aus verschieden Perspektiven durchleuchtet. Im aktiven Austausch mit Kolleg*innen machten wir uns bewusst, was da eigentlich genau in uns passierte und profitierten somit von der geballten Fachkompetenz des Netzwerks.

Für mich war es außerdem eine große Erleichterung zu erfahren, dass es sich nicht nur für mich komisch anfühlte, mich selbst auf diesem Bildschirm zu sehen, sondern dass es ganz vielen Menschen ähnlich ging – ganz gleich, ob es um die Selbstdarstellung auf der eigenen Webseite, die Teilnahme oder sogar Ausrichtung eines Webinars, um die Social Media-Präsenz oder die eigene Wirkung in einem Videoclip ging. Bis auf einige wenige mit sehr viel Theater- und Bühnenerfahrung berichteten alle von Selbstfindungsprozessen, Unsicherheiten und Schweißausbrüchen. Das Spannende bei dieser Auseinandersetzung war, dass unsere Treffen zu dieser Zeit ja auch nur online möglich waren und unsere Videokonferenzen somit mehr und mehr zur Routine und dadurch zu unserer neuen Normalität wurden.

Dynamisches Entwicklungspotential

Können wir etwas tun, um unsere Sichtbarkeit anders zu erleben? Um die Begegnung mit uns selbst positiver zu gestalten? Maja Storch unterscheidet zwischen dem gedachten und dem gefühlten Selbst. Das gedachte Selbst nutzt unseren Verstand. Wir können uns durch unser Denken unseres Selbst sicher sein und bewusst Prozesse damit lenken. Das gefühlte Selbst verbindet Maja Storch mit dem emotionalen Erfahrungsgedächtnis und bezieht sich dabei auf die Arbeiten von António Damásio. Hier sind es die Emotionen und/oder Körpersignale, die unser Selbst wahrnehmbar machen und uns ein Bewusstsein dafür schaffen, wer wir sind. (Storch, 2011) Aus tiefenpsychologischer Sicht agiert dabei ein Teil unseres Selbst, der sich bereits in unseren frühsten Bindungserfahrungen entwickelt hat. In dieser Lebensphase entstehen die sogenannten sensorischen Erinnerungen, die unser heutiges Erleben und Verhalten permanent unbewusst beeinflussen. Indem wir uns diesen Körperempfindungen zuwenden und diesen Raum geben, eröffnen wir uns somit die Möglichkeit, uns zunächst unbewusste Prozesse bewusst zu machen und dann darauf Einfluss nehmen zu können.

Diese Unterscheidung zwischen dem gedachten und gefühlten Selbst gibt uns also die Möglichkeit, bewusst wahrzunehmen, was sich unbewusst in uns abspielt. Wir sind damit in der Lage, unsere Gedanken bewusst zu steuern. Indem wir uns Zeit und Raum nehmen, unsere eigenen Gefühle wahrzunehmen und die dahinterliegenden Bedürfnisse zu erkennen, können wir einerseits unser Handeln, als auch die Gedanken über uns selbst verändern. Genauso wie wir die Art und Weise der Kommunikation mit anderen Menschen verändern können, können wir auch die Kommunikation mit uns selbst verändern.

> Wie sprechen Sie mit sich selbst? Wie schauen Sie auf sich? Welche Geschichten erzählen Sie sich über sich selbst? Und welche Geschichten würden Sie und Ihr Selbstbild langfristig stärken?

Wir selbst schreiben die Geschichte unseres Lebens. Erlebtes ist Vergangenheit und speichert sich in unserem Gedächtnis. Wie und was wir darüber erzählen, ist allein uns selbst überlassen. Wir selbst ermöglichen oder verhindern somit unsere eigene Entwicklung.

Die Psychologin Carol Dweck beschreibt unser Selbstbild als dynamisch. Es sei lediglich ein Konstrukt aus Glaubenssätzen. Diese seien zwar tief in uns verwurzelt, existierten jedoch nur in unserem Kopf und ließen sich somit verändern. Sie unterscheidet dabei zwischen Menschen, die grundsätzlich eher zu einem dynamischen oder einem statischen Selbstbild tendieren. Die statische Welt sei eine Welt der unveränderbaren Eigenschaften, in der Erfolg sich dadurch auszeichne, sich immer wieder zu beweisen. In der dynamischen Welt der veränderbaren Eigenschaften zeichne sich Erfolg hingegen durch das Überwinden von Grenzen und dem Lernen von Neuem aus. Hier ist Erfolg also gleichzusetzen mit Entwicklung (Dweck, 2017).

Authentizität als Alleinstellungsmerkmal

Schauen wir nun noch einmal auf uns selbst und die Konfrontation mit unserem Selbstbild in der Online-Welt, so können wir diesen »Sichtbarkeits-Prozess« als Einladung betrachten. Es ist die Einladung, unsere eigene Persönlichkeit und somit unser Selbst weiterzuentwickeln. Es ist die Einladung, ein neues Kapitel in der Geschichte unseres Lebens zu schreiben und somit eine neue Chance auf dynamische Entwicklung.

Was passiert, wenn wir uns nicht länger verstecken, sondern uns erlauben, uns der Welt so zu zeigen, wie wir sind? Haben wir den Mut, unsere Einzigartigkeit zu offenbaren, uns zu positionieren und selbstbewusst unseren eigenen Weg zu gehen, sowohl analog als auch online?

Wir sind, wer wir sind. Einzigartig! Jede*r auf ganz individuelle Art und Weise.

Das Selbst begleitet uns immer, macht uns zu dem, was und vor allem wer wir sind. Es ist unser höchstes Gut und unser größter Schatz.

Grundsätzlich können wir davon ausgehen, dass es niemanden auf dieser Welt gibt, der bzw. die uns vertrauter ist. Keine, die uns so viel Sicherheit gibt und niemanden, mit dem wir uns so verbunden fühlen. Und doch stehen wir hier vor einer der größten Herausforderungen unseres Lebens – wir alle – auch oder vielleicht vor allem die »Profis«, der Herausforderung, uns zu offenbaren!

Ich bin meinen eigenen Weg gegangen. Ich habe mir Zeit gelassen und erst einmal das Tempo rausgenommen. Ich habe mich langsam an die Online-Welt herangetastet, so wie es sich für mich gut anfühlte. Ich habe experimentiert, war mal mutig und mal nicht. Ich habe Erfahrungen gesammelt und Stück für Stück dazu gelernt. Heute weiß ich, dass ich diese Zeit gebraucht habe. Ich habe sie gebraucht, um herauszufinden, wie und womit ich überhaupt sichtbar werden möchte.

Ich habe mir erlaubt, mich nicht mitreißen lassen von der Welle, die behauptete, wer jetzt nicht den Sprung in die Online-Welt schafft, wird langfristig untergehen. Die Online-Welle hat uns im Frühjahr 2020 alle überrollt und doch gibt es die analoge Welt heute immer noch. Sie hat sich verändert, so wie wir alle uns verändern. Sie hat sich weiterentwickelt und wir alle stehen vor der Herausforderung, unseren Platz in dieser neuen, hybriden Welt zu finden.

Mein Prozess ist noch lange nicht zu Ende und wenn ich Eines gelernt habe durch diese explosionsartige Digitalisierung, dann, wie wichtig es ist, den Mut zu haben, einfach mal das Tempo rauszunehmen und sein eigenes Ding zu machen. Dabei begleitet mich der Leitspruch: Spür gut in dich hinein, glaub an das Entwicklungspotential deiner Fähigkeiten und nimm dir die Zeit, die du brauchst.

Autorin

Mira Engenhorst ist Mutter von zwei Kindern und arbeitet selbstständig in eigener Praxis in Köln. Mit der Gründung von FAMILY-COACHING.NRW lebt sie heute ihr »Soul-Business«. Als Beziehungs-, Paar- und Sexualtherapeutin begleitet sie überwiegend junge Eltern dabei, ihre Beziehung neu aufblühen zu lassen und zugleich ihren familiären Zusammenhalt zu stärken. Als eine von vier Sprecherinnen koordiniert sie außerdem das Netzwerk für Freiberufler*innen in der DGSF. www.family-coaching.nrw

Literatur

Dweck, C. (2017). Selbstbild. Wie unser Denken Erfolge oder Niederlagen bewirkt. München: Piper.
Storch, M. (2011). Das Geheimnis kluger Entscheidungen. Von Bauchgefühl und Körpersignal. München: Piper.
Schulz von Thun, F. (1998). Miteinander reden: 3. Das <<Innere Team>> und situationsgerechte Kommunikation. Kommunikation. Person. Situation. Hamburg: Rowohlt Taschenbuch Verlag.

3 In der Ferne so nah – Auftreten und Wirken im digitalen Raum

Dorothee Rosenow

Die Kamera geht an, der Bildschirm füllt sich nach und nach mit Gesichtern, die uns vielleicht desinteressiert, vielleicht erwartungsvoll anschauen – die Zeit des Zusammenseins, des gemeinsamen Arbeitens im Online-Format beginnt. Wie gelingt es uns, Menschen in Videokonferenzen zu freudvoller gemeinsamer Arbeit einzuladen? Was können wir dafür tun, dass sie sich im digitalen Raum so sicher fühlen, dass sie sich aktiv beteiligen und kreativ zusammenarbeiten?

Es lohnt sich, einen Blick auf uns selbst, die durchführende Person einer virtuellen Veranstaltung, zu werfen. Wie können wir so agieren, dass wir durch unser Handeln eine Atmosphäre von Sicherheit und Vertrauen kreieren?

Zu Beginn, Hand aufs Herz, Blick über Ihre eigene Schulter: Wollten Sie selbst Teilnehmer*in Ihrer eigenen Online-Veranstaltung sein? Wie fänden Sie Ihr Auftreten? Fühlten Sie sich eingeladen, in diesem Online-Format mit Ihnen und den anderen in den Kontakt, in den Austausch zu treten?

In einem virtuellen Setting sind wir für unser Gegenüber innerhalb eines begrenzten Feldes, einer Kachel auf dem Bildschirm, zu sehen. Diesen Bereich, wie wir uns in ihm zeigen und handeln, können wir bewusst gestalten und hierdurch unsere Teilnehmer*innen ermutigen und anregen, sich auch zu zeigen und erfolgreich miteinander zu arbeiten. Es lohnt sich also, unser Augenmerk darauf zu lenken, was wir ungewollt – und ab nun im besten Falle bewusst – aussenden und welche Wirkungen wir damit erzielen. Wie können wir professionell und gleichzeitig sympathisch auftreten?

Meine folgenden fünf Empfehlungen unterstützen Sie darin, Ihr digitales Arbeitsumfeld bestmöglich zu gestalten.

Seien Sie sichtbar

Wie sichtbar Sie sind, hängt von der Wahl des Hintergrundes ab. Wählen Sie einen ruhigen Hintergrund, z. B. eine helle, einfarbige Wand, ein unaufgeregtes Bild oder ein aufgeräumtes Sideboard mit Blumen darauf. Diese Elemente lassen den Blick des Gegenübers kurz darauf verweilen, lenken jedoch nicht so ab wie ein überfülltes Bücherregal oder ein detailliert gestalteter Wohnbereich.

Virtuelle Hintergründe werden gerne gewählt. Sie verdecken Ihren Wohnbereich und damit evtl. auch nicht Vorzeigbares. Das Problem ist, sie lassen auch Ihre eigenen Konturen verschwimmen – ein Flimmern und Wabern umgibt Sie, vor allem wenn es im Hintergrund sehr hell ist. Darüber hinaus kommt es bei virtuellen Hintergründen immer wieder vor, dass weitere Personen kurz aus dem Hintergrund sichtbar werden. Immer beliebter wird der Kompromiss, eine Einstellung zu wählen, die den Hintergrund per Weichzeichner »verschwimmen« und dennoch die Konturen sichtbar lässt.

Ich rate Ihnen: Seien Sie mutig und zeigen Sie sich und Ihre Umgebung. Das schafft Nähe und eine gute Basis für eine vertrauensvolle Zusammenarbeit. Ihr Gegenüber hat die Chance, Sie ein bisschen kennenzulernen.

Lassen Sie Kamera und Licht für sich arbeiten

Die Wahl der Kamera und des Lichtes haben eine große Wirkung auf den Blickkontakt sowie die Sichtbarkeit Ihrer Mimik. Eine externe Webcam hat in der Regel eine deutlich höhere Qualität als die im Laptop eingebaute Kamera. Daher lohnt es sich, eine höherwertige Webcam anzuschaffen. Für einen idealen Bildausschnitt bauen Sie den Laptop mit der befestigten Kamera höher auf, hierzu eignet sich ein Stapel Bücher oder Sie befestigen die Kamera auf einem Stativ. Dadurch wird es möglich, die Position so anzupassen, so dass sich die Kamera auf Augenhöhe befindet. So vermeiden Sie den Eindruck, dass Sie von oben auf Ihr Gegenüber herabblicken bzw. wenn die Kamera zu hoch angebracht ist, von unten zu den Teilnehmenden aufschauen. Durch diese Ausrichtung vermitteln Sie Ihren Zuhörer*innen einen direkten Blickkontakt. Falls Ihnen das schwer fallen sollte, ist es hilfreich ein Foto von Freund*innen auf die Kamera zu kleben, wobei Sie das Feld für die Linse aussparen. Diese persönlichere Verbindung erleichtert den Blick in die Kameralinse und ermöglicht es, freier zu sprechen. Der Blick in die Kamera lässt für Ihr Gegenüber den Eindruck entstehen, wie in einem herkömmlichen Gespräch wirklich angeschaut zu werden. Schauen Sie nämlich auf das Bild Ihres Gegenübers auf Ihrem Bildschirm, schauen Sie ihn also Ihrem Gefühl nach an, fühlt sich das für diesen so an, als wenn Sie immer an ihm vorbeischauen würden.

Wählen Sie Ihren Arbeitsplatz so, dass Sie idealerweise von vorne mit Licht beschienen werden; kommt der Lichteinfall von hinten lässt er Ihre Mimik undeutlich werden. Falls Sie zusätzliche Lichtquellen nutzen wollen, wählen Sie ein bis zwei Ringleuchten oder eine sogenannte Lightbox. Stellen Sie diese hinter Ihrem Laptop auf, hierdurch wird Ihr Gesicht optimal ausgeleuchtet. Brillenträge*innen sollten eine Lightbox benutzen, da Ringleuchten sich als leuchtende Ringe in den Gläsern der Brille spiegeln.

Ihr Körper spricht für sich

Mit Ihrer Körperhaltung, Gestik und Mimik unterstreichen Sie nicht nur Ihr Auftreten. Sie können hierüber auch einen direkten Kontakt zu Ihrem Gegenüber herstellen. Häufig sind nur die Köpfe der Sprecher*innen zu sehen, weitere ausdrucksstarke Bereiche der Köpersprache werden ausgespart. Dies verhindern Sie durch eine entsprechende Kachelaufteilung. Ihr Körper sollte ungefähr bis zur Mitte des Bauches zu sehen sein, idealerweise füllt er zwei Drittel des Bildes aus. Schnelle Orientierungshilfe: Prüfen Sie, ob oberhalb Ihres Kopfes eine Handbreite Platz bis zum oberen Rand des Bildschirmes ist. Diese Kachelaufteilung unterstützt vor allem das Gestikulieren bzw. macht dieses für Ihr Gegenüber sichtbar. Wenn Sie Gesten nutzen, untermauern Sie damit Ihre Worte, Sie verstärken und untermalen Ihre Aussagen. Das Erzielen dieser Wirkung, die wir von Präsenzveranstaltung kennen, bietet sich auch im virtuellen Raum an. Allerdings steht uns hier nur ein kleiner Handlungsraum zur Verfügung, d. h. der untere Bereich der Kachel, da Ihre Hände ansonsten Ihr Gesicht verdecken oder zu groß und raumgreifend werden.

Legen Sie die Hände zum »Parken« auf die vordere Kante des (Schreib-) Tisches ab. Hierdurch ergibt sich ein Bezugspunkt für Ihre Hände, Sie können von dort aus Gesten einsetzen oder die Hände zwischendurch ruhen lassen. Es ist ungünstig, die Arme vor sich auf dem Tisch aufzustützen, da sich dadurch die Schultern nach oben schieben, der Gestik-Freiraum reduziert wird und die Tischplatte zu schwingen beginnt. Dies schafft für Ihr Gegenüber eine unangenehme Unruhe. Das gleiche Phänomen kann sich auch bei Drehstühlen zeigen; durch die andauernde, oftmals unbewusste Bewegung und das Wackeln des Stuhls wird das Gegenüber auf der anderen Seite des Bildschirms abgelenkt und das gesamte virtuelle Wirkbild verändert.

Auch Ihre Mimik spielt online eine wichtige Rolle, vor allem Ihr Lächeln. Natürlich sollte die gezeigte Mimik zu Anlass und Thematik passen. Unabhängig davon gilt, dass eine freundliche Mimik und ein ansprechender Gesichtsausdruck den Menschen im Online-Raum Sicherheit und Sympathie im Kontakt vermitteln. Beim digitalen Arbeiten beschränkt sich der Gesamtausdruck einer Person auf wenige körpersprachliche Signale. Deshalb sollten wir diese bewusst einsetzen und den Teilnehmer*innen nicht nur über unsere verbale Sprache, sondern auch über unseren Körper kommunikativ mitteilen, dass wir uns für sie interessieren, dass wir präsent sind. Ich beobachte immer wieder, dass die Gesichtsausdrücke der Durchführenden gerade zu Beginn der virtuellen Veranstaltung weit entfernt sind von einem Lächeln, da es oftmals technische Störungen oder Anpassungen zu bewältigen gibt, die Konzentration benötigen oder auch Stress auslösen können. Meine Empfehlung: Wählen Sie sich früh genug ein, so dass Sie sich, wenn es dann losgeht, innerlich und äußerlich Ihren Teilnehmenden zuwenden können. Übrigens: Fluchen ist auch per Lippenlesen gut zu erkennen.

Die Herausforderung steckt im Detail

Auch Ihrer Kleidung und Ihrer Brille sollten Sie Beachtung schenken. Entscheiden Sie sich beim Oberteil für ein einfarbiges Kleidungsstück, dieses strahlt Ruhe aus, lässt Sie gut sichtbar erscheinen und einen fokussierten Blick auf Sie zu. Dunklere Farben, wie blau, schwarz, dunkelgrau in der Oberbekleidung sind im virtuellen Format auch über externe Beleuchtung schwer auszugleichen. Sie schlucken viel Licht. Bei der Brille ist es wichtig, darauf zu achten, dass der obere Rand der Brille den Blickkontakt beim Blick in die Kamera nicht versperrt. Ansonsten können die Teilnehmenden der sprechenden Person nicht in die Augen schauen. Zwei Herangehensweisen ermöglichen es Ihnen, sich Ihrer eigenen Wirkung bewusst zu werden. Machen Sie ein Foto oder noch effektiver eine (Video-)Aufnahme von sich selbst. Apps wie z. B. Zoom oder MS Teams verfügen über eine leicht zu nutzende Aufnahmefunktion. Auf diese Weise können Sie Ihre Wirkung selbst überprüfen. Ebenfalls kann es hilfreich sein, sich mit einer Vertrauensperson virtuell zu verabreden, diese kann Ihnen eine Rückmeldung bezüglich Sichtbarkeit, Ausstrahlung und Auftreten geben.

Können Sie mich hören?

Dies ist wohl die meistgestellte Frage im Kontext virtueller Veranstaltungen. Dabei geht es natürlich erst einmal um die Ton- und Verbindungsqualität. Doch ist auch die Frage nach dem Klang unserer Stimme interessant. Unsere Stimme kommt über die oftmals genutzten Kopfhörer noch näher an die Ohren unserer Teilnehmenden heran. Wie verändert die virtuelle Situation unsere Stimme? Anspannung und Anstrengung können dazu führen, dass wir mit einer höheren Tonlage sprechen, etwas atemlos klingen und unser Sprechtempo verdoppeln sowie uns an Sprechpausen gar nicht herantrauen, weil die Zuhörer*innen denken könnten, wir wissen nicht weiter. Keine Sportart kann auf eine vorherige Auflockerung und Aufwärmübungen verzichten. Wir Sprechenden machen uns dagegen wenig Gedanken darüber, was unserer Stimme im Vorfeld guttun könnte. Daher mein Tipp für Sie: Gönnen Sie sich und Ihrer Stimme ein Aufwärmprogramm im Vorfeld einer Online-Veranstaltung. Der Aufwand ist nicht groß. Summen Sie Ihr Lieblingslied auf dem Weg zum Bildschirm, lassen Sie Ihren Atem ausströmen und dabei die Lippen flattern, gerne auch dabei die Stimme mit in die Höhen und Tiefen nehmen. Nutzen Sie Ihre persönliche Stimm-Genusslage. Es gibt eine Stimmlage, in der wir entspannt sprechen können, die uns in eine tiefere Tonlage bringt und uns gleichzeitig lockert. Stellen Sie sich vor, Sie haben sich Ihr Lieblingsessen bestellt, es wird Ihnen gebracht, vor Ihnen auf den Tisch gestellt und Ihre Nase erreicht den ersten Duft. Automatisch kommt gerne ein genüssliches »mmmmh« über unsere Lippen. Dieses »mmmmh« ist Ihre persönliche entspannteste Stimmlage. Wenn Sie das ein paar Mal gemacht haben, können Sie sich auch lautlos und entspannt in einer kurzen Sprechpause Ihrer persönlichen Stimmlage annähern und in dieser angenehmeren Tonlage weitersprechen. Dies lässt uns gelassener und einladender klingen.

Gelassenheit erreichen wir auch, indem wir uns Sprechpausen gönnen. Hetzen Sie nicht über vorbereitete Folien, während Sie dabei den Sinn des Gesagten verlieren, sondern nutzen Sie kurze Sprechpausen, um Einheiten und Abschnitte zu verdeutlichen – so geben Sie den Zuhörenden die Möglichkeit, das Gehörte nachzuvollziehen.

Sicherheit unterstützt Nähe

Die Frage, ob es möglich ist, in der digitalen Welt Nähe und Verbindung und damit eine gute Arbeits- und Austauschgrundlage aufzubauen, lässt sich meiner Ansicht eindeutig mit einem starken Ja beantworten. Hierzu ist es sinnvoll, sich von gängigen Vorgehensweisen der realen Welt zu lösen und sich Gedanken darüber zu machen, wie wir unsere Begegnungen in der digitalen Welt gestalten wollen. Es geht darum, Begegnung neu zu denken und uns bewusst in die Situation der Menschen hineinzuversetzen, die dort vor dem Bildschirm sitzen: Was benötigen diese, um sich sicher zu fühlen, um motiviert und aktiv teilnehmen zu können? Anlass, Ziele, Thema, Gruppengröße und Zeitraum sind entscheidend für die Wahl der Vorgehensweise. Liegt der Schwerpunkt darauf, einer größeren Gruppe Inhalte und neue Informationen zu vermitteln, tun Sie dies in einer verständlichen und abwechslungsreichen Art und Weise. Geht es hingegen primär darum, dass die Teilnehmenden zusammenarbeiten, sich austauschen und neue Ideen entwickeln, ist es Ihre Aufgabe, einen entsprechenden Rahmen zu schaffen und Austauschmöglichkeiten zur Verfügung zu stellen. Laden Sie Teilnehmende früh dazu ein, sich zu äußern. Je länger sie in schweigenden Positionen verbleiben, desto herausfordernder wird es für diese, sich aktiv mit Wortbeiträgen einzubringen. Auch ein Wechsel zwischen dem Zeigen von Folien innerhalb einer Präsentation und der Ansicht auf alle Kacheln in der Galerieansicht ist empfehlenswert, da Sie dadurch sowohl Dynamik als auch Kontaktmöglichkeiten erzeugen. Ebenso trägt der Austausch in virtuellen Arbeitsgruppen zu Nähe und einer höheren Beziehungsintensität innerhalb der Gruppe bei und lädt zur aktiven Teilnahme ein.

Machen Sie sich Gedanken darüber, was Sie tun können, um für mehr Verbindungmöglichkeiten zwischen den Teilnehmenden und für Lockerheit im Umgang zu sorgen, damit ein leichter und einfacher Austausch unter den Anwesenden entsteht. Auf der Website der Gesellschaft für Medienpädagogik und Kommunikationskultur (www.gmk-net.de) finden Sie bebilderte Moderationskarten für Videokonferenzen. Über das Hochhalten der Karten in die Kamera können Teilnehmende innerhalb einer virtuellen Veranstaltung eine Rückmeldung zur derzeitigen Situation geben. Auf der Website www.checkin.daresay.io versorgt Sie der Check in Generator – Hej.Today mit Fragen (englisch und deutsch), die per Zufallsprinzip eingeblendet werden und den Austausch zu Beginn gestalten können.

Wie innen so außen

Blicken Sie nun, am Ende nochmals über Ihre eigene Schulter: Wie ist Ihre innere Haltung zur Durchführung einer digitalen Veranstaltung? Trauern Sie wohlmöglich den Zeiten des Arbeitens in einem realen Seminar- oder Coachingraum hinterher und sehen die virtuelle Welt als notwendiges Übel an, die für eine gewisse Zeit notgedrungen als Ersatz herhalten kann? Sehen Sie das größte Problem vielleicht darin, dass keine »wirkliche« Verbindung entstehen kann? Unabhängig davon, wie Ihre Antwort lautet, sollten Sie sich im Klaren darüber sein, dass Ihre innere Haltung zu hören und zu sehen ist, auch wenn Sie diese nicht explizit äußern. Die Haltung überträgt sich auf Ihre Körpersprache, die weniger Spannung ausstrahlt, auf Ihre Stimme, die weniger Modulation aufweist und erst recht auf Ihre Sprechweise und die Art, wie Sie Inhalte und Fragen formulieren. Sehr in Erinnerung geblieben ist mir eine Erfahrung, die ich selbst in der Rolle als Teilnehmerin beim Einstieg in ein virtuelles Training erlebte. In den ersten zehn Minuten wurde ausführlich darüber gesprochen, wie schade es denn nun sei, dass diese Durchführungsform notwendig ist und was alles nicht geht. An dieser Stelle hatte ich schon keine Lust mehr. Auch virtuelles Arbeiten unterliegt einem Energiegesetz. Die Energie, die Freude, die Begeisterung, die wir für ein Thema, eine Arbeitsweise mitbringen, überträgt sich auf die Teilnehmenden. Bitte verstehen Sie mich richtig, natürlich können Vorbehalte zu dieser Arbeitsform geäußert werden, doch tut es auch gut, ab einem bestimmten Punkt den Blick zu weiten und gemeinsam zu erkunden, was alles geht, was wir vorher nicht gedacht haben. Ihr Auftreten und Wirken, Ihre Ausstrahlung, Ihre Professionalität gepaart mit einer menschlichen Natürlichkeit tragen dazu bei, dass Online-Veranstaltungen als Alternative, als Ergänzung bzw. als gute Unterstützung des zwischenmenschlichen Arbeitens genutzt werden können. Haben wir die kleinen feinen Elemente im Blick, die unsere Sichtbarkeit und unser Handeln in der Kachel unterstützen und uns einen professionellen Rahmen geben, dann wollen unsere Gegenüber gerne hinschauen und den Kontakt starten.

Autorin

Dorothee Rosenow, selbstständige Trainerin, Moderatorin und Coach. Sie arbeitet seit 20 Jahren mit Teilnehmenden aus unterschiedlichen Branchen und Ebenen an deren Auftreten und Wirken sowie in der Ausbildung von Trainer*innen. Ihr Herz schlägt für die Begleitung von Entwicklungsprozessen.

4 Selfcare online – Wie es uns in digitalen Räumen und Zeiten gut gehen kann: Selbstfürsorge als Thema für Beratende und Klient*innen

Tanja Schwichtenberg

*Selfcare ist zu einem Modewort geworden, das häufig mit Yoga, Wohlfühlkleidung und meditativer Musik assoziiert wird. Selfcare bzw. Selbstfürsorge umfasst aber mehr: Gerade in stressigen Zeiten ist es wichtig, sich gut um sich selbst zu kümmern, um genug Energie für die Gestaltung des eigenen Lebens zu haben. In diesem Text finden Sie Impulse, wie Sie als Beratende im digitalen Setting gut für sich sorgen können, wie Sie geschickt durch die Besonderheiten einer Online-Beratungssituation navigieren können und welche Methoden sich eignen, um Selfcare mit Klient*innen im Online-Setting kreativ zum Thema zu machen.*

Wir leben in einem digitalen Zeitalter – dies wird täglich in unserem Berufsleben und unserer Freizeit deutlich. Arbeitsprozesse laufen schneller, komplexer und vernetzter. Distanzen werden mühelos überbrückt; zeitliche Erreichbarkeit und Taktung haben sich erhöht. Das bietet einerseits größere Gestaltungsspielräume, fordert aber andererseits jeden einzelnen zu Selbstverantwortung auf.

Die Digitalisierung hat im Rahmen der Covid-19-Pandemie rasant an Fahrt aufgenommen, ohne dass für die meisten Menschen in gleichem Maße die Selbstfürsorge im Fokus sein konnte. Das Thema Selbstfürsorge ist ein wichtiger Teil meiner Beratungsarbeit, den ich nicht als Luxus für Menschen in privilegierten Positionen verstehe, sondern als eine notwendige Perspektive für alle. Den Blick auf sich selbst zu richten, ist eine Möglichkeit, um wieder Kraft zu schöpfen und Veränderungsprozesse anzustoßen oder zu begleiten, sei es beruflich, privat oder politisch.

Selbstfürsorge beinhaltet für jeden Menschen etwas Anderes, deshalb ist es sinnvoll sich mit unserer systemischen Haltung auf die Suche danach zu machen, wie wir als Berater*innen einerseits gut auf uns selbst achten und unsere Lebensbereiche in eine angemessene Balance bringen können und wie wir Teilnehmende in Beratungen und Weiterbildungen sinnvoll auf diesem Weg begleiten können.

Was brauche ich als Berater*in im Vorfeld einer Online-Sitzung, um gut ins Arbeiten zu kommen?

Online-Settings unterscheiden sich in vielen Punkten von der Arbeit in Präsenz. Beispielsweise entfallen, wenn im Homeoffice gearbeitet wird, bisher notwendige und selbstverständliche Wegezeiten zur Arbeit und zurück. Dies macht ein neues Austarieren der Taktung nötig: Wie viel Zeit brauche ich vor und nach der Arbeit und wie sollte diese Zeit für mich gefüllt sein, um Übergänge vom einen ins andere, vom Privaten ins Berufliche, für mich sinnvoll zu gestalten? Zudem ist das Setting der Beratung anders und benötigt die Gestaltung mehrerer Räume: des eigenen Raumes, von dem aus ich arbeite, des Raumes der Teilnehmenden sowie des gemeinsam genutzten Online-Raumes.

Selfcare heißt hier, mein Arbeitssetting so anzuordnen, dass ich gut und ungestört arbeiten kann:
- Wie stelle ich im Homeoffice Störungsfreiheit her?
- Wo und wie möchte ich sitzen oder stehen?
- Welche Technik nutze ich, um alles gut hören und sehen zu können?
- Was soll von meinem Raum für andere sichtbar sein? Wo möchte ich in meinem Raum hinschauen?
- Wie kann ich zusätzliche Kameras, Tablets, Laptops installieren, um meinen Raum dreidimensional zu erfassen und so z. B. für Aufstellungen zu nutzen?

Außerdem geht es darum, den gemeinsamen digitalen Raum vorzubereiten:
- Welches Konferenztool ist für meine Arbeit sinnvoll? Womit kenne ich mich aus, womit fühle ich mich wohl?
- Welche zusätzlichen Tools möchte ich nutzen? Wie kann ich Sicherheit im Umgang mit diesen Tools bekommen?
- Wie kann ich mein Gegenüber niedrigschwellig in der Nutzung verschiedener Tools anleiten, damit die technische Seite keine Überforderung auslöst?
- Welche Erklärungen zur Nutzung der Konferenzsoftware kann ich schon im Vorfeld zur Verfügung stellen?
- Welche Anforderungen an den Datenschutz muss ich beachten?
- Was passt zu mir, den Teilnehmenden und dem Prozess: Wie viel Methodenfeuerwerk ist sinnvoll?

Im Rahmen des Joinings gilt es dann, den Raum mit den Teilnehmer*innen weiter auszugestalten:
- Wie kann mein Gegenüber einen ungestörten Raum für sich gestalten? Was braucht er oder sie, um gut anwesend sein zu können?

- Wie wollen wir mit räumlichen Beschränkungen, Hintergrundgeräuschen oder spontanen Ablenkungen umgehen? Gibt es Gestaltungsspielräume?
- Gibt es Themen, die meine Klientin oder mein Klient nicht im privaten Umfeld besprechen möchte?

Was brauche ich als Berater*in während einer Sitzung, um gut ins Arbeiten zu kommen?

Die Technik – Geräte, Gadgets, Infrastruktur – ist eine eigene Komponente in der Online-Arbeit und sollte als Möglichkeitsraum genutzt werden: Sie eröffnet neue Bearbeitungsperspektiven, hat aber manchmal ein unerwartetes Eigenleben. In erster Linie bedarf es einer entspannten Haltung in Bezug auf die verwendete Technik. Ich kann zwar dafür sorgen, selbst eine möglichst stabile Internetverbindung zu nutzen und sicher im Umgang mit verschiedenen Tools zu sein, aber ich weiß nicht, wie beispielsweise der Internetzugang oder das Einwahlgerät der anderen Teilnehmenden aussieht. Zudem ist jede Technik fehleranfällig. Je mehr Tools ich verwende, desto höher ist die Wahrscheinlichkeit einer Störung.

Einen Alternativplan im Kopf zu haben, kann unterstützen, um eine entspannte Haltung beizubehalten, wenn ein technisches Problem auftritt. Ideen zur Umsetzung auf einem Whiteboard kann ich wieder verwerfen oder analog auf Papier umsetzen lassen, wenn die Teilnehmenden darauf nicht zugreifen können. Ich kann Tools und Räume wechseln oder alternativ aufs Telefonieren umsteigen. Bei allem gilt: Die Technik sollte nicht zu viel Raum bekommen. Wenn es irgendwo hakt, ist weniger mehr.

Online-Arbeit bringt eine stärkere Distanz zu den Teilnehmenden mit sich, insbesondere in größeren Gruppen. Die Achse zwischen professioneller Nähe und professioneller Distanz sollte deshalb neu austariert werden:
- Wie stelle ich selbst Nähe bzw. Distanz her? Woran kann mein Gegenüber das erkennen?
- Wieviel Nähe bzw. Distanz brauche ich, um gut arbeitsfähig zu sein?
- Wie kann ich meine Strategien auf die Online-Situation übertragen – wie kann ich z. B. fehlenden Blickkontakt ausgleichen?

Im Online-Format fehlen wichtige nonverbale Feedbacks der Teilnehmenden, weil die Videoübertragung zeitverzögert ist oder weil ich nur den oberen Körperausschnitt wahrnehmen kann.

Die Gestaltung der Räume und die Aktivierung meiner Ressourcen, die ich als Beratende zur Verfügung habe, um gut in der eigenen Balance zu sein und kreativ und empathisch systemisch arbeiten zu können, setzen einen wichtigen Rahmen für die Online-Beratung.

Methoden für die Arbeit zum Thema Selbstfürsorge

Selfcare schließt ein, generell darauf zu achten – bei sich und bei Teilnehmer*innen und Klient*innen – inwiefern durch die Verlagerung der Arbeit und Begegnung in die digitale Welt die persönliche Lebensbalance durcheinander gerät. Häufig begegne ich in meinen Beratungsprozessen Menschen, die beim Arbeiten im Homeoffice mit wenig direktem kollegialen Austausch an ihre Belastungsgrenzen stoßen, deren Arbeits- und Freizeitphasen verschwimmen oder die zusätzlich mit der persönlichen oder familiären Situation überfordert sind.

In meiner Praxis haben sich einige Methoden zur Reflexion von Selbstfürsorge bewährt, die sich gut online umsetzen lassen. Die hier vorgestellten Methoden sind vornehmlich für die Einzelarbeit geeignet. Visualisierungen, Varianten für Gruppen und weitere Impulse zu den Übungen finden sich im Downloadbereich. Die Methoden können einzeln genutzt oder auch kombiniert werden.

Der Selbstfürsorgekreis

Diese Übung bietet einerseits eine aktuelle Bestandsaufnahme, die Möglichkeit, den eigenen Bedarf an Selbstfürsorge sowie anschließende Veränderungsschritte zu reflektieren. Über die Erstellung zweier Tortendiagramme werden eigene Selbstfürsorgeressourcen erforscht und aktuelle Hindernisse benannt, die eine selbstverständliche Integration der Nutzung dieser Ressourcen in den Alltag momentan erschweren. Im ersten Schritt geht es um folgende Fragen: Was sind für mich Elemente der Selbstfürsorge? Welchen Anteil möchte ich ihnen innerhalb einer Woche geben? Wie soll die Gewichtung der Elemente zueinander sein? Entsprechend wird der erste Kreis gestaltet. Im zweiten Kreis wird der momentane Ist-Zustand festgehalten (Abb. 1). Je nach Anliegen kann die Erstellung der Kreise auch in umgekehrter Reihenfolge sinnvoll sein. Anschließend werden beide Kreise verglichen und Unterschiede benannt. Im nächsten Schritt können konkrete Veränderungsimpulse formuliert und erste Schritte zur stärkeren Aktivierung eigener Selbstfürsorgemöglichkeiten entwickelt werden.

Eine detaillierte Anleitung findet sich im Download-Bereich.

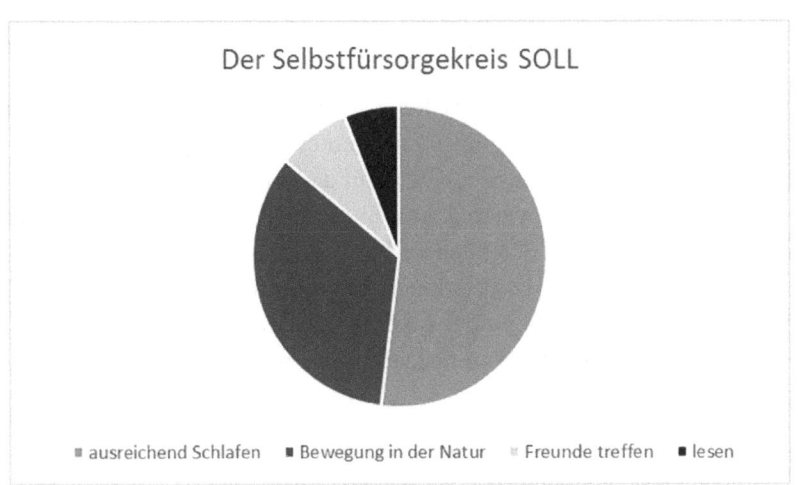

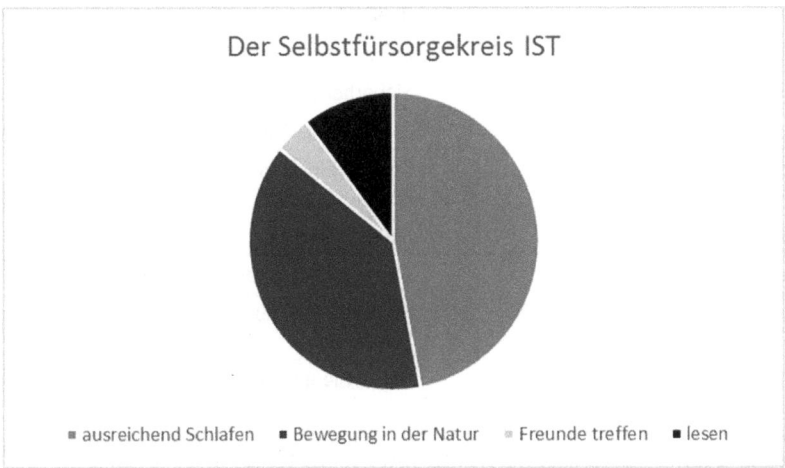

Abb. 1: Selbstfürsorgekreise SOLL und IST

Im vorliegenden Beispiel (Abb. 1) wird z. B. ersichtlich, dass das Bedürfnis nach ausreichend Schlaf etwas zu kurz kommt, was vielleicht daran liegt, dass die Person vor dem Einschlafen zu häufig ihrem Bedürfnis nach guter Lektüre nachgegangen ist; gleichzeitig könnte die Lust auf Zeit mit Freunden sinnvoller mit Aktivitäten in der Natur verknüpft werden, was durch den Abgleich der beiden Selbstfürsorgekreise klar wird.

Acht Ebenen der Selbstfürsorge

Auch bei dieser Übung geht es um eine Reflexion verschiedener Selbstfürsorgeanteile. Über eine Positionierung im Raum und ein Hineinspüren in die verschiedenen Ebenen der Selbstfürsorge wird auf das innere Erleben fokussiert.

Der Klient oder die Klientin verteilt acht Bodenanker im eigenen Raum bzw. als Symbole auf dem digitalen Whiteboard und stellt sich anschließend nacheinander auf die verschiedenen Positionen, entweder tatsächlich oder in seiner oder ihrer Vorstellung. Die Bodenanker repräsentieren acht verschiedene Ebenen, die potentiell Quellen von Selbstfürsorge sein können – oder auch nicht (Tab. 2):

Tabelle 2: Acht Ebenen der Selbstfürsorge

Ebenen	Beispiele
persönlich	Hobbys, Ziele, Identität
räumlich	Sicherheit, Stabilität, Rückzug
arbeitsbezogen	Entwicklung, Pausen, Abgrenzung
finanziell	Sparen, Finanzmanagement, Rechnungswesen
körperlich	Schlaf, Bewegung, Ernährung
emotional	Stress-Management, Resilienz, Empathie
sozial	Grenzen, Kommunikation, Bindung, Zugehörigkeit
spirituell	Natur, Glauben, Meditation

An jedem Punkt werden Körperempfindungen, Gedanken, Wünsche und Veränderungsimpulse erfragt und Ressourcen für den Umgang mit Hindernissen gesucht. Hilfreich sind Fragen wie »Wo zieht es mich als erstes hin? Wo habe ich das Gefühl, gut in der Balance zu sein? Wo fehlt mir etwas?« Im Anschluss können erste Veränderungsimpulse und Umsetzungsschritte konkretisiert werden.

Meine Räume

Viele nutzen ihre Wohnräume multifunktional, z. B. im Zusammenleben mit anderen oder eben in der Arbeit im Homeoffice. Teilweise wird derselbe Raum zeitgleich von mehreren auf unterschiedliche Weise genutzt. Je kleiner die Wohnverhältnisse sind, desto intensiver gestaltet sich die parallele Nutzung.

In dieser Selbstreflexionsübung geht es darum, die eigenen Räume über einen Grundriss zu visualisieren und darin Symbole für unterschiedliche Tätigkeiten einzutragen. Wie werden die Räume typischerweise genutzt, z. B.: Homeoffice, Care-Arbeit, Freizeit, …

Anhand der Skizze wird reflektiert, was Klient*innen brauchen, um den Tätigkeiten angemessen Raum geben zu können und welche Tätigkeiten gut nebeneinander realisierbar sind. Zudem kann überlegt werden, wie sie außerhalb dieses Raumes Ausweichmöglichkeiten schaffen oder innerhalb dieses Raumes Unterräume gestalten können, durch zeitlich versetzte Nutzung, durch innenarchitektonische Impulse (z. B. das Aufstellen eines Paravents oder einer Pflanze als Sichtschutz) oder durch kleine optische Veränderungen (z. B. ein Stuhlwechsel und eine Tischdecke auf dem Küchentisch um die Bürosituation vom Abendessen abzugrenzen). Die Methode lässt sich gut mit der nächsten Übung verknüpfen.

Interpunktion mit fünf Sinnen

Im Homeoffice findet der Wechsel von Arbeit zu Freizeit einerseits schnell statt, andererseits sind die Übergänge sehr fließend. Klient*innen nehmen nicht nur »die Arbeit mit nach Hause«, sie ist faktisch dort angekommen. Deshalb bedarf es für das Online-Arbeiten einen besonderen Fokus auf die Gestaltung dieser Übergänge: Was brauche ich, um gut abschalten zu können? Welche Strategien helfen mir in der Präsenzarbeit und wie kann ich diese zu Hause anwenden? Welche Rituale kann ich für mich neu entdecken?

Für die Entwicklung persönlicher Übergangsrituale finde ich die Arbeit mit fünf Sinnen hilfreich, da viele Teilnehmende auf diese Weise schnell Ideen entwickeln können und gleichzeitig die Ideenfindung strukturiert wird. Für jeden Sinn werden Möglichkeiten gesammelt, priorisiert und ausprobiert. Der Fokus liegt auf einer Veränderung zur vorherigen Tätigkeit. Das können Bewegungsmöglichkeiten wie ein Spaziergang, der tägliche Blick in den Baum vor dem Fenster, das Hören eines bestimmten Liedes, das Zubereiten und Trinken eines besonderen Tees, der Genuss einer warmen Dusche mit der Verwendung eines bestimmten Duschgels oder das Anziehen einer Wohlfühlkleidung sein.

Übergangsrituale können ebenso für die Interpunktion zwischen Freizeit und Arbeit entwickelt werden: Was brauche ich, um gut und konzentriert in die Arbeit starten zu können? Welche Übergangsrituale kann ich an dieser Stelle in meinen Tagesablauf integrieren?

Selbstfürsorge-Kalender

Diese Übung schafft eine Erinnerungshilfe, um sich punktuell leichter Zeit für Selbstfürsorgeelemente im Alltag zu nehmen. Für die eigene Selbstfürsorge können neben klaren Routinen und Übergangsritualen auch Handlungen wichtig sein, die nicht täglich in den Alltag integriert werden können. Momente, von denen ich weiß, dass sie mir guttun, die aber in stressigen Zeiten schnell wegrutschen. Eine Möglichkeit, sich Raum und Zeit zu nehmen, ist das Erstellen eines Selbstfürsorge-Kalenders. Zuerst werden Aktionen, Handlungen und Tätigkeiten gesammelt, die für das eigene Wohlbefinden hilfreich sind: Für die einen ist es ein langes Telefonat mit einer alten Freundin, für die anderen ein Kino- oder Theaterbesuch, wieder andere spielen gerne Minigolf oder vergnügen sich über einen langen Abend in einer Bar. Es können aber auch kleine Dinge einfließen wie eine kurze Achtsamkeitsübung oder der Genuss der Lieblingspralinen.

Anschließend wird überlegt, wo der Kalender gut platziert werden kann und wie und wann eine Idee von der Liste genommen wird: selbst ausgewählt oder zufällig, täglich, wöchentlich oder dann, wenn es besonders nötig ist. Der Kalender dient einerseits als Anker und andererseits zur Unterstützung der eigenen inneren Erlaubnis, sich Zeit und Raum für sich selbst zu nehmen.

Fazit

Grenzen von Arbeit und Freizeit verwischen durch die Digitalisierung immer stärker. Mehr denn je ist Selbstverantwortung bei der Gestaltung der Übergänge, der Erholungspausen und des Ausgleiches notwendig, gerade wenn der Druck besonders groß ist. Es ist deshalb wichtig, eine angemessene Balance für das eigene Wohlbefinden zu entwickeln und gleichzeitig strukturelle Bedingungen zu schaffen, in denen es allen Menschen möglich ist, sich den Raum für eine solche Auseinandersetzung zu nehmen. Gerade in Beratungssettings, die wir online durchführen, ist es wichtig diesen Raum so zu gestalten, dass wir eine gute Atmosphäre für die Arbeit mit unseren Teilnehmenden schaffen und dabei unsere eigene Balance als Beratende im Blick behalten.

Autorin

Tanja Schwichtenberg arbeitet als systemische Supervisorin und Coachin in eigener Praxis sowie als Lehrende am Hamburger Institut für systemische Weiterbildung (HISW). Ihr Fokus liegt auf der Arbeit mit Aktionsmethoden und Visualisierungen. Zudem ist sie seit vielen Jahren in der politischen Bildungsarbeit mit dem Schwerpunkt diskriminierungssensibles und machtkritisches Arbeiten tätig. http://bewegte-supervision-hamburg.de

II Intensität online

53 | **Katja Möller-Rumann: Supervision online – Tiefe und Nähe im virtuellen Raum**
Wie lässt sich eine funktionale und sinnstiftende Online-Supervision gestalten? Welchen Beitrag kann Supervision online leisten?

Die Supervisorin **Katja Möller-Rumann** schildert in ihrem Erfahrungsbericht, wie nicht nur sie, sondern auch ihre Supervisand*innen einen rasanten Lernprozess in der Coronazeit durchliefen, um sich Supervision als nährende Quelle online zu erschließen. Ihr Beitrag enthält sowohl eine theoretische Reflektion, welchen Beitrag (digitale) Supervision zur Bewältigung der Herausforderungen der VUKA-Welt leistet als auch viele praktische Tipps und methodische Hinweise zur Gestaltung von Online-Supervisionen.

65 | **Mirjam Faust: Ein Praxisbericht – Erlebnisorientiertes Arbeiten mit Einzelpersonen und Paaren in der Video-Beratung**
Kann digitales Arbeiten genauso gehaltvoll und intensiv sein wie analoge Begegnung? Und ist es möglich, gleichzeitig digital und körperorientiert zu arbeiten?

Die Paartherapeutin **Mirjam Faust** stellt das Embodiment-Konzept vor und zeigt anhand von Fallbeispielen aus ihrer Praxis, dass selbst körperorientierte Interventionen in der digitalen Beratung von Klient*innen möglich sind. Die aufgezeichneten Dialoge zeigen, wie fruchtbare Impulse aussehen können und von den Klient*innen aufgegriffen werden.

81 | **Astrid Hochbahn: Systemisch Zaubern – Durch Visualisierung komplexe Beratungsinhalte kreativ online bearbeiten**
Sind systemische Methoden auch in der Online-Beratung einsetzbar oder geht nur der unmittelbare Dialog? Welche Möglichkeiten gibt es, Tools zu nutzen, um die Beratung anzureichern?

Eine Kollegin sagte zu Beginn der Pandemie: »In der digitalen Beratung komme ich mir vor, als hätte mir jemand meinen Handwerkskoffer gestohlen«. Es gibt mittlerweile eine Vielzahl von Möglichkeiten, sich zumindest einen Teil dieses Koffers auch online zurückzuholen. Und spannenderweise ergeben sich digital auch neue Methoden und Möglichkeiten. **Astrid Hochbahns** Beitrag stellt Ihnen vor, wie sich diese auf einfache Weise in eine Online-Beratung integrieren lassen.

5 Supervision online – Tiefe und Nähe im virtuellen Raum

Katja Möller-Rumann

Supervision im virtuellen Raum funktioniert. Virtuelle Sitzungen können ähnlich emotional intensiv und inhaltlich tiefgehend sein wie Präsenzveranstaltungen. Das ist für viele Teilnehmerinnen ein durchaus überraschendes Erlebnis. Was aber führt zu intensivem virtuellen Arbeiten?

Während der Pandemie durchliefen Auftraggeber*innen und Supervisand*innen mit mir gemeinsam einen Lern- und Erfahrungsprozess, der im Folgenden nachgezeichnet werden soll, liefert er doch wertvolle Einsichten in die Bedingungen für gelungene virtuelle Supervisionen.

Zu Beginn der Pandemie im Februar/März 2020 gab es bei den meisten meiner Kontraktpartner*innen große Verunsicherung bezüglich des Coronainfektionsrisikos. Bis auf wenige Ausnahmen reagierten die großen Träger präventiv mit der konsequenten Aussetzung aller Präsenz-Besprechungsformate. Auf meine digitalen Angebote erhielt ich zwischen April und September 2020 durchweg keine Resonanz. Auf Rückfrage wurde wiederholt die Sorge benannt, dass virtuelle Formate aufgrund der Bildschirmdistanz nicht wirksam sein könnten, da das Fehlen von spürbarer menschlicher Nähe, die Wahrnehmung von Mimik und Gestik, das Erleben von Gruppendynamik nicht virtuell abbildbar seien.

Mein Einstieg in die virtuelle Beratungsarbeit erfolgte im März 2020 im Rahmen eines Lehrauftrags im Studiengang Soziale Arbeit an der Universität Duisburg-Essen. Die Universitäten waren Pionierinnen bei der sehr zeitnahen, vollständigen Umstellung auf digitale Veranstaltungen. Analog zum fortschreitenden pandemischen Geschehen folgte die schrittweise Umstellung vieler Auftragnehmer auf digitale Formate, zunächst für Team- und schließlich auch für Supervisionssettings. Als sich mit den steigenden Inzidenzen Ende 2020 ein zweiter Lockdown abzuzeichnen begann, öffneten sich die Mehrzahl meiner Kontraktpartner*innen endgültig für die Anwendung des virtuellen Settings. Im letzten Quartal 2020 sowie in den ersten beiden Quartalen 2021 lag die Auslastung der Angebote von Online-Supervision dann bei fast 100 %.

Ohne Austausch geht es nicht – Verbindung ist ein Grundbedürfnis

Funktionale, regelmäßig stattfindende Kommunikation sowie menschliche Anbindung an organisationale Strukturen sind wichtige Bedingungsfaktoren für das Gelingen und Sichern von Arbeitsabläufen. Ohne eine Kultur regelmäßig stattfindender Besprechungen ist das Aufrechterhalten geregelter Arbeitsprozesse kaum möglich. Aus funktionierenden Teams werden ansonsten zunehmend Einzelkämpfer*innen.

Unterstützende, menschliche Verbindung ist ein Grundbedürfnis (Rosenberg, 1996, S. 63). Friederike Höher beschreibt in ihrem Buch »Menschliche Resilienz in Unternehmen« soziale Unterstützung als wertvolles »gesellschaftliches Sozialkapital« und als die entscheidende Ressource zur Entwicklung von Widerstandsfähigkeit in Zeiten von stetigem Kulturwandel in einer VUKA-Welt. VUKA steht für Volatilität (volatility), Ungewissheit (uncertainty), Komplexität (complexity) und Ambiguität (ambiguity) und kennzeichnet somit vier entscheidende Konstituenten unserer derzeitigen Welt (2018, S. 14), so Höher: »Unsere Gesellschaft als Ganzes so wie jeder Einzelne ist für Resilienz auf soziale Unterstützung durch Beziehungen angewiesen« (2018, S. 52).

Nicht nur im medizinischen, sondern auch im sozialen Bereich wurde während der Pandemie durchgearbeitet. Um die Adressat*innen weiterhin versorgen, unterstützen, begleiten und beraten zu können, ging die Arbeit bei all meinen Kooperationspartner*innen weiter, nur eben ohne gesicherte Rahmenbedingungen, d. h. mit erhöhtem Ansteckungsrisiko, ständig wechselnden Schutzkonzepten, indifferenten Homeofficeregelungen und ausgesetzten Kommunikationsstrukturen wie Dienst- und Teambesprechungen. Dauerhaftes Arbeiten alleine, unter sich permanent verändernden Rahmenbedingungen, wurde in der Folge zunehmend als Überforderung und Belastung erlebt.

Zu der wachsenden Beeinträchtigung im Arbeitskontext gesellte sich die ebenfalls zunehmende soziale und kulturelle Isolierung durch die wiederholten Lockdowns. Zwei Entwicklungen bestanden also, die sich in ihrer Belastung wechselseitig unangenehm verstärkten. Aus dieser persönlichen, sozialen und institutionellen Strapaze heraus formierte sich in der zweiten Jahreshälfte 2020 eine Aufbruchstimmung digitalen Settings gegenüber. Getragen von viel Forschergeist und einer durchweg positiven, offenen Haltung konnte nach den Sommerferien mit vielen Teams und Gruppen in die virtuelle Supervision gestartet werden.

In vielen virtuellen Settings waren bei erstmaliger Anwendung sowohl Entdeckungsfreude als auch Unsicherheit bis hin zu Überforderung spürbar. Es war diesbezüglich wichtig, den gemeinsam Raum als experimentell zu rahmen. In dem Bewusstsein, dass (wir an) Dinge(n) auch scheitern dürfen, z. B. an der

Technik bzw. fehlender Technikaffinität oder an unterschiedlichen Benutzeroberflächen bzw. Endgeräten, instabilen Internetverbindungen, rauschenden Mikrofonen und eingefrorenen Kamerabildern, wurde viel möglich. Es galt von Beginn an eine Kultur der Fehlerfreundlichkeit. Funktion war der gegenseitigen Verbindung nachgeordnet in diesem Raum gemeinsamen Lernens.

Ich erinnere mich diesbezüglich an eine virtuelle Supervision mit ehrenamtlich tätigen, im Lebensalter bereits gereiften Mitarbeitern Ende des vergangenen Jahres, die während der ersten Videokonferenz ihres Lebens auf alle erdenklichen Möglichkeiten versucht haben, an der Supervision teilzunehmen. Einige waren mit Bild und Ton anwesend, andere mit Ton ohne Bild und umgekehrt zur gleichen Zeit eingewählt. Wieder andere baten darum, – wenn eine Einwahl auf üblichem Wege partout nicht gelingen mochte – ich möge doch das Handy neben den Laptop legen, so dass sie wenigstens auditiv teilnehmen könnten, es sei »so wertvoll«, sich zumindest auf diesem Weg für zwei Stunden als Teil der Gruppe erleben zu dürfen.

Mit der Beschränkung von (Alltags-)Kontakten und Begegnungsmöglichkeiten durch die Lockdown-Maßnahmen erlebten viele Teilnehmer*innen eine spürbare Vereinsamung. Insofern wurde die Möglichkeit zu gegenseitiger Verbindung ebenso »schön wie nährend« erlebt, wie es eine Teilnehmerin formulierte.

Nach anfänglichen Irrungen und Wirrungen waren wir fast zwei Stunden nahezu vollzählig auf alle in diesem Format möglichen Wege verbunden. Was für ein Aufwand, was für ein Bemühen, sich zu begegnen! Das war neben allem Ohnmachtserleben und zwischenzeitlicher Frustration unfassbar intensiv und berührend für mich und wurde dadurch fast zu einem Initialerlebnis, auch in mir sämtliche Restzweifel dem Format Online-Supervision gegenüber über Bord zu werfen.

Supervision als Anker im Weltgeschehen

»Es geht um Verantwortung gegenüber Menschen und Mitwelt und ethisch bewusstes Handeln, ›Empathie‹ *für das Ganze und in Resonanz mit ihm.*« (Höher, 2018, S. 43, Herv. K. M.-R.) So drückt Höher die Funktion und den Wert von Supervision aus und zeigt so eindrücklich die Mehrdimensionalität derselben. Supervisionsformate können als sicherer, wertfreier Resonanzraum zur Verortung in der Welt fungieren. Derartige Selbsterfahrungsräume sind bedeutsam, um in Zeiten von Komplexität und Wandel einen Standpunkt im eigenen Lebens- und Arbeitskontext zu entwickeln.

»Um das eigene Leben als gelungen ansehen zu können, brauchen Menschen mehr als Anerkennung – sie brauchen Resonanz. Erst wenn sie die Erfahrung machen, etwas zu bewegen und von anderen und der Umwelt bewegt zu werden, stehen sie fest in der Welt« (Barbara Schönberger im Gespräch mit Hartmut Rosa, 2013).

Ähnlich wie Marshall Rosenberg geht auch Hartmut Rosa davon aus, dass Menschen sich als der Welt zugehörig erleben, wenn sie persönlich in Beziehung stehen, unabhängig davon, ob sie eine angenehme oder unangenehme Resonanz erfahren. Diese »Weltbeziehungen – subjektive Welt, Dingwelt und Sozialwelt« (Rosa, 2013) klingen im Individuum resonant an, hier entsteht Verortung und Zugehörigkeit in der (Arbeits-)Welt.

Supervision bietet die (große) Chance, diese Resonanz achtsam wertfrei erlebbar und damit verfügbar zu machen. Für die Supervisandin bildet die ihr zugängliche Resonanz die Reflexionsbasis für grundlegende Anliegen im Beratungssetting wie z. B. Standortbestimmung und Perspektiventwicklung im Arbeitskontext, Werte- und Haltungsreflexion, Qualitätsmanagement, Konflikt- und Kommunikationsgeschehen. Im Supervisionsraum erhalten sie im besten dialogischen Sinne die Möglichkeit, sich im Beisein von Mitmenschen mit ihrem inneren Emotions- und Bedürfniskompass, der Navigation auf der eigenen Landkarte sowie sozialen, institutionellen und gesellschaftlichen Kontexten auseinanderzusetzen. Diese Multiperspektivdiagnostik wird umso bedeutender, je komplexer die Welt gerade daherkommt. Robert Erlinghagen spricht in diesem Zusammenhang von dem Begriff der »Welterklärungsvielfalt« der Supervisor*innen und Coaches. »*Supervisorinnen und Coaches brauchen nicht nur Methodenvielfalt, sondern auch Welterklärungsvielfalt.*« (Erlinghagen, 2020, S. 21, Herv. K. M.-R.)

In wahrscheinlich stetig komplexer werdenden Lebens- und Arbeitsverhältnissen kommt dieser Welterklärungsvielfalt als Leuchtturmkompetenz eine wachsende Bedeutung zu. Mit steigender Veränderungsgeschwindigkeit steigt die Notwendigkeit in vergleichbarem Tempo Bewältigungsstrategien für zum Teil noch nie da gewesene Phänomene/Krisen zu entwickeln. Hierfür ist ein Höchstmaß an Offenheit, Expertise, Agilität, Flexibilität, kommunikativer Kompetenz und Reflexionsfähigkeit notwendig, um als Institution, Team und Individuum widerstands- und damit handlungsfähig zu bleiben, wie auch Erlinghagen feststellt: »Wir erleben eine wachsende Notwendigkeit, in der Arbeitswelt mit Ambiguität, Widersprüchlichkeit, usw. umzugehen.« Das Bedürfnis nach »Resonanz im Sinne einer Beziehung, die von wechselseitigem inneren Berührtwerden, wechselseitiger Erfahrung der Selbstwirksamkeit und wechselseitiger Unverfügbarkeit gekennzeichnet ist,« wächst. (Erlinghagen, 2020, S 16.)

Neben der Möglichkeit, den inneren Kompass neu auszurichten, ist auch das wachsende Bedürfnis nach Beziehung, Resonanz und Austausch darüber in einem wertfreien, dialogischen Setting wie Supervision gut abbildbar. Die gemeinsame Verständigung hilft dabei, Erfahrungen auf allen Wahrnehmungsebenen nachzuspüren, zu sortieren und alternative Handlungsideen zu entwickeln bzw. zu erproben. »Supervision und Coaching können Orte sein, an denen gewissermaßen Unverfügbarkeit und Resonanz erfahrbar werden. Supervision schafft eine mehr oder weniger sicheren (= verfügbaren) Rahmen, in dem noch Ungedachtes, Unsicheres, Unbekanntes in den sozialen Interaktionen ausprobiert werden kann« (Erlinghagen, 2020, S. 20).

Ohne regelmäßige Gesprächsforen wie Supervision und Coaching erscheint eine differenzierte Verortung in der Welt als chronische Überforderung. Es braucht professionelle, dialogische Gesprächssettings mit leuchtturmkompetenten Berater*innen als Anker im Weltgeschehen.

Virtuelles Vorgehen

Virtuelle Supervision ist für mich kein Instrument zur Funktionssicherung. Mir war absolut nachgeordnet wichtig, wie technisch einwandfrei, effizient, versiert und zielführend im Arbeitskontext virtuell konferiert wird – ich habe den virtuellen Supervisionsraum als resonanten Welterklärungsraum im Sinne Erlinghagens und Rosas angeboten und die Erfahrung machen können, dass Resonanzerleben und -bearbeiten im Online-Kontext gleichermaßen wie in nicht virtuellen Umgebungen möglich ist.

Meine Supervisionssettings folgen einem ritualisierten, strukturierten Vorgehen. Dieses habe ich auch virtuell beibehalten. Ankommens-, Arbeits- und Evaluationsphase habe ich wie folgt digital übersetzt: Beginnend mit einer gemeinsamen Eingangsrunde habe ich im Vorfeld nach einer digitalen Entsprechung gesucht. Unter https://www.workshop-spiele.de/5-tools-fuer-online-warm-ups finden sich viele brauchbare Ideen zum gemeinsamen Ankommen. Bewährt hat sich an dieser Stelle auch die 3-Minuten-Achtsamkeit-Übung (vgl. Pinkall u. Böser, 2020), die gerne auch mit ausgeschalteter Kamera Gelegenheit zur Verbindung mit den eigenen Wahrnehmungsebenen Körper, Geist, Stimmung bietet und somit (auch nach anfänglichem, technischem Stress) ein achtsames und entschleunigtes Ankommen im virtuellen Raum ermöglicht.

Die ausdrückliche Einladung zum Wahrnehmen und Teilen von Resonanzen und der dafür gegebene Raum unterscheidet das Format Supervision nach Aussagen vieler Teilnehmer*innen deutlich von anderen digitalen Kommunikationssettings. So erleben viele Arbeitnehmer*innen das Umstellen auf virtuelle Besprechungsräume synonym mit dem Wegfall von Begegnung und als straffes Abarbeiten von Tagesordnungen. Oft gibt es deutlich weniger Möglichkeiten für die üblichen Begegnungen und Nebengespräche jenseits der inhaltlichen Arbeit.

Diese werden jedoch als eine Art sozialer Kitt von vielen Teilnehmer*innen schmerzlich vermisst.

In Arbeitsstrukturen, in denen die Arbeitsleistung zudem eigenständig erbracht wird, fehlt durch den Wegfall einer Besprechungskultur das Verbundenheitsgefühl mit dem Team, das kurze Entlasten auf dem schnellen Weg, der sprichwörtliche Kaffee in der Besprechungspause. Im Verlauf meiner digitalen Erfahrungspraxis habe ich der Ankommensrunde aus diesem Grund einen besonderen Stellenwert eingeräumt. Bewährt hat sich das Teilen von Befindlichkeiten mittels der Sprecheransicht in der jeweiligen App, da das übertragene Bild hierbei größer ist und mehr nonverbale Informationen übermittelt.

Im Anschluss an das gemeinsame Ankommen auf allen Wahrnehmungsebenen braucht es zu Beginn einer digitalen Beratung eine Verständigung über die vorhandenen technischen Ressourcen und Fragen sowie eine Einführung in das digitale Portal mit seinen Möglichkeiten und Begrenzungen. Nach erfolgter räumlicher Orientierung wird das Setting im virtuellen Supervisionsraum festgelegt. Was braucht es, um hör- und verstehbar zu sein? Wie gehen wir mit der Übertragungsverzögerung von wenigen Sekunden um? Wie managen wir technische Schwierigkeiten (das Bild friert ein)? Wie sorgen wir für individuelle Bedürfnissen während der Sitzung (kleine persönliche Pausen)? Wie werden Arbeitsprozesse in diesem Format aufbereitet und Ergebnisse gesichert? Wie wollen wir mit Kommunikations- und Wahrnehmungsproblemen umgehen? Was braucht es, um jeden mitzunehmen?

Mein supervisorisches Vorgehen in den Arbeitsphasen möglichst äquivalent zu einer Präsenzveranstaltung zu gestalten, entspricht einem ständigen kreativen Lernprozess. Ich arbeite oft intuitiv dynamisch-kreativ. Nach erfolgter Auftragserklärung stelle ich gerne Systeme/innere Anteile auf oder nähere mich diesen über Flipchartzeichnungen an, die sich meist im gemeinsamen Tun spontan entwickeln. Auch ist mir die Möglichkeit zur Beteiligung aller innerhalb der Supervisionsgruppe sehr wichtig. Gerne verändere ich immer wieder das Setting vom Plenum zur Kleingruppe und wieder zum Plenum, um dies sicherzustellen. All das ist auf den ersten Blick zunächst virtuell nicht einfach zu realisieren. Nötig waren eine ausgiebige Suche sowie das Vertrauen in digitale Formate als echte Ressource. Mit zunehmender Erfahrung als Gastgeberin bzw. als Teilnehmerin virtueller Settings und der Exploration der angewandten App für die Konferenzen zeigte sich ein Reichtum an neuen methodischen Möglichkeiten, wie z. B. der Wechsel zwischen Galerie- und Sprecheransicht, die Bildschirmteilung, die Arbeit in sogenannten Breakouträumen oder die Nutzung virtueller Tools.

Über andere Kolleg*innen, die ebenfalls ihre Supervisionssitzungen auf digitale Formate umgestellt hatten, lernte ich im letzten Jahr Anwendungen wie Moodle, Padlet und Miro kennen und schätzen. Bis heute habe ich nicht alle Programme in Gänze durchdrungen, jedoch reicht das Knowhow, um via Bildschirmteilung in der Fallsupervision z. B. eine Systemzeichnung zu erstellen und mit dieser parallel in Echtzeit zu arbeiten. Im virtuellen Whiteboard von Miro bietet die linke Menüleiste viele kreative Möglichkeiten. Das Feld »shape« ermöglicht Anordnung geometrischer Formen (Kreise, Quadrate, u. a.) ähnlich einer Systemzeichnung oder eines Genogramms im Raum. Die Funktion »sticky notes« bietet das Gruppieren von digitalen Moderationskarten mit Schlagworten. Über ein Teilen des Boards können alle Teilnehmer*innen gleichzeitig wichtige Elemente hinzufügen. Das Teilen des eigenen Bildschirms als Host ermöglicht ein gemeinsames Schauen auf die Ergebnisse. Auf diese Art entsteht eine Collage, die in Prozess und Ergebnis durchaus vergleichbar ist mit der Bearbeitung einer Systemzeichnung/-aufstellung in Präsenz.

Ein Beispiel verdeutlicht dieses Vorgehen: In einem Team, mit dem ich schon einige virtuelle Termine absolviert hatte, äußerten einige Mitarbeiter*innen im Rahmen der Themenfindung unterschiedliche als unangenehm erlebte Aspekte der aufsuchenden Arbeit mit den Adressat*innen. Als Ganzes schien das Thema diffus und wenig fassbar. Zur weiteren Klärung habe ich angeregt, alle aktuell vorhandenen Impulse zum Thema spontan in einem gemeinsam angelegten Padlet, einer digitalen Pinnwand, unter der Überschrift: »Standortbestimmung – Wie bin ich gerade in meinem Fällen unterwegs?« abzubilden. Durch das spontane, parallele Ausfüllen verschiedener Spalten nach gemeinsam entworfenen Impulsüberschriften »Leichtes«, »Schweres«, »Wünsche und Sehnsüchte«, »Wünsche und Sehnsüchte an die anderen« entstand vor unseren Augen – ähnlich einer Skalierung im Raum – ein als authentisch erlebter, ungefilterter Abdruck der Teamresonanz zum Thema, worüber wir im Anschluss gehaltvoll gesprochen haben. Interessanterweise wurden durch das Niederschreiben andere, umfangreichere Informationen geteilt als durch das gesprochene Wort im einleitenden Blitzlicht. Auch wurde dem geschriebenen Wort mehr Bedeutung zugeteilt. Besonders deutlich wurde dies an der Aussage einer Mitarbeiterin, die in das Feld »Wünsche und Sehnsüchte« den Wunsch schrieb, das Gefühl entwickeln zu können, es möge reichen, was sie leiste. Dies war eine völlig differenziertere, erklärungsmächtigere Information als die zuvor mündlich getätigte Äußerung derselben Person: »Ich bin unzufrieden«. Auch fanden sich im Padlet Sehnsüchte, den Adressat*innen auf endgültige Weise helfen zu können, so dass Hilfeprozesse positiv beendet werden könnten. Die einzelnen, kurzen Aussagen hatten schriftlich visualisiert eine andere Wirkung, als wären sie ausschließlich verbalisiert worden. Darüber hinaus habe ich den Eindruck gewonnen, dass in digitalen Formaten umfangreichere und damit auch aussagekräftigere Texte generiert werden, als dies mit analogen Methoden der Fall ist. Das digitale Format scheint hier deutlich anonymer zu sein, da subjektive Schwächen wie Handschrift,

Orthographie o. Ä. nicht oder zumindest weniger in Erscheinung treten, wodurch potenzielle Teilnahmehemmungen abgebaut werden können.

Im Ergebnis wurde im Team deutlich, dass sich die Mitarbeiter*innen zukünftig mehr Raum nehmen möchten, um über die Verunsicherung Einzelner in Bezug auf die Messbarkeit und Sinnhaftigkeit ihrer Tätigkeit in den Austausch zu kommen. Der Supervisionsprozess wird daher aktuell angepasst: weg von der Fall- und mehr hin zur Teamberatung. Die relativ spontane Verschriftlichung der Blitzlichtrunde wurde so als kleine Musterunterbrechung im Raum erlebt und rückwirkend als sehr hilfreich beschrieben.

Virtuelle Prozessauswertung bzw. Ergebnissicherung lässt sich ebenfalls sehr gut über das gemeinsame Erarbeiten von digitalen Whiteboards/Padlets in Kleingruppen durchführen. Auch die Methode des Reflecting-Teams, die ich gerne zum Abschluss einer Fallarbeit nutze, funktioniert virtuell hervorragend, Die Fallgeber*in macht lediglich ihre Kamera aus und lauscht so dem Blumenstrauß der Komplimente, Interventionsideen und Botschaften. Auch über die Emojis, die in manchen Apps verfügbar sind, kann man schnell und plakativ ein Stimmungsbild einholen. Wer gerne mit Stimmungsbildern und Kartenabfragen arbeitet findet bei Design im Prozess[1] erprobte Tools in digitalisierter Form. So lassen sich auch in der virtuellen Arbeit Arbeitsprozesse in vergleichbarer Qualität auswerten und abschließen.

Virtuelle Dynamik – wie kann das gehen?

Methodische Beweglichkeit, im Sinne einer motivierenden Abwechslung ist mir in meinen Beratungssettings besonders wichtig. Eine gewisse Agilität habe ich oft als hilfreich beim Aufbrechen starrer Denkmuster sowie auch als katalytisch bei der Entwicklung von kreativen Ideen und Perspektiven in Richtung Lösung erlebt. Diese Lebendigkeit sollte sich deshalb auch in meinen virtuellen Beratungen wiederfinden.

Bewährt hat sich folgende Haltung bzw. Einladung zu Beginn: Neben aller Fokussierung ergeht der Hinweis an alle Teilnehmer*innen, eigenverantwortlich mit den auftauchenden Bedürfnissen im persönlichen, virtuellen Raum umgehen zu dürfen. Alle Beteiligten dürfen in angemessenen Rahmen Körperimpulsen folgen, z. B. sich recken und strecken, das Plenum kurz verlassen, wenn

---

1 https://designimprozess.de/index.php?fc=module&module=leoproductsearch&controller=productsearch&leoproductsearch_static_token=38f0a4abbbcc4e530910622f38d39c69&cate=&search_query=digital

es Not tut, sowie einen Moment die Kamera ausmachen oder sich abwenden und nur hören. Damit der Prozess nicht dauerhaft gestört wird, werden entsprechende Hinweise im Chat hinterlegt.

Als strukturell hilfreich beim Aufbrechen starrer Settings kann sich das Spiel mit der Ansicht erweisen. Die gezielte Einladung vom Host, wiederholt zwischen Sprecher- und Galerieansicht zu wechseln sowie mit dem Ein- und Ausblenden der Selbstansicht zu experimentieren, macht einen Unterschied beim Zuschauen und kann zu mehr oder weniger Freiheit beim Sprechen führen.

Methodisch agil wirkt das Einflechten von Befindlichkeitslandkarten, Achtsamkeitsübungen, Kleingruppenarbeiten in Breakouträumen, digitalen Whiteboards oder Mini-Interventionen (Spielen) in den digitalen Prozess. Auch digitale »Energizer«, wie unter https://www.workshop-spiele.de/category/energizer/ zu finden, wirken sich positiv auf den Energiehaushalt der Einzelnen und der Gruppe aus. Last but not least wirkt auch der achtsame Umgang mit Pausen hilfreich, um sich vom starren Bildschirmfokus zu lösen und im Prozess aufnahmefähiger und schwingungsfähiger zu werden. Fokussiertes Arbeiten wird als sehr anstrengend erlebt. Alles, was an dieser Stelle unterbricht, wirkt regenerierend.

Das Aufheben der zwanghaften Fokussierung (ich sitze vor meinem Bildschirm und schaue in die Galerieansicht) ist insgesamt ein wichtiges Element für alle Beteiligten, virtuelle Termine deutlich weniger anstrengend und trotzdem wirksam bzw. effizient zu gestalten.

Virtuelle Gruppenprozesse – und es bewegt sich doch!

Wie zu Beginn beschrieben, erfolgte mein Einstieg in die Online-Supervision im Rahmen eines universitären Lehrauftrags. Nach zwei komplett virtuell gestalteten Semestern berichteten die Studierenden in der Rückschau kollektiv von einem erfolgreichen Prozess des Zusammenwachsens als Gruppe.

Dieser Prozess der Seminargruppe war in der Resonanz auch deutlich spürbar: Die Studierenden agierten in den letzten Theorieseminaren deutlich aufeinander bezogen, es gab viel aktive Beteiligung fast aller Anwesenden und die Arbeitsergebnisse aus Breakouträumen waren vielfältig, individuell bis kontrovers und trotzdem mit gegenseitiger Bezogenheit gefüllt.

In der Projektevaluation wurden folgende Bedingungsfaktoren als für den Gruppenprozess hilfreich benannt: kontinuierliche Meetings in unterschiedlichen Klein- und Großgruppensettings, wachsende Medienkompetenz im Laufe des Jahres, zunehmendes Vertrauen in die Effizienz des Formats, strukturelle Bereitschaft zur verbindlichen Teilnahme, Erleben der Wirksamkeit der Veranstaltungen als gleichwertig sowie das Grundgefühl aller Beteiligten, gemeinschaftlich von der Situation betroffen zu sein.

Die Gruppe interagierte in der Abschlussveranstaltung beeindruckend souverän mit dem Medium Online-Supervision, die gemeinsame Rückschau auf die auf dem Whiteboard erarbeiteten Ergebnisse des Projekts fiel für alle Beteiligten dieser »Pioniergeneration Online« erstaunlich positiv aus. Nach anfänglicher Skepsis und Trauer über alles, was in diesem Jahr nicht stattfinden konnte, steht am Ende die erfolgreiche Bewältigung der Gesamtsituation im Vordergrund sowie die aufgestoßene Tür zu ganz neuen kommunikativen Möglichkeiten.

So viel ist möglich – »nur« virtuell.

Statt eines Fazits – Virtuell wirkt gegen VUKA

Die Erfahrungen der Lebens- und Arbeitsbedingungen unter der Coronapandemie haben wie ein Katalysator auf die Digitalisierung unserer Lebenswelt gewirkt. Dazu Robert Erlinghagen »Die Digitalisierung von Arbeits-, Kooperations- und Kommunikationsprozessen hat einen Schub erfahren, der sicher nicht wieder umgekehrt wird. (…) Eine goldene Zukunft von Supervision ist mit Sicherheit online.« (2020, S. 22)

Der Hypothese folgend, dass sich unsere Lebens- und Arbeitswelt immer mehr einer VUKA-Welt angleicht und infolgedessen sehr komplex, widerspruchsbehaftet und wenig vorhersehbar daherkommt, können professionelle Online-Supervisionsformate einen niedrigschwelligen, sicheren, flexiblen und funktionalen Verbindungsraum bieten, über den ein dialogischer Prozess in Richtung Klärung, Verstehen, Handlungssicherheit, Beweglichkeit angestoßen werden kann. Folgende drei Vorzüge von Online-Settings möchte ich herausstellen:

1. *Online-Supervision ist beteiligend.* Es entfallen Fahrzeiten, das Vorhalten räumlicher Ressourcen sowie einige Faktoren, die ein Zusammentreffen u. U. hätten gefährden und oder beeinträchtigen können, wie z. B. Entfernung, Witterung, Verkehrslage, Arbeitszeitregelungen (Homeoffice), Kinderbetreuung usw. Technisches Equipment und eine stabile Internetverbindung vorausgesetzt, ist die Teilnahme grundsätzlich niedrigschwellig und von jedem Standort aus leicht möglich.
2. *Online-Supervision ist agil.* Neben der einfachen Zugänglichkeit und dem dadurch sichergestellten Aufrechterhalten von Kontakt und Kommunikation bieten virtuelle Kommunikationsformate einen deutlichen, agilen Mehrwert. Unter virtuellen Bedingungen lassen sich spontane Krisen zeitnah mit vielen Beteiligten besprechen und Interventionsmöglichkeiten entwickeln.

Präsenztreffen, die aufgrund von persönlichen Umständen und Umweltbedingungen nicht stattfinden können, können spontan und komplikationslos ins Internet verlegt werden. Teamkonstellationen mit unterschiedlichsten Stellenanteilen und Anstellungsverhältnissen sind online schneller absprachefähig, remote arbeitende Arbeiternehmer*innen und Mitarbeiter*innen wechselnder Dienststellen werden leichter eingebunden. Überdies ermöglicht das virtuelle Setting eine bessere Vereinbarkeit von Familie und Beruf bzw. von Arbeits- und Freizeit und schont Klimaressourcen durch den Wegfall von Fahrzeiten.

Die Agilität im Setting spiegelt sich auch in mehr inhaltlicher Beweglichkeit im Online-Raum. Spontane inhaltliche Impulse/Inputs während einer Online-Supervision können über entsprechende Werkzeuge parallel und in Echtzeit allen im virtuellen Raum zugänglich gemacht werden, weiterhin können individuell als wichtig erachtete Inhalte über den geteilten Bildschirm mit in den Supervisionsraum eingebracht werden.

3. *Online-Supervision ist verbindend.* Durch die Niedrigschwelligkeit und Beweglichkeit des Formats Online-Supervision kann in allen Beratungssettings, in denen die Mitarbeiter*innen über die entsprechende technische Ausstattung verfügen, auch unter schwierigsten Bedingungen der Beratungsprozess gehalten werden. Das Aufrechterhalten von Kontakt ist – wie zu Beginn beschrieben – ein wichtiger Resilienzfaktor für das Sicherstellen von institutionellen Abläufen, dem Funktionieren von sozialen Strukturen und dem Gefühl persönlicher (Institutions-)Zugehörigkeit (Höher, 2017, S. 52).

Online-Supervision schließt die Schere zwischen dem Bedürfnis nach kontinuierlichem Resonanzbegehren von Menschen in ihren Rollen als Arbeitnehmer*innen einerseits und der Verfügbarkeit von Resonanzräumen unter komplexeren, dynamischeren Arbeits- und Lebensbedingungen andererseits. Digitale Supervisionsformate bieten eine bedeutsame Möglichkeit, dem VUKA-Weltgeschehen in unserer Lebens- und Arbeitswelt Agilität entgegen zu stellen, indem krisenanalog neue, dynamische und dialogische Begegnungs- und Lernräume erschlossen werden.

Blick nach vorn – und die weitere Perspektive?

Online-Supervision schränkt im Vergleich zu Präsenzsitzungen gleichermaßen ein, wie sie auch andere, neue Freiräume bietet. Das über eine Webcam produzierte Bild meines Gegenübers wird immer ein anderes, distanzierteres sein, als jenes, das sich in Präsenzsitzungen ergibt. Doch bestechen digitale Werkzeuge durch ihre Verfügbarkeit und Schnelligkeit sowie durch das simultane Produzieren und Sammeln von Informationen in Echtzeit, wodurch der Gesamtprozess an Dynamik gewinnt. Weitere sich ergebende Vorteile digitaler Formate, wie etwa die Fortführung von Team- und Gruppenprozessen, wurden in diesem Beitrag deutlich gemacht.

Es stellt sich mit Blick in die Zukunft von Online-Formaten meines Erachtens nicht die Frage eines Entweder-oder sondern vielmehr die eines Sowohl-als-auch. Online-Supervisionen bieten eine vollwertige Ergänzung zu Präsenzsitzungen. Die Wahl der richtigen Balance zwischen beiden Formaten ist eine Herausforderung für alle Beteiligten und hängt gleichermaßen von den thematischen Inhalten wie auch von der Bereitschaft und Affinität aller Teilnehmenden ab, sich auch weiterhin den Vorzügen virtueller Formate zu öffnen.

Autorin

Katja Möller-Rumann, Diplom-Sozialwissenschaftlerin, Systemisch-lösungsorientierte Therapeutin, Systemische Supervisorin und Organisationsentwicklerin DGSv/DGSF, Lehrsupervisorin ist seit mehr als 25 Jahren in therapeutischen und beraterischen Kontexten sozialer Arbeit tätig. Seit sechs Jahren unterhält Frau Möller-Rumann als Freiberuflerin eine eigene Praxis für systemische Supervision, Coaching und Fortbildung zwischen Ruhrgebiet und Niederrhein. Sie unterhält seit vielen Jahren eine intensive Zusammenarbeit mit der Uni Duisburg-Essen. www.supervision-kmr.de

Literatur

Böser, H., Pinkall, T. (2020). 3×3 ACT systemisch – Teil 1 Handout. (2020) Acceptance and Commitment Therapy und systemische Perspektiven, 17.–19. Februar 2020 in Grasellenbach
Erlinghagen, R. (2020). Die ungewisse, aber goldene Zukunft der Supervision. Supervision – Mensch Arbeit Organisation. 38 (3),16–22.
Höher, F. (2017). Menschliche Resilienz in Unternehmen – Dialog als Ressource. Opladen: Verlag Barbara Budrich.
Rosa, H. (2013). Eine Art von Begehren nach Welt. Psychologie heute 40 (1), 34–38.
Rosenberg, M. (2016). Gewaltfreie Kommunikation: Eine Sprache des Lebens (12. Aufl.). Paderborn: Junfermann.

6 Ein Praxisbericht – Erlebnisorientiertes Arbeiten mit Einzelpersonen und Paaren in der Video-Beratung

Mirjam Faust

Von Beginn meiner systemischen Beratungsarbeit an hat mich das Wechselspiel von Körpersignalen und Kognitionen fasziniert, wenn Menschen ihre Anliegen zur Sprache brachten. Die Beobachtung, dass die Konstruktion von Problemen und Lösungen einer höchst individuellen Logik unterliegt, die nur zum Teil bewusst und verbalsprachlich vermittelt wird, führte mich in die Auseinandersetzung mit dem Embodiment-Konzept (Verkörperungs-Konzept).[1] Kann erlebnis- und körperorientiertes[2] Arbeiten auch in der systemischen Video-Beratung eingesetzt werden? Nach einer kurzen Einführung ins Embodiment-Konzept skizziert dieser Beitrag anhand von Fallbeispielen, wie die Umsetzung in die Video-Beratung aussehen kann.

Körperorientierung in der Beratung vor dem Hintergrund des Embodiment-Konzepts

Im Folgenden möchte ich eine kurze Einführung in das Embodiment-Konzept geben und zentrale Annahmen erläutern, die m. E. grundlegend für die erlebnisorientierte Beratungsarbeit sind:

Embodiment stellt eine von mehreren Perspektiven auf das cartesianische Körper-Geist-Problem dar und wird in der Philosophie, den kognitiven Neurowissenschaften und der Psychologie diskutiert und erforscht. Im Embodiment-Konzept wird davon ausgegangen, dass körperliche (motorische, nonverbale und physiologische Prozesse) und geistige Prozesse, wie Denken und Erleben nur als wechselseitig voneinander abhängig betrachtet werden können (Bidirektionalität). Sie sind nicht getrennt zu betrachten.

---

1 Der Begriff Embodiment wird in Wissenschaft und Forschung nicht einheitlich verwendet. Ich beziehe mich hier vorwiegend auf die Positionen von Storch et al. (2010), Storch u. Tschacher (2017), Tschacher u. Bannwart (2021) und Kaldenkerken (2021), die das Embodiment-Konzept für Beratung, Coaching, Supervision und Psychotherapie nutzbar machen.
2 Unter erlebnisorientiertem bzw. körperorientierten Arbeiten verstehe ich sowohl eine Grundhaltung, die sich aus dem Embodiment-Konzept erschließt, als auch spezifische Methoden wie bspw. Stuhlarbeit, Timeline, Skulpturen, Ambivalenzwippe.

In den Kognitionswissenschaften werden Kognitionen folgendermaßen verstanden:
- Sie sind verkörpert (embodied),
- eingebettet in eine Umwelt (embedded),
- erweitert mittels (Denk-)Werkzeugen (extended) und
- enaktiviert im Sinne ständiger Feedback-Schleifen, die Hypothesen aufstellen und überprüfen (enactive).

Nach Damásio (2013) beruhen sogenannte somatische Marker (Körpersignale), die in Metaphern wie »Schmetterlinge im Bauch, Frosch im Hals, Stein in der Magengrube« versprachlicht sind, auf gemachten Erfahrungen, die in einer neuen Situation als Referenzsystem für Abwehr- oder Annäherungsverhalten genutzt werden. Sie sind auf körperlicher Ebene sinn-voll und äquivalent zu kognitiv-logischen Denkwerkzeugen zu verstehen, nur eben nicht unabhängig voneinander. Es werden Top-down Prozesse sowie Bottom-up Prozesse unterschieden: Kognitionen können körperliche Empfindungen initiieren, Körpersignale können Denkprozesse in Gang setzen. Das, was wir sprachlich nacheinander beschreiben müssen, wird im Verkörperungsdiskurs als in einem Phänomen gleichzeitig ablaufend betrachtet: »Der Leib ist Resonanzkörper, Bezugspunkt und Informationsquelle für die persönliche Orientierung, für die Bewertung von Situationen und Entscheidungen« (Kaldenkerken, 2021, S. 11).

Probleme stellen für Menschen meist eine Art Dissonanz körperlicher und kognitiver Positionen dar, die im Rahmen von Beratung, Supervision, Coaching oder Therapie untersucht und in einen fruchtbringenden Dialog gebracht werden, um sinn-volle (kognitiv ausgedrückt) bzw. stimmige (körperbezogen ausgedrückt) Entscheidungen treffen zu können.

Mit systemischen Begriffen könnte man eine Embodiment-orientierte Beratung also folgendermaßen beschreiben: Die Konstruktion von Problem und Lösung, ihre De- und Neukonstruktion unterliegt kontinuierlichen Austausch- und Bewertungsprozessen zwischen kognitiv-psychischem und biologisch-psychischem System in seinen Kontexten. Das Ziel der Beratung ist, das Wechselspiel von Körper, Geist und Umwelt aus unterschiedlichen Perspektiven zu untersuchen, Bewertungen und Konstruktionen zu hinterfragen und in einen anregenden Dialog zu bringen, der Menschen neue Bewertungen, Konstruktionen und letztlich neue Handlungsmöglichkeiten eröffnet. Für Systemiker*innen wäre es selbstverständlich, dass die Grundhaltungen von Allparteilichkeit (bspw. gegenüber allen Signalen, Kognitionen, Bewertungen) und Veränderungsneutralität hinsichtlich einer Lösungsfindung gewahrt bleiben.

Betrachtet man die allgemeinen Wirkfaktoren in der Psychotherapie (Grawe, 1998), spielt die vertrauensvolle Beziehung zwischen Therapeutin und

Patient die bedeutendste Rolle für einen produktiven Therapieverlauf. Aus der Embodiment-Perspektive heraus treffen in der Beratung mindestens zwei verkörperte Menschen mit ihren Kognitionen und Körpern/Körpersignalen aufeinander und werden füreinander Umwelten. Körperlich-nonverbale Kommunikationen gestalten die Beratungsbeziehung im Sinne eines Resonanzgeschehens bzw. einer Synchronie mit. »Synchronie basiert auf einer sehr menschlichen Eigenart, nämlich der Tendenz, bei einer Interaktion das Gegenüber zu ›imitieren‹, was aber keine willentliche Nachahmung, sondern eine automatisch sich einstellende Sozialdynamik darstellt« (Tschacher u. Bannwart, 2021, S. 76). Wohlbefinden, Resilienz und Achtsamkeit seitens der Therapeut*innen zählen zu den spezifischen therapeutischen Faktoren und tragen zur Mitsteuerung des Therapieerfolgs bei (Tschacher u. Bannwart, 2021).

Für die Beratung ergeben sich m. E. mindestens drei wesentliche Metaebenen:
1. Ich beobachte eigene körperliche Reaktionen und Emotionen beim Zuhören und sehe sie als Teil meiner Wirklichkeitskonstruktion an bezüglich
   - der (Mit-)Gestaltung der Beziehung mit den Klient*innen,
   - des Verständnisses des Anliegens der Klient*innen,
   - der Auftragsklärung und
   - der Prozessgestaltung (Interventionen, Tempo, Joining und Leading …).

   Ich prüfe, was zu meiner eigenen Geschichte oder meiner eigenen Konstruktion gehört. Ich stelle ausgewählte Teile meine Wahrnehmung zur Verfügung und erfrage, ob mein Gegenüber sich darin wiederfindet. Erst dann kann ich sicher sein, dass ich bei meinem Gegenüber bin.
2. Ich achte bei meinem Gegenüber auf den körperlichen Ausdruck und dessen Veränderung und bilde Hypothesen über Erfahrungen, Konstruktionen und Passung zwischen Gesagtem und Gezeigtem, wie:
   - Körperhaltung, Bewegung und Tempo,
   - Stimme, Sprechweise, Sprechtempo,
   - Atem,
   - Schweigen,
   - Angerührt sein, Tränen,
   - plötzliche Veränderungen wie sich aufrichten, sich schütteln, sich umsetzen, laut auflachen, tief einatmen, Bewegungen.

   Ich verstehe sie sowohl als Momentaufnahme als auch als grundsätzlichen Ausdruck der Wirklichkeitskonstruktionen meines Gegenübers.
3. Ich achte auf die Synchronisationsprozesse, die sich im Gespräch zeigen, interpretiere sie und nutze sie zur Steuerung des Prozesses im Sinne der Zielvereinbarung.

Ich bin mir meiner Mitwirkung an diesem co-kreativen Prozess bewusst und reflektiere die Nützlichkeit für mein Gegenüber. Ich achte auf meine Körperhaltung und nutze sie ggf. aktiv, um einen Kontrapunkt im Gespräch zu bringen oder Aussagen zu unterstreichen.

Ich wähle aus, wo ich Körpersignale verbal markiere und nach der Bedeutungsgebung frage bzw. über eine mögliche Bedeutungsgebung ins Gespräch komme. Manches davon registriere ich, nehme es als stimmig (im Sinne von »zur Aussage, zum Thema passend«) wahr. Manches merke ich mir, um es später einzubringen. Und manches nehme ich eben aufgrund meines eigenen blinden Fleckes nicht wahr. Erlebnisorientiert zu arbeiten, bedeutet für mich, das zu benennen, was sich in meinem Erleben »nach vorne« drängt, während ich mit voller Aufmerksamkeit bei meiner Gesprächspartnerin oder meinem Gesprächspartner bin:

»Jetzt lächeln Sie. Was hat das gerade bewirkt?«
»Was bedeutet diese Handbewegung, wenn Sie das sagen?«
»Wo spüren Sie diese Aussage in Ihrem Körper? Wie bewerten Sie diese?«
»Wofür stehen die Tränen, die da jetzt kommen, wenn Sie so darüber sprechen?«
»Sie sitzen ganz vorne an der Stuhlkante. Hat das eine Bedeutung?«
»Jetzt wurde Ihre Stimme gerade ganz leise. Wie erklären Sie sich das?«

Die Entscheidung, mit den Klient*innen auf das Erleben zu fokussieren, geschieht bei erfahrenen Therapeut*innen oft intuitiv. Wenn eine Dissonanz zwischen verbaler Aussage und körperlicher Reaktion/Haltung vorherrscht oder wenn ich das Gefühl habe, dass das Gespräch stockt und wir nicht weiterkommen, weise ich auf diese Dissonanz hin oder lade zur Befragung des Körpers ein. Die Idee ist, Material zu generieren bzw. Unterschiede zu erzeugen, die eine nützliche Selbstreflexion anregen.

Die Embodiment-Brille in der Video-Beratung

Unter Berücksichtigung der Erkenntnisse aus dem Embodiment-Konzept kann eine Video-Beratung nur die zweite Wahl sein. Es ist nur ein Teil meines Gegenübers zu sehen, der Augenkontakt fehlt, die verbale wie die körpersprachliche Kommunikation ist verzögert, abgeschwächt oder verzerrt. Wenn dazu Ton und Bild verzerrt sind, sind auch Synchronisationsprozesse schwer zu beobachten.

Empirische Forschung in diesem Bereich fehlt noch. Wie kann trotz dieser Schwierigkeiten auch in der Video-Beratung möglichst erlebnis- und körperorientiert gearbeitet werden? Die folgenden Beispiele skizzieren meine Übersetzungen in den virtuellen Raum, einmal mit Fokussierung auf die Augenbewegung und einmal auf die Atmung.

Der Blick

Lars und Toni sind ein Paar, das mehrere grundsätzliche Entscheidungen treffen möchte und allein nicht weiterkommt. Sowohl ein Jobwechsel mit der Wahl des Wohnorts als auch die Entscheidung über eine gemeinsame Elternschaft steht für beide im Raum. Sie sitzen auf dem gemeinsamen Sofa, schauen sich beim Sprechen an und berühren sich hin und wieder. Ich erlebe sie als einander zugewandt und diskussionsfreudig und bin neugierig, was das Entscheiden für beide schwer macht. In diesem dritten Gespräch lade ich ein, etwas grundsätzlicher auf die Wünsche und Bedürfnisse zu schauen als nur auf das Für und Wider der verschiedenen Entscheidungen.

Nachdem Toni berichtet hat, welche Schritte er sich in der Beziehung wünscht, frage ich Lars: »Einmal angenommen, ich hätte Sie zuerst gefragt nach dem, was für Sie beide in der Partnerschaft dran ist, was hätten Sie geantwortet?«

Lars schaut mich an, dann beugt er sich etwas hinunter, schaut seitlich in die rechte untere Ecke des Bildschirms; weg von Toni. Er lehnt sich etwas mehr weg von Toni. Dann wandert sein Blick wieder zu mir, zu Toni und wieder zurück in die Ecke. Ich interpretiere, dass ihm ein Gedanke, ein Bild oder ein Satz eingefallen ist und warte. Er schaut mich an, schüttelt den Kopf und sagt: »Ähm, was? Entschuldigen Sie, können Sie die Frage noch einmal wiederholen?«

Ich glaube nicht, dass Lars die Frage nicht verstanden hat und fokussiere auf die unwillkürliche Körperreaktion. Also sage ich: »Ja, gerne. Möchten Sie mir vorher einmal sagen, was Sie da gerade gesehen, gedacht oder gefühlt haben, als Ihr Blick in diese Ecke hier ging?«

Er schaut mich verwirrt an, dann seufzt er tief und seine Stimme klingt brüchig, als er erzählt, dass er da gerade zwei Bilder hatte, von dem, was er im Moment wirklich brauchen würde. Diese seien aber konträr zu den Wünschen, die Toni geschildert habe und hätten auch nicht viel mit der Beziehung zu tun. Ich frage ihn, wie es ihm damit ging, das gerade so zu benennen. Er seufzt nochmal tief und sagt, dass es sich einerseits entlastend anfühlt, andererseits die Sorge aufsteigt, was Toni darauf sagen wird. Ich frage Toni, ob er an den Bildern interessiert sei, und Lars, ob er sie beschreiben wollen würde. Es entsteht ein Gespräch über die unterschiedlichen Bedürfnisse der beiden und die Konsequenzen darüber, was gerade bezüglich der Partnerschaft entschieden werden kann.

Lars war sich bislang nicht im Klaren darüber, welche Bedürfnisse er grundsätzlich hat. Und es fiel ihm schwer, sie gegenüber Toni zu formulieren (aus noch unbekannten Gründen). Über die Bilder wurden sie besprechbar und konnten in den Aushandlungsprozess mit Toni fließen. So wurden sie auf der Differenzierungsebene und auf der Bindungsebene des Paares nützlich. Die Bilder eröffneten den Raum, neu in den Dialog über einige Facetten der Partnerschaft zu treten:

Aus Lars' Perspektive:
- Darf ich brauchen, was ich brauche?
- Darf ich wollen, was ich will?
- Kann ich für mich einstehen?
- Wie soll ich mich zeigen, wenn ich weiß, dass das nicht das ist, was du hören willst?
- Wie muss ich mich erklären, damit ich mich von dir verstanden fühle?
- Hältst du mein Wollen aus?
- Halte ich deine Reaktion auf mein Wollen aus?
- Trennt oder verbindet uns mein Wollen?
- Finden meine Bedürfnisse Platz in unserer Partnerschaft?
- …

Aus Tonis Perspektive
- Will ich hören, was du sagst?
- Will ich verstehen, was du sagst?
- Halte ich aus, was da herauskommt?
- Was bedeutet das für meine Bedürfnisse?
- Was bedeutet das für unsere Partnerschaft?
- Was bedeutet das für mein Ideal von Partnerschaft?
- Wie wichtig bin ich für dich?
- Kann ich bei meinen Bedürfnissen bleiben?
- …

Die Komplexität von Körper, Geist und Seele eröffnet sich mittels einer »kleinen« Fokussierung auf den Blick und führt zu der Frage, auf welche Weise Lars und Toni ihre großen Entscheidungen treffen können und wollen.

Die Atmung

Annika, 28 Jahre alt, kommt nach etlichen gescheiterten Beziehungen mit der Frage in die Beratung, ob sie beziehungsunfähig sei. Sie sitzt nach vorne gebeugt in einigem Abstand vor dem Bildschirm, die Arme um den Körper geschlungen und wirkt auf mich distanziert, traurig und frustriert. An einer Stelle versuche ich, das Gehörte zusammenzufassen und stelle den Begriff der Beziehungsunfähigkeit in einen zeitlichen Zusammenhang, wodurch ich Annika zu einer Neubewertung (Reframing) der Situation einladen möchte:

Mirjam: »Wenn ich es richtig verstanden habe, erscheint es für Sie im Moment sinnvoll zu sein zu glauben, dass Sie sich nicht mehr für eine Beziehung mit einem Partner oder einer Partnerin eignen.«
Annika: »Na, so wie Sie es beschreiben, scheint es sich ja nur um einen vorübergehenden Zustand zu handeln.«
Mirjam: »Naja, das könnte ja genauso richtig sein, wie die Annahme, dass jetzt bei Ihnen alles vorbei ist beziehungstechnisch.«
Annika: »Ja, rein logisch betrachtet sozusagen.«
Sie schaut mich irritiert an und atmet dann plötzlich kurz ein und lange und tief aus. Sie richtet sich auf.
Mirjam: »Wow, das war ein tiefer Atemzug. Was hat Ihr Körper Ihnen da gerade zurückgemeldet?«
Annika: »Also, wenn das nur vorübergehend wäre … aber es hat sich ja schon so oft wiederholt!«
Mirjam: »Ja, so habe ich Sie gehört. Spannend find ich gerade, dass Ihr Körper einen tiefen Zug getan hat, als Sie sich vorgestellt haben, es wäre nur vorübergehend. Ich habe direkt mitgeatmet und dabei das Schwere nicht mehr so sehr gefühlt. Ging es Ihnen auch so?«
Annika nickt und lächelt.
Mirjam: »Das bringt gerade etwas Neues rein, glaube ich. Vielleicht wäre es nützlich einen Moment da dranzubleiben. Haben Sie Lust?«
Annika nickt und rückt näher an den Bildschirm heran.
Annika: »Ja, also das fühlte sich gerade irgendwie leichter an. Ich hab' nicht mehr so viel Spannung und Schwere im Körper.«
Mirjam: »Was haben Sie stattdessen?«
Annika: »Ich sitze aufrechter. Es fühlt sich leichter an. Ich sehe mehr.«
Mirjam: »Was sehen Sie denn?«
Annika: »Naja, hier hinter meinem Bildschirm ist ein Fenster. Da schaue ich auf einen Kastanienbaum. Der sieht schön aus. So grün.«

Mirjam: »Also ich fasse mal zusammen und spinne ein bisschen weiter. Sie prüfen, ob das für Sie so stimmt, ok?«

Annika nickt.

Mirjam: »Wenn Sie annehmen, dass das ein vorübergehender Zustand ist, dann holen Sie tief Luft. Sie haben automatisch mehr Sauerstoff im Körper, sind weniger angespannt und sie sind beweglicher. Das alles würde dazu beitragen, dass Sie mehr sehen.«

Annika: »Ja genau.«

Mirjam: »Was ist dann mit dem Gedanken, dass Sie eventuell beziehungsunfähig sind?«

Annika: »Der fühlt sich gerade nicht so groß an ... Sie haben auch am Anfang gesagt, dass ich mich dafür entschieden habe, so zu denken.«

Mirjam: »Ja, dass es im Moment für Sie mehr Sinn macht, zu denken, Sie seien beziehungsunfähig.«

Annika: »Dann könnte ich ja auch etwas anderes denken.«

Mirjam: »Ja. Jederzeit. Und wenn ich Sie richtig verstehe, ist die Vorstellung etwas anderes zu denken gerade leichter, wenn Sie mehr Sauerstoff im Körper haben und mit weniger Spannung aber mehr Aufrichtung auf Ihrem Stuhl sitzen, richtig?«

Annika nickt.

Mirjam: »Und dann könnte es vielleicht für Sie darum gehen zu prüfen, welche Konsequenzen es hat, wenn Sie sich selbst als beziehungsfähig oder eben beziehungsunfähig einstufen. So eine Kosten-Nutzen-Bilanz. Das könnte der nächste Schritt sein. Aber vielleicht bin ich damit schon zu schnell.«

Annika: »Das weiß ich gerade nicht. Das ging jetzt wirklich ein bisschen schnell. Jedenfalls will ich das gute Körpergefühl behalten, wenn es geht.«

Erlebnisorientierte Methoden in der Online-Beratung

Ambivalenz

Lea, 39 Jahre alt und im Begriff, sich selbstständig zu machen, beschäftigt die Frage, ob sie sich gleichzeitig auch um ihren Kinderwunsch kümmern sollte. Die letzte Beziehung liegt einige Jahre zurück, das Single-Sein genießt sie sehr. Der Kinderwunsch ist emotional nicht drängend, aber der Kinderboom im Freundeskreis und das fortgeschrittene Alter forciert für sie die Frage. Gleichzeitig ist die Selbstständigkeit noch nicht so etabliert, dass sie wirtschaftlich auf sicheren Beinen steht.

Wir treffen uns online für ein erstes Gespräch. Lea sitzt vor einem Fenster und ich kann ihr Gesicht nicht erkennen. Ich frage sie, ob sie sich so setzen kann, dass ich ihr Gesicht besser sehe und lade sie ein, für eine angenehme Sitzposition zu sorgen.

Zu Beginn eines Erstgesprächs erzähle ich noch nicht, dass ich unsere körperlichen Reaktionen genauso ernstnehme wie das, was wir zu sagen haben. Das verunsichert zusätzlich zur Aufregung, eine Beratung in Anspruch zu nehmen. Meist lasse ich es einfließen, wenn ich meine erste körper- bzw. erlebnisorientierte Frage stelle. Mein Signal zu Beginn ist: Mach es dir bequem, sorge gut für dich, das soll hier eine rundum gute und hilfreiche Begegnung für dich werden.

Lea beginnt, von ihrer Ambivalenz zu erzählen, und mir fällt auf, dass sie immer, wenn sie die Frage nach einem Kind bedenkt, nach draußen, Richtung rechte Bildschirmhälfte schaut. Dort ist es heller und ich kann einen Fenstersturz erkennen.

Mirjam: »Lea, ich merke, dass Sie beim Erzählen immer hin und hergerissen sind zwischen den beiden Polen, sich ein Kind zu wünschen oder eine Zukunft ohne Kind zu denken. Es könnte hilfreich sein, sich jeder Seite in Ruhe zu widmen und darum würde ich Sie gerne zu einem Experiment einladen. Ich erkläre kurz wie es geht und dann entscheiden Sie, ob Sie es ausprobieren möchten.«
Lea nickt.
Mirjam: »Die Methode heißt Ambivalenzwippe, weil wir ja bei Entscheidungsfragen meistens zwischen mindestens zwei Polen hin und her wippen.«
Ich simuliere die Wippe und Lea lacht und nickt.
Mirjam: »Dazu brauchen Sie gleich einen weiteren Stuhl, den Sie neben sich stellen. Ein Stuhl steht für den Kinderwunsch, der andere für das Leben ohne Kind. Ich stelle Ihnen auf jedem Stuhl lauter Fragen und lade Sie ein, auch auf Ihren Körper zu achten. Das ist ja nicht nur eine mathematische Frage, die Sie da haben, sondern eine, die Sie als ganze Person betrifft. Für eine stimmige Entscheidung brauchen wir auch die Signale, die wir in unserem Körper spüren. Die Idee ist, dass durch diese Methode ein paar neue Aspekte auftauchen, die Ihnen die Entscheidungsfindung erleichtern. Das kann ich aber nicht vorher wissen. Es ist eben ein Experiment. Möchten Sie es ausprobieren?«
Lea nickt und holt schon einen Stuhl, während ich noch zu Ende spreche. Sie testet, ob sie in beiden Stühlen gut im Bildschirm zu sehen ist und setzt sich wieder in den ersten Stuhl.
Mirjam: »Ok, wenn Sie an irgendeiner Stelle merken, dass das Experiment sich nicht mehr gut anfühlt, oder Sie mal eine Vogelperspektive einnehmen wollen, brauchen Sie jetzt noch einen dritten Stuhl. Können Sie den irgendwo platzieren, wo ich Sie auch sehen kann?« (Lea nickt und stellt einen dritten Stuhl in den hinteren Bereich des Raumes). »Gut, dann setzen Sie sich

dort einmal und verankern den Stuhl innerlich als sicheren Ort, an dem Sie nichts entscheiden müssen.«

Lea lacht und nickt die kleine Übung ab.

»Dann kommen Sie zurück, setzen sich auf einen der beiden Entscheidungsstühle. Beschreiben Sie doch nochmal kurz, auf welchem Stuhl Sie gerade sitzen.«

Lea: »Ich mache mich gerade selbstständig, habe auch schon einige Aufträge, aber es fühlt sich noch wackelig an. Vor allem, wenn ich an ein Kind denke.«

Sie schaut nach unten, ich sehe Stirnrunzeln und habe die Hypothese, dass hier Sorge ist. Wegen der Selbstständigkeit oder wegen der Kinderfrage, der Methode oder wegen etwas ganz anderem?

Mirjam: »Ja, hier wäre für den Moment die Entscheidung ohne Kind, oder?«

Es ist klassisch, dass im Fokussieren auf die eine Seite, sich sofort die andere Seite meldet. Ich lade ein, auf der einen Seite zu bleiben.

Lea: »Ja! Hier konzentriere ich mich auf meine Selbstständigkeit.«

Lea richtet sich wieder auf und lächelt mich an.

Mirjam: »Was kommt Ihnen in den Kopf, wenn Sie da so sitzen?«

Lea: »Mir fällt ein, was ich alles zu tun habe. Eine lange Liste von Fragen, Ideen für Fortbildungen, Fragen zu Akquise, meine Homepage ist noch nicht fertig usw.«

Leas Minenspiel wechselt dabei sekündlich: große Augen, Sorgenfalten, zappeln auf dem Stuhl, aufrichten, strahlen.

Mirjam: »Und wie fühlt es sich an?«

Lea: »Aufregend, beängstigend aber irgendwie auch klar und gut. Also so, dass ich das schaffen kann. Ich weiß, was zu tun ist.«

Ich nicke bestätigend und empfinde Worte und Habitus als stimmig zueinander.

Mirjam: Die Selbstständigkeit ist also die richtige Entscheidung für Sie?

Lea: »Ja, absolut! Ich habe mir das so lange gewünscht und ich weiß einfach, dass es richtig ist und ich das bis ins Alter machen will.«

Mirjam: »Toll!«

Lea: »Und ich merke, es ist echt eine riesige Nummer.«

Lea scheint wieder mehr in sich zusammen zu sacken und schaut rüber auf den anderen Stuhl.

Mirjam: »Was ist jetzt gerade?«

Lea: »Hm, ich will eben nichts übersehen. Und möchte nicht bereuen, dass ich mich einmal gegen ein Kind entschieden habe.«

Mirjam: »Da drüben scheint etwas zu locken, oder?«

Lea *(lächelt):* »Ja, schon …«

Mirjam: »Ist es Zeit auf die andere Seite zu gehen oder gibt es hier noch etwas Wichtiges?«

Lea *(zögert):* »Ich traue mich fast nicht auf den anderen Stuhl zu gehen.«
Mirjam: »Beobachten Sie mal. Wo spüren Sie das Zögern in Ihrem Körper? Wie bewerten Sie es? Was fällt Ihnen dazu ein?«
Lea: »Ich spüre es in meinen Beinen. Die sind ganz schwer. Als ob sie mich nicht tragen können. Ich glaube, ich traue mir das einfach nicht zu, das mit dem Kind.«
Mirjam: »Jetzt kann es sein, dass das schon genug Information für Sie ist. Vielleicht auch nicht. Spüren Sie noch einmal in Ihrem Körper, ob es sich auch irgendwo anders anfühlt. Ob irgendein Teil Ihres Körpers ›leichter‹ rübergehen könnte.«
Lea lacht.
Mirjam: »Was ist jetzt?«
Lea: »Na, das ist ja schon ein bisschen komisch hier, diese Sache mit dem Körper.«
Mirjam: »Ja, das ist schon eine komische Sache hier. Ist es zu schräg oder wollen Sie noch ein bisschen weiter experimentieren?«
Lea: »Doch, weitermachen.«
Mirjam: »Also, spüren Sie nochmal die Schwere in Ihren Beinen und dann beobachten Sie mal, ob Sie noch etwas anderes in Ihrem Körper spüren.«
Lea: »Ja, so im Schulter- und Brustbereich. Da ist es leichter. Da zieht mich etwas hinüber.«
Sie steht auf und setzt sich in den anderen Stuhl. Sie richtet sich auf, atmet tief ein und lacht dann.
Mirjam: »Wie war das jetzt?«
Lea: »Irgendwie leicht.«
Mirjam: »Wie erklären Sie sich das?«
Lea: »Keine Ahnung. Vielleicht, weil ich nicht mehr nur auf die Schwere der Beine geachtet habe.«
Mirjam: »Ah ja, wenn Sie nicht nur auf die Schwere achten, könnte eine Veränderung auch leicht gehen – das könnte ein hilfreicher Hinweis sein.«
Lea nickt und lächelt.
»Ok, jetzt sind Sie im Stuhl, in dem es um den Kinderwunsch geht. Wie fühlt es sich an?«
Lea: »Komisch, irgendwie fremd.«
Mirjam: »Ja, nehmen Sie sich mal ein bisschen Zeit. Sie können die Augen schließen, wenn Sie mögen und auf eine kleine innere Reise gehen, was Sie da so sehen, hören, riechen, wenn Sie an ein Kind denken.«
Lea: »Ich denke an meine Nichte, die sich immer so freut, wenn ich komme. Wir haben immer eine tolle Zeit. Und … ich höre meinen Vater sagen, dass ich als Mutter überfordert wäre.«
Sie macht die Augen auf und schaut mich betroffen an.

Mirjam: »Und wie fühlt sich das an, was denken Sie darüber?«

Lea: »Naja, ich bin immer total erledigt, wenn ich auf sie aufpasse. Vielleicht wäre ich wirklich überfordert, wenn ich Mutter wäre.«

Mirjam: »Naja, Kinder zu haben und davon angestrengt zu sein, ist ja normal, oder? Das was Sie sagen, klingt für mich nach einem grundsätzlichen Unvermögen, Mutter sein zu können. Was denken Sie dazu?«

Lea: »Irgendwie verletzt mich das von meinem Vater. Andererseits … ja, also ich glaube, alleinerziehende Mutter zu sein, wäre wirklich zu viel. Ich habe mich schon mit dem Modell des Co-Parenting befasst. Das wäre vielleicht etwas.«

Sie lächelt.

Mirjam: »Jetzt lächeln Sie. Ok, dann bleiben Sie einmal bei diesem Gedanken, mit einem anderen Menschen Elternschaft zu leben. Was passiert mit Ihrem Wunsch nach einem Kind? Und wie fühlt es sich in Ihrem Körper an?«

Lea: »Schön fühlt es sich an. Irgendwie ruhig. Dass ich das vielleicht doch ganz gut machen würde.«

Mirjam: »Wo spüren Sie es?«

Lea: »In meinem Bauch.«

Sie lächelt und schließt die Augen wieder …

Mirjam: »Nehmen Sie sich Zeit …«

Nach einiger Zeit schaut sie mich wieder an.

Mirjam: »Was war jetzt?«

Lea: »Naja, ich denke an meine Selbstständigkeit und wie ich das rein zeitlich alles schaffen kann. Und dass es hier, wo ich lebe, so etwas wie Co-Parenting eigentlich nicht gibt.«

Mirjam: »Ja, jetzt kommen wieder zweifelnde Gedanken, Fragen nach den Rahmenbedingungen.«

Lea: »Ja, aber das gute Gefühl bleibt.«

Mirjam: »Wie erklären Sie sich das?«

Lea: »Naja, dass das vielleicht Dinge sind, die sich irgendwie regeln lassen könnten.«

Mirjam: »Da kommt Ihre pragmatische Seite zum Vorschein, oder?«

Lea *(lacht):* »Ja, stimmt. Das schreibe ich dann auf meine Liste.«

Mirjam: »Was ist jetzt Ihr Impuls?«

Lea: »Hm, ich will hier einfach ein bisschen sitzenbleiben.«

Mirjam: »Gerne. Wenn Sie rüber auf die Selbstständigkeit und das Leben ohne Kind schauen, wie ist das für Sie?«

Lea: »Irgendwie gut. Jetzt ist der Druck mehr dort.«

Ich lade zum Wippen ein und Lea sammelt weiter Material auf den beiden Stühlen. Zuletzt sitzt sie auf dem Kinderwunsch-Stuhl.

Mirjam: »Gut, ich würde die Ambivalenzwippe einmal abschließen. Wo möchten Sie sich zum Schluss hinsetzen?«
Lea: »Ich bleibe hier einfach sitzen.«
Sie sitzt aufrecht und entspannt, schaut mich mit klarem Blick an.
Mirjam: »Wollen Sie noch kurz beschreiben, wie es Ihnen mit dem Experiment ergangen ist, oder sollen wir hier einfach Schluss machen und sie lassen es mal sacken?«
Lea: »Ach, ich fand das spannend. Auch ein bisschen schräg mit dem Suchen im Körper.«
Mirjam: »Ja, das ist es auch. Dabei scheint Ihnen das recht leicht gefallen zu sein.«
Lea: »Stimmt. Und jetzt nehme ich dieses gute, entspannte Gefühl mit und hab Einiges, worüber ich nachdenken will.«

Nähe

Dirk und Chris, beide Ende 30 und Eltern von zwei kleinen Kindern (drei und ein Jahr alt) kamen in die Beratung, weil nach der Geburt des zweiten Kindes das Gefühl von Nähe und die geteilte Zärtlichkeit/Sexualität rapide abnahm. Dirk machte immer wieder Versuche, auf Chris zuzugehen und sie zu gemeinsamer Sexualität einzuladen. Chris Zurückweisung kränkte ihn sehr. Chris hatte kein Bedürfnis nach Sexualität, war sich in ihrem Körper nach der letzten Geburt noch selbst fremd und tagtäglich mit zwei kleinen Kindern auch körperlich ausgelastet. Es war sogar so, dass sie Dirk gegenüber zunehmend Ekel empfand und jede Annäherung seinerseits für sie Stress verursachte. Nach einigen Sitzungen in Präsenz, in denen wir an der Identifikation des Konfliktmuster arbeiteten, biographische Anteile, Zukunftsvisionen sowie die Kosten und Nutzen einer Veränderung diskutierten, kam es zu einer längeren Pause. Die nächste Sitzung sollte online stattfinden, weil die Familie unter Quarantäne stand. Dirk und Chris saßen nebeneinander am Ende einer Matratze in einer Zimmernische. Ich fragte, wo sie säßen, wie sie sich mit der Online-Variante fühlten und ob sie ihre Kinder gut betreut wüssten. Sie saßen tatsächlich auf ihrem gemeinsamen Bett, die Kinder waren gut betreut und die Online-Variante schien sie nicht zu stören. Ich spürte eine Irritation. Beide saßen relativ nah beieinander, was in den Beratungen in Präsenz nie der Fall war. Dort hatten sie so weit wie möglich auseinander gesessen und schauten sich nur selten an. Hier schauten sie sich in die Augen und Chris berührte beim Sprechen immer wieder Dirk, wenn sich etwas auch auf ihn bezog. Beide berichteten, dass es ihnen gut miteinander ginge. Ich meldete zurück, dass ich darüber staune, wie nah sie beieinander säßen, und fragte, ob sie das auch so sähen und wie sie die Nähe einschätzten. Sie waren selbst erstaunt. Chris berichtete, dass sie sich wohl und sicher neben Dirk fühlte. Dirk erklärte, dass er es genießen könne, dass Chris so selbstverständlich neben ihm säße. Ich fragte, wie sie sich diese Situation erklären würden und nach und nach berichteten sie, was sich in den letzten Wochen verändert hatte. Dirk hatte sich angewöhnt, zuerst zu sagen, wenn er Chris vermisste bzw. sie berühren wollte, sie begehrte und dann abzuwarten, ob Chris Nähe wollte. Sie habe sich dadurch »vorgewarnt« gefühlt und konnte besser »bei sich« bleiben und spüren, was sie eigentlich wollte und wieviel. Gleichzeitig hatte Chris mehr Zeit für sich alleine erkämpft und sie hatten die Schlafzimmer getrennt. Dadurch hatte Chris mehr räumlichen Abstand und konnte wieder spüren, dass ihr die Nähe zu Dirk auch fehlte. Sie erzählte: Auch wenn sie nach wie vor wenig Lust auf Sex habe, würde es trotzdem nah und zärtlich zwischen ihnen sein. Dirk würde ihre Grenzsetzungen ernst nehmen und bemühe sich, sie als Chris' Selbstaussagen zu werten statt als Angriff auf seine Person. Er berichtete, dass ihm die Anzahl der sexuellen Begegnungen nach wie vor zu wenig sei, er aber zuversichtlich sei, dass sich das ändern könne. Beide waren erleichtert, dass die erbitterten Konflikte zwischen ihnen deutlich abgenommen hatten.

Gute Rahmenbedingungen für eine inspirierende körperorientierte Beratung

- Erlebnisorientiertes Arbeiten kann sehr starke, überwältigende Gefühle hervorrufen. Die Beraterin muss in der Lage sein, sie aufzufangen und mit den Klient*innen Wege des Umgangs zu suchen.
- Die Reaktion auf Interventionen wird teilweise verzögert oder verzerrt wahrgenommen. Mikrosignale wie bspw. das Luft anhalten, Augenbewegungen, das Zucken im Bein etc. bekomme ich eventuell gar nicht mit. Das stellt eine Herausforderung dar, noch achtsamer zu sein, langsamer zu werden und noch mehr nachzufragen, ob man das richtig wahrgenommen hat und zu fragen, was es bedeutet.
- Ein gutes Absprechen der Rahmenbedingungen wie technische Voraussetzungen, Ungestörtheit, Licht und Bequemlichkeit, Versorgung mit Wasser etc. sind wichtig (▶ Beitrag »Selfcare online« von Tanja Schwichtenberg auf S. 43).
- Vor Beginn einer klar umgrenzten erlebnisorientierten Methode ist, wie in Präsenz, das Etablieren eines sogenannten »sicheren Ortes« erforderlich. In der Online-Beratung kann das ein im Hintergrund gesondert aufgestellter Stuhl sein, auf den sich Klient*innen setzen können, wenn sie aus starken Gefühlen oder Themen »aussteigen« möchten. Damit der Stuhl auch präsent bleibt während der Übung, sollten Klient*innen sich vorher einmal daraufgesetzt haben und durch ein paar gezielte Fragen einige Anker

entworfen haben, die zur Sicherung beitragen. Das können beruhigende Bilder, Körperempfindungen, eine bestimmte Art des Atmens etc. sein. Wie so oft, ist die Frage des Maßes zu diskutieren. Zu viel Rahmung und »Sicherheitsbestimmungen« können abschrecken. Zu wenig Rahmung kann Unsicherheit erzeugen und zur Destabilisierung der Klient*innen bzw. der Beratungsbeziehung beitragen.
- Ich betone den Experimentiercharakter und die Ergebnisoffenheit. Und ich erkläre, dass wir jederzeit aussteigen können, wenn sich nichts Nützliches ergibt. Getreu dem Motto: Kein Ergebnis ist auch ein Ergebnis.
- Von den klar gerahmten erlebnisorientierten Methoden eignen sich m. E. online: Ambivalenzwippe, Stuhlarbeit (z. B. Externalisieren von Gefühlen), die Faust-Übung (Sexualtherapie), Nähe-Distanz-Übung und Skulpturarbeit (Paartherapie). Wenn Menschen über die technischen Voraussetzungen und den Raum verfügen, die Kamera so zu installieren, dass das Legen einer Timeline (Weber, 2013) oder eines Tetralemmas (Varga von Kibéd u. Sparrer, 2009) möglich wird, ist das einen Versuch wert.

Den Menschen in seiner Ganzheit aus Körper, Geist und Umfeld zu betrachten, macht körper- und erlebnisorientiertes Arbeiten in der systemischen Beratung unumgänglich. Es lohnt sich besonders, weil über einen spielerisch-experimentellen Weg unbeachtete Ressourcen, Überraschendes und Humorvolles zum Vorschein kommt, was Leichtigkeit und Inspiration für den weiteren Prozess bietet. Die Beziehung zwischen Berater*in und Klient*in wird weiter gefestigt, weil das Offenlegen eigener Reaktionen und die Wahrnehmung des Gegenübers als ganze Person Vertrauen fördert. Wenn ich die Klient*innen am Ende des gesamten Beratungsprozesses frage, was hilfreich für sie war, werden neben einem unbestimmbaren Gefühl, mir vertrauen zu können, die körper- und erlebnisorientierten Fragen und Methoden als Aufhänger für weitere Entwicklungsschritte genannt – auch in der Video-Beratung.

Autorin

Mirjam Faust (1975*) lebt und arbeitet als systemische Paar- und Sexualtherapeutin in Münster (Westfalen). Besonders interessiert sie das Zusammenspiel von Körper, Geist und Seele in Veränderungsprozessen, warum sie sich immer wieder mit dem Embodiment-Konzept auseinandersetzt und sehr gerne erlebnisorientiert berät. Sie ist als Lehrende an verschiedenen Hochschulen und am HISA im Bereich Systemische Beratung und Therapie unterwegs und verfügt nicht nur beruflich über Erfahrungswissen mit Kindern, Jugendlichen und Familien. Sie kennt deshalb die unwiderstehliche und heilende Kraft des Humors. www.mirjam-faust.de

Literatur

Damásio, A. (2013). Selbst ist der Mensch. Körper, Geist und die Entstehung des menschlichen Bewusstseins. München: Pantheon.
Hauke, G./Lohr, C. (2020). Emotionale Aktivierungstherapie (EAT). Embodiment in Aktion. Stuttgart: Klett Cotta.
Grawe. K (1998). Psychologische Therapie. Göttingen: Hogrefe.
Kaldenkerken, C. van (2021): Der Eigensinn des Körpers. Zeitschrift für Organisationsberatung, Supervision und Coaching, 28 (1), 5–21.
Storch, M. et al (2017). Embodiment. Die Wechselwirkung von Körper und Psyche verstehen und nutzen. 3., unveränderte Auflage. Bern: Huber.
Tschacher, W., Bannwart, B. (2021). Embodiment und Wirkfaktoren in Therapie, Beratung und Coaching. Zeitschrift für Organisationsberatung, Supervision und Coaching, 28 (1), 73–84.
Storch, M., Tschacher, W. (2015). Embodiment und Kommunikation. Der Körper im Fokus von Beratung und Therapie. Zeitschrift für Familiendynamik, 40 (2), 118–127.
Varga von Kibéd, M., Sparrer, I (2009). Ganz im Gegenteil. Tetralemmaarbeit und andere Grundformen Systemischer Strukturaufstellungen – für Querdenker und solche, die es werden wollen (6. Aufl.). Heidelberg: Carl-Auer.
Weber, R. (2013). Paare in Therapie. Erlebnisintensive Methoden und Übungen (3. Aufl.). Stuttgart: Klett-Cotta.

7 Systemisch Zaubern – Durch Visualisierung komplexe Beratungsinhalte kreativ online bearbeiten

Astrid Hochbahn

Systemisches Arbeiten lebt davon, Dinge plastisch und erfahrbar zu machen. Zahlreiche systemische Methoden – wie Timeline, Genogramm oder Familienbrett – sind Visualisierungsmethoden. Wie lassen sich systemische Methoden in die Online-Welt übersetzen? Dieser Beitrag stellt Ihnen digitale Visualisierungstools vor, die Menschen in Beratungen und Seminaren kreative Zugänge zu ihren Themen ermöglichen.

Im Downloadmaterial finden Sie Informationen und Links zu den besprochenen Visualisierungstools. Eine Preisliste gibt Ihnen einen Überblick über die Kosten der verschiedenen Formate.

Ob Tetralemma, Stühlearbeit, Bodenanker oder Aufstellungen – es gibt eine Vielzahl von Methoden, die das, was sich im Inneren eines Klienten abspielt, nach außen verlagern und sichtbar machen. Der Klient hat mit diesen Methoden ganz neue Möglichkeiten der Außensicht – er kann sein Thema als Ganzes betrachten, er kann im Bild Teile verschieben, er kann Möglichkeiten unterscheiden, erfühlen und erfahren. Befinden sich die Dinge in Kopf, Seele und Körper eines Menschen, erlebt dieser, was er denkt, fühlt und spürt nicht selten als verzwicktes Knäuel. Eben als etwas *in* sich, als innerer Bestandteil – den Blicken entzogen. Liegt dieses Knäuel außen, kann es vom Selbst getrennt erlebt werden. Es kann untersucht und analysiert, in seine Bestandteile zerlegt, hin und her gewendet und vielleicht entwirrt werden. Lösungen, die bildlich und experimentell erzeugt werden, wirken auf das Innere zurück. Dabei lockern systemische Methoden nicht nur die enge Verbindung von Problem und Klientin – sie schaffen einen visuellen Ausdruck. Die Klientin gestaltet etwas, das in ihrem Inneren liegt, nun im Außen, mit Hilfe von Stiften, Stühlen, Figuren oder anderen Hilfsmitteln. Sie drückt es aus und macht ihr Thema damit – für sich selbst und den Berater – auf neue Weise erfahrbar. Oder die Beraterin visualisiert, was sie hört und spiegelt damit dieses Gehörte dem Klienten zurück.

Warum ist Visualisierung so wichtig?

Bilder kommunizieren auf eine andere Weise als Worte. Ein Bild wird vom Betrachter als mehrschichtig erlebt – seine Aussage ist nicht eindeutig (das sind Worte auch nicht immer, doch die mögliche Bedeutungsvielfalt von Bildern ist ungleich höher als die von Worten). Bilder erzeugen Gefühle und geben Gefühle wieder. Auch Geschichten, Sprichwörter oder das Schildern eigener Erlebnisse haben diese Qualität – transportiert wird mehr als die reine Sachaussage. In einem Raum platzierte Dinge erlauben verschiedene Perspektiven, ermöglichen es, sich zwischen ihnen und mit ihnen zu bewegen und sich damit zwischen Problem und Lösung räumlich hin- und herzubewegen.

Nicht alle Berater*innen nutzen in gleichem Maße visuelle Methoden. Jeder und jede von uns hat Lieblingsmethoden, die häufig und viel zum Einsatz kommen. Für mich ist Schreiben und Malen oder das Nutzen des Raumes bei analogen Beratungen fester Bestandteil fast jeder Einheit. Immer dann, wenn *ich* das Gefühl habe, das, was mir erzählt wird, hat eine Komplexität, die ich in *meinem* Geist nicht mehr gut geordnet bekomme, nutze ich Visualisierungstechniken, um diese Komplexität zu durchdringen. Etwas zu zeichnen, aufzuschreiben oder durch Gegenstände im Raum zu verbildlichen, hat den Vorteil, dass der Prozess verlangsamt wird. Indem ich betone, dass es mir wichtig ist, die Querbeziehungen und Bestandteile des Geschilderten Stück für Stück zu verstehen, mache ich deutlich, dass jedes Detail seinen Platz hat, dass die Summe der Einzelaspekte erst das gesamte Bild ergibt. Oft ist dem Klienten nicht bewusst, welche Vielzahl von Einzeleindrücken er mit seinem Thema verbindet. Er gießt diese wie selbstverständlich in der Beratung aus und möchte weiter, zu dem ihm Wichtigen, hasten. Das aber ist das, was er kennt. In der Beratung darf etwas Neues geschehen. Mein Nichtverstehen oder mein langsames Verstehen markiert, dass es sich lohnt, die Beziehungen zwischen den einzelnen Aspekten näher zu beleuchten. Und die Verbildlichung leistet hierfür gute Dienste.

In digitalen Beratungen braucht es Ersatz für das Flipchart und den Raum, für Familienbrett und analoge Genogrammarbeit. Welche Visualisierungstools haben sich in meiner Beratungspraxis bisher bewährt und wie setze ich sie ein?

Digitale Whiteboards in Beratungen

Es gibt eine Reihe von digitalen Whiteboards im Internet. Sie unterscheiden sich in ihren Funktionalitäten, in der Frage, wie intuitiv sich ihre Bedienung erschließt und in der Kostengestaltung. Viele von ihnen bieten gleichzeitig methodische Impulse. Methoden, die in der Unternehmens-, Organisations- und Teamberatung – gerne auch in agilen Settings – eingesetzt werden, sind hier schon fertig konfiguriert und können einfach als Boards genutzt werden.

Unterschiede gibt es in den kreativen Gestaltungsmöglichkeiten. Manche Anbieter arbeiten einfach mit Post-its, Symbolen und Worten, andere enthalten auch kreative Elemente, so dass eine bildliche Darstellung möglich ist. Der Einsatz digitaler Whiteboards hat sich sehr als Ersatz für das Flipchart bewährt. Ich kann in digitalen Beratungssettings die Aussagen meiner Klientin spontan visuell festhalten. Und zwar nicht nur für mich selbst, sondern als geteiltes Drittes. Ich kann während einer Beratung problemlos ein Fenster im Browser öffnen und ein Whiteboard aufrufen. Wenn ich dann im Rahmen einer Videokonferenz meinen Bildschirm teile, kann meine Klientin auf dem Whiteboard mitverfolgen, was ich aufschreibe. Gleichzeitig bleibt ihr Foto präsent am Rand, so dass unsere visuelle Verbindung nicht verloren geht. Viele Anbieter von Videokonferenzapps haben mittlerweile die integrierte Möglichkeit geschaffen, ein digitales Whiteboard zu nutzen. Ergebnisse können gespeichert werden und nach der Session den Klient*innen zur Verfügung gestellt werden.

Gerne nutze ich dennoch externe Anbieter, da ihre Software erheblich mehr Möglichkeiten bietet als das z. B. von Zoom angebotene Whiteboard. Nutze ich z. B. Conceptboard kann mein Klient nach der Video-Session Beratung das Board selbst weiter nutzen, indem ich den Zugang freigebe. Ich kann die Einstellungen so gestalten, dass er als Beobachter oder Bearbeiter einen Gastzugang hat. Den Link zum Board kann ich meinem Klienten per E-Mail schicken oder in den Chat stellen. Meine Klient*innen begrüßen dies normalerweise sehr. Sie haben auf diese Weise ein plastisches Ergebnis der Beratung, das gleichzeitig Erinnerungsstütze ist. Sie können das Board im Anschluss verändern und weiter gestalten. Denjenigen, die nicht selbst den Zugang zum Board haben wollen, kann ich das Board als Bild oder PDF im Anschluss an eine Beratung schicken.

Die Verwendung des Whiteboards gibt mir die Möglichkeit, die Worte des Klienten – für diesen sichtbar – aufzuschreiben und zu ordnen. Ich kann Post-its in unterschiedlichen Farben platzieren. Ich kann sie verschieben, wenn die von mir spontan gewählte Ordnung sich als nicht passend erweist (ein beträchtlicher Vorteil gegenüber dem Malen auf das Flipchartpapier). Querbeziehungen kann ich durch Pfeile und Linien verdeutlichen. Ich kann durch freies Zeichnen Räume aufmalen. Ich kann Zonen farblich markieren. Ich kann Personen, Gegenstände usw. malen. Meine Zeichnungen haben Strichmännchenniveau. Ich verbinde mit ihnen keinen künstlerischen Anspruch. Da ich in erster Linie verdeutlichen will, was ich gerade höre, ist das nicht wichtig – oder trägt zur gemeinsamen Erheiterung bei, wenn ich versuche, eine Kuh oder ein Schwein zu malen und dies nur durch Erläuterungen deutlich wird. Da geht es mir nicht anders als in analogen Beratungen, wo die Qualität meiner Zeichnungen auf dem Flipchart nur unwesentlich besser ist.

Möchte ich meinen Klient*innen die Möglichkeit geben, das Board selbst während der Beratung mitzugestalten, ist dies problemlos möglich. Ich kann es auch während der Beratung für sie freigeben. Dies mache ich in der Praxis aber nur selten – außer meine Klient*innen äußern das Bedürfnis oder durch die Beratung entsteht ein Moment, wo sich dies anbietet. Grund dafür ist, dass ich den Beratungsprozess nicht mit Technik stören will. Für mich ist es leicht, das Conceptboard während der Beratung zu bedienen, weil es mir vertraut ist. Es gibt also nur eine sehr kurze Unterbrechung, wenn ich ein neues Board lade und freigebe. Der Fluss der Beratung wird nicht unterbrochen – meine Klientin oder mein Klient kann bei sich und dem Inhalt der Beratung bleiben.

Würde ich meine Klient*innen auf das Board selbst einladen, wird der Umgang mit dem Board notgedrungen ein Thema. Ich muss den Link in den Chat stellen und erklären, dass er oder sie den Link laden muss. Dann gibt es häufig eine Irritation, weil die Klient*innen in dem von mir geteilten Fenster nichts verändern können, sondern nur im eigenen Browser. Nur Klient*innen, die sehr vertraut im Umgang mit digitalen Tools sind, finden sich hier spontan zurecht. Alle anderen brauchen zunächst eine Einweisung in die Funktionen des Boards. Damit entsteht ein Faden, der vom Inhalt der Beratung weit wegführt.

Digitale Whiteboards im Gruppensetting

Im Rahmen von Seminaren oder Fortbildungen macht es Sinn, die Teilnehmer*innen auf das Whiteboard zu holen und sie selbst Inhalte gestalten zu lassen. Dies wird von Teilnehmer*innen häufig auch stark begrüßt, weil sie es spannend finden – jenseits des eigentlichen Seminarthemas – Zugang zu einem Tool wie dem Conceptboard zu bekommen. In der Regel entsteht bei vielen eine spontane Faszination und der Wunsch, das Board auszuprobieren und mit den Möglichkeiten zu spielen.

Eine Rolle spielen dabei die digitalen Vorerfahrungen der Teilnehmer*innen. Sind diese relativ versiert im Umgang mit den Programmen, reichen einige Erläuterungen, die Übermittlung des Links in den Chat und eine Einführung in die Funktionen des Boards, sobald sich alle auf dem Board eingefunden haben. Je nach Wissensstand finden sich manche Teilnehmer*innen mühseliger zurecht und brauchen mehr Unterstützung, um sich nicht abgehängt zu fühlen. Wenn Sie Aufgaben und methodische Impulse vorbereitet haben, können Sie die fitteren Teilnehmer*innen sich selbst überlassen, die häufig Spaß haben, sich eigenständig mit dem Board vertraut zu machen, um den langsameren zu helfen.

Digitale Whiteboards wie Conceptboard oder Mural erlauben es Ihnen, methodische Impulse vorzubereiten. Entweder nutzen Sie die fertigen Templates oder Sie verändern diese, um sie an Ihre Bedürfnisse und Seminarthemen anzupassen, oder Sie kreieren sich selbst eigene Methoden – was natürlich mit mehr Arbeit verbunden ist. Besonders kreativ können Sie mit Miro werden. Miro hat eine eigene Plattform – Miroverse – geschaffen, wo Nutzer*innen eigene Templates hochladen können, die sie mit Miro erstellt haben. So haben Sie Zugriff auf eine Vielzahl an kreativen Vorschlägen für Methoden, die Sie nutzen oder für Ihre Bedürfnisse anpassen können. Was ich besonders schätze, ist die Möglichkeit, sehr bildlich zu arbeiten. So habe ich z. B. eine visuelle Darstellung der Held*innenreise mit Miro gestaltet – Sie finden das Board im Download-Bereich –, die ich im Rahmen von Beratungen und Seminaren sehr gerne einsetze (Abb. 1).

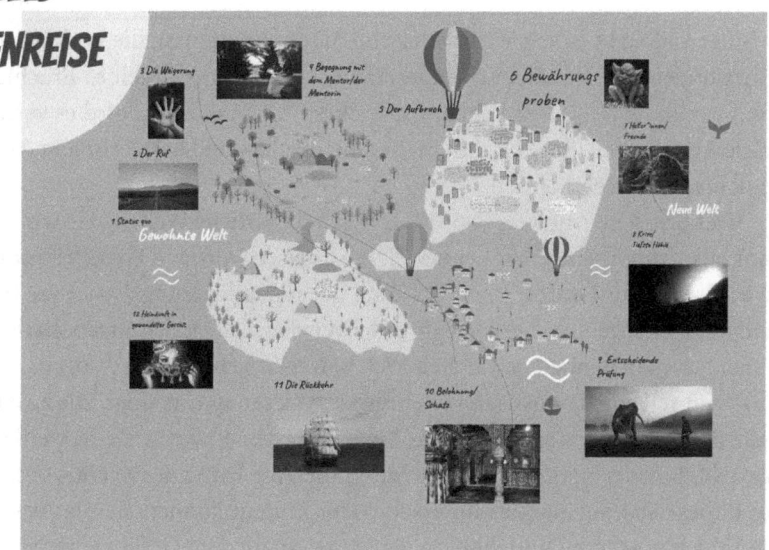

Abb. 1: Held*innenreise im Miroverse dargestellt

Inneres Team und Landkarte der Befindlichkeiten

Sicher wird es zukünftig für immer mehr Methodenimpulse auch digitale Lösungen geben. Schon umgesetzt hat die Plattform Coachingspace eine Visualisierung des inneren Teams nach Schulz von Thun. Auch eine Landkarte der Befindlichkeiten finden Sie fertig programmiert. Sehr interessant ist das Systembrett, das Coachingspace bereithält. Es bietet die Möglichkeit, dreidimensionale Aufstellungen zu gestalten. Die Bedienung ist leicht und intuitiv erfassbar. Auch die CAI-World – vorgestellt in diesem Buch – bietet Ihnen eine Plattform, wo Sie viele Methodenimpulse und Tools integriert vorfinden statt Einzel-Lösungen heranziehen zu müssen (▶ Beitrag 16 »Online-Coaching mit der CAI® World« von Elke Berninger-Schäfer/Hannah Süß auf S. 169).

Der Charme solcher Lösungen ist, dass Sie ein fertig konfiguriertes Tool vorfinden. Die Kehrseite ist, dass Sie zusätzliche Kosten haben. Nutzen Sie viele verschiedene Tools, summieren sich diese schnell. Daher kann es Sinn machen, sich auf eines oder wenige Tools festzulegen, mit denen Sie eigene Lösungen kreieren – sofern Sie Spaß an der kreativen Gestaltung eines Boards haben.

Virtuelle Welten

Mittlerweile gibt es sogar Anbieter von 3D-Animationen, die im Rahmen von Beratungen und Seminaren eingesetzt werden können. Meines Erachtens stehen wir erst am Anfang solcher Entwicklungen. Zukünftig wird es vermutlich viele Apps geben, die im Rahmen therapeutischen und beraterischen Arbeitens eingesetzt werden können.

Der britische Anbieter ProReal z. B. schafft visuelle Welten, wie wir sie sonst nur aus Computerspielen kennen. Die Software wurde in Großbritannien entwickelt und wird dort z. B. im Rahmen der mentalisierungsbasierten Therapie eingesetzt. Angeboten werden zurzeit zwei visuelle Darstellungen. In der einen, einer fast märchenhaft gestalteten Welt bewegen sich Figuren – sogenannte Avatare – durch eine Landschaft voller Flüsse, Wiesen und Wälder. Die zweite Welt schafft einen neutralen Raum. Die Avatare werden einfach auf eine weiße Fläche gestellt. So oder so können die Nutzer*innen die Farbe des Avatars bestimmen und diese so voneinander unterscheiden. Zudem können sie die Avatare mit Gefühlen ausstatten und diese zeigen dann einem dem Gefühl entsprechenden Körperausdruck bzw. eine dazu passende Bewegung. Zusätzlich können Sie den Avatar mit einer schriftlichen Botschaft versehen und damit ausdrücken, wie es dieser Person bzw. diesem inneren Anteil geht und was er sagen möchte. Ähnlich wie beim Auftragskarussell, wo die verschiedenen Akteure stereotyp immer wieder einen Satz sagen, wiederholt der Avatar also immer wieder eine Aussage. Die Avatare werden nach und nach in der Landschaft platziert. Dabei kann ihr Standpunkt und ihre Blickrichtung bestimmt werden. Zusätzlich können verschiedene Gegenstände in diese Landschaft gestellt werden.

ProReal lässt sich sehr gut zur Visualisierung des inneren Teams einer Person einsetzen. Die Avatare repräsentieren dann innere Anteile der Klient*innen. Ihre animierte Darstellung und die bildliche Darstellung lösen stärkere emotionale Reaktionen als das reine Zeichnen. Die Avatare haben eine starke Präsenz – für einen Klienten kann es sehr spannend sein, sein inneres Team in Verhandlung und Aktion zu sehen. Genauso können Team- oder Familien-Mitglieder mit ihren Botschaften visualisiert werden.

Die Betrachterin kann zusätzlich unterschiedliche Perspektiven einnehmen. Sie kann mit den Augen ihres Avatars sehen, durch die Augen dessen Gegenüber oder von oben auf das Gesamtbild. Auch dies ermöglicht starke Eindrücke.

Denkbar ist der Einsatz der Software auch zur Selbstklärung von Klient*innen. Diese könnten ProReal zur bildlichen Darstellung eigener Themen verwenden und ihre inneren Anteile visualisieren. Die Darstellung des eigenen inneren »Theaters« kann einen starken Effekt haben, so wird Klient*innen z. B. deutlich, wie umkämpft ihr Inneres ist, wie zerrissen sie sich von Themen fühlen oder wie groß ihre innere Not ist. Da sie die Avatare ähnlich wie beim Theaterstück im szenischen Ausdruck erleben, ist die Wirkung deutlicher als bei einer rein statischen Visualisierung.

Ein anderes Tool, das mit Avataren arbeitet, ist VISPA. Hier sind Avatare in einer Art Büro-/Konferenzraum platziert, den Sie mit Büromöbeln, Flipcharts oder Blumen selbst einrichten und ausstatten können. Ihre Avatare können Sie, anders als in ProReal bewegen, das heißt, sie können sich durch den Raum bewegen, Gruppen bilden oder Zweiergespräche führen. Auf die Moderationswände im Raum können Sie Ihre Inhalte platzieren. Sie erhalten mit VISPA eine virtuelle Umgebung, die eine reale Konferenz- oder Bürosituation nachstellt. VISPA benötigt ein wenig Einarbeitungszeit. Während sich ProReal relativ schnell intuitiv erfassen lässt, braucht VISPA einiges an Übung, bevor Sie dieses Tool souverän für Seminare einsetzen können. Dann aber bietet es erstaunliche Möglichkeiten.

Vernetzung und Pausen im digitalen Raum

Häufig beklagt wird, dass in virtuellen Settings der informelle Austausch fehlt. Fokussiertes Arbeiten in einem Videosetting ist möglich, doch fehlen Vielen die Pausengespräche, die zufällige Begegnung auf dem Flur, das Nebeneinandersitzen im Seminarraum oder das gemeinsame Essen, aus dem sich kurze, informelle Kontakte ergeben.

Eine Plattform, die informelle Begegnungen fördert, ist *wonder.me*. Diese ermöglicht es Ihnen, einen virtuellen Raum zu schaffen, der selbst organisierte Begegnungen zulässt. Sie eröffnen einen Raum und statten diesen mit einem Hintergrundbild aus. Angeboten werden Ihnen verschiedene Hintergründe – vom Bild einer City bis hin zum Strandfoto –, mit denen Sie die Atmosphäre eines Meetings gestalten können. Die Teilnehmer*innen bewegen sich als kleines Foto, versehen mit dem zuvor eingegebenen Namen über das Bild. Dieses Foto können sie mit der Maus verschieben. Treffen sie aufeinander, bildet sich ein kleiner virtueller Raum, in dem sie sich unterhalten können – ohne dass alle anderen zuhören. Auf diese Weise entstehen – ähnlich als würde man sich in einem realen Raum treffen – kleine Begegnungsinseln. Wonder.me eignet sich damit wunderbar zur Gestaltung digitaler Pausen. Während eines Tages-Seminars kann z. B. so während der Mittagspause ein Raum für informellen Austausch geschaffen werden. Es gibt jedoch eine Einschränkung: Wonder.me funktioniert nicht mit allen Browsern. Die Teilnehmer*innen müssen ggf. einen anderen Browser installieren, um teilnehmen zu können.

Weitere digitale Tools

Für welche visuellen Darstellungsformen gibt es ansonsten virtuelle Entsprechungen?

- **Genogramm bzw. Stammbaum**
  Unverzichtbarer Bestandteil systemischen Arbeitens ist die Erstellung von Genogrammen oder Systemdarstellungen. Digitale Lösungen benötigen Sie einerseits im Rahmen von Video-Beratungen, wo analoge Mittel nicht zur Verfügung stellen. Sie können andererseits jedoch auch in analogen Beratungen zukünftig interessant sein, z. B. weil Endlospapier Erweiterungen möglich machen und Ergänzungen und Korrekturen nicht zu chaotischen Darstellungen führen. In diesem Buch wird InGeno vorgestellt – eine Lösung, die an der Uni Köln erforscht und programmiert wurde (▶ Beitrag 15 »Die digitale Erstellung von Genogrammen« von Clara Stein/Dirk Rohr auf S. 157) Im Internet finden sich mittlerweile eine Vielzahl anderer – mehr oder weniger ausgereifter – Lösungen auf https://gitmind.com/de/genogramm-maker.html

- **Cluster und Mindmaps**
  Mittels eines Clusters können Ideen assoziativ weiterentwickelt werden. Assoziative Verknüpfungen während eines Gesprächs können in eine Ordnung gebracht werden. Mindmaps ordnen ein Thema – Hauptäste verzwei-

gen sich zu Nebenästen. Auch sie können assoziativ erstellt werden oder durch systematisches Überlegen. Bilder und Worte können integriert werden. Eine Mindmap kann damit als Abbildung der komplexen gedanklichen Verzweigungen zu einem bestimmten Thema in einem bestimmten Moment genutzt werden.
Mittlerweile gibt es einige kostenlose Software-Lösungen zur Erstellung von Mindmaps, z. B. https://mind-map-online.de

- **Listen**
Listen genießen keinen guten Ruf – zu linear, vielleicht zu ordentlich. Trotzdem machen wir an vielen Stellen intuitiv Listen – für Pro und Contra, als Einkaufszettel usw. Auch in Beratungen haben sie ihren Platz, wenn Klient*innen z. B. für sich auflisten, welche Schritte sie als nächstes angehen wollen oder welche Vor- oder Nachteile eine Entscheidung mit sich bringt. Listen lassen sich mit Word oder Excel oder mit kollaborativen Tools wie Zenkit erstellen.

- **Bilder**
Bilder sprechen emotionale Tiefenschichten an. Dabei kann es sich um Fotos, Illustrationen, Zeichnungen oder Gemälde handeln – um mehr hingeworfene, angedeutete Skizzen oder ausgearbeitete Bildwelten. Es gibt zahllose Bild-Datenbanken, die Sie – kostenpflichtig oder -los – mit Bildmaterial versorgen. Zudem finden Sie z. B. die Bildkarten des Zürcher Ressourcenmodells online auf https://zrm.ch/zrm-online-tool-deutsch/

- **Umfragen**
Im Rahmen von Seminaren, Vorträgen oder Konferenzen ist die Erstellung von Umfragen ein ausgesprochenes interessantes Mittel, um Teilnehmer*innen zu aktivieren und einzubeziehen. Videokonferenztools bieten Umfragen mittlerweile teilweise als integrierten Bestandteil an. Zoom beispielsweise ermöglicht es, in einer Session verschiedene Fragen zu stellen, die die Teilnehmer*innen dann durch einen einfachen Klick auf eine der vorgestellten Antwortmöglichkeiten beantworten können. Umfragen können so konzipiert werden, dass Antworten alternativ oder additiv gegeben werden können. Die Abstimmung kann anonym konfiguriert werden oder so, dass Sie sehen, wer wie abgestimmt hat Sobald Sie die Umfrage für beendet erklären, erhalten Sie eine Auswertung, die Sie auch für die Teilnehmer*innen öffentlich machen können.
Für die Teilnehmer*innen – und für Sie selbst – kann es sehr spannend sein, durch eine Umfrage am Anfang einer Veranstaltung eine Idee zu bekom-

men, wer wie viel Vorerfahrung zum vorgestellten Thema hat, wer welche Meinung zu einem für alle relevanten Thema mitbringt oder wer sich welches Ergebnis wünscht.

Ein Tool extra für Umfragen bietet mentimenter.com Mentimeter bietet Ihnen eine Vielzahl von Umfragemöglichkeiten mit verschiedenen Antwortvarianten und visuellen Darstellungsformen. Sie können das Vorwissen oder die Assoziationen Ihrer Teilnehmer*innen zum Thema der Veranstaltung z. B. als sich interaktiv aufbauende Wortwolke darstellen. Interessant für die Teilnehmer*innen ist, dass die eingegebenen Antworten die Ergebnisse in Echtzeit verändern. Mentimenter funktioniert so, dass die Teilnehmer*innen sich über Handy, Tablet oder PC unter einer Kennnummer auf einer weiteren Seite einloggen und dort ihre Antworten eingeben.

Autorin

Astrid Hochbahn ist Soziologin und systemische Therapeutin. Sie ist seit 25 Jahren in Münster als Coach, Gründungs- und Unternehmensberaterin, Supervisorin, Organisationsberaterin und Autorin selbstständig. www.astrid-hochbahn.de

Weitere Veröffentlichungen: Astrid Hochbahn (2018): Bring deine Idee zum Leuchten. Astrid Hochbahn (2021): Selbstständig als Systemiker*in. Anleitung zur Gestaltung der eigenen Wirklichkeit

Literatur

Bröne, G. (o. J.). https://www.philognosie.net/denken-lernen/visualisieren-lernen-mit-bildern-moderieren-praesentieren (Zugriff am 03.12.2021).

III Online-Lehre und Trainings

Emily Engelhardt: Blended Counseling – die Zukunft der Beratung | 93
War die Entwicklung digitaler Lernformen eine Reaktion auf Corona, so dass zukünftig alles wieder in Präsenz stattfinden wird? Sind Lehre und Weiterbildung zukünftig wieder rein analog denkbar?

Emily Engelhardt, Podcasterin und Autorin eines Lehrbuchs Online-Beratung, ist überzeugt davon, dass digitale Formate zukünftig aus der Lehre nicht mehr wegzudenken sind. Sie hält Blended Counseling für die Lehr- und Lernform der Zukunft und verweist darauf, dass Digitalität in Beratung, Coaching und Lehre nicht auf Videokonferenzen reduziert werden sollte, sondern weit mehr zu bieten hat.

Peter Martin Thomas: Web Based Training – Das Lehrbuch des digitalen Zeitalters | 99
Wie können asynchrone Formen der Online-Weiterbildung zukünftig aussehen? Welche Chancen und Möglichkeiten bietet Web Based Training?

In seinem Beitrag erläutert der Anbieter von Weiterbildungen und Autor **Peter Martin Thomas,** dass die systemische Weiterbildungsszene auch von Web Based Training zukünftig profitieren kann und sollte. Er erklärt, welche Anbieter es gibt und welche Möglichkeiten diese Formate Weiterbildungsträgern wie Teilnehmer*innen bieten.

Valentin Frangen: Lern-Management-Systeme – Die zentralen digitalen Lernorte für systemische Weiterbildungen | 107
Was sind Lern-Management-Systeme (LMS) und welche Möglichkeiten bieten sie?

Für Studierende heute selbstverständlich, in der systemischen Szene bisher nur vereinzelt anzutreffen, dürfte der Einsatz von Lern-Management-Systeme zukünftig wohl ein Standard werden. **Valentin Frangen** stellt in seinem Beitrag vor, welche Dienste sie für Weiterbildungsanbieter und Teilnehmende leisten können: Materialien können online zur Verfügung gestellt werden, Dozent*innen und Teilnehmende können in direkten Austausch treten und der Austausch der Teilnehmer*innen untereinander wird erleichtert. LMS bieten die Möglichkeit, eine speziell auf die Bedürfnisse der Teilnehmenden abgestimmte Lernumgebung zu schaffen.

115 **Christine Jablonski, Robert Baum und Dirk Rohr: Heutagogik – Didaktische Überlegungen zur Gestaltung von Online-Lehre**
Heißt digitale Praxis in der Lehre, analoge Formate möglichst Eins zu Eins in eine digitale Praxis zu übersetzen oder könnte die Digitalisierung von Lehre viel mehr als das leisten?

Christine Jablonski, Robert Baum und **Dirk Rohr** schlagen in einer theoretischen Reflektion das Konzept einer Heutagogik vor, das »selbstbestimmtes Lernen als ganzheitlichen, lebenslangen und selbstgesteuerten Prozess« begreift. Online-Formate schaffen Möglichkeiten – so ihre These –, dass Menschen sich in neuer Weise in Lernumwelten bewegen und sich Wissen eigenständig aneignen können.

8 Blended Counseling – Die Zukunft der Beratung

Emily Engelhardt

»*Onlineberatungsformate oder auch Beratungsangebote im digitalen Setting haben sich in den letzten zwanzig Jahren enorm verbreitet, und doch ist die systemische Beratung vergleichsweise unberührt davon geblieben.*« (Hörmann, 2020, S. 143) *Online-Beratung verfügt über eine inzwischen über 25-jährige Tradition im deutschsprachigen Raum. Vor der Coronapandemie allerdings war Online-Beratung vor allem textbasiert – per E-Mail, Chat oder in Foren. Im Zuge der Pandemie boomte dann die Beratung per Video. Das Digitale aber ist auch aus der systemischen Beratung nicht mehr wegzudenken: Ihre Zukunft liegt im Blended Counseling – der Kombination verschiedenster Beratungsformen. Digital, analog, textbasiert, per Video ... – es lohnt sich, alle Formen der Online-Beratung im Blick zu behalten.*

Online-Beratung – ein Begriff mit vielen Bedeutungen

1995 reagierte die Telefonseelsorge als erster Träger auf die Tatsache, dass sich Ratsuchende plötzlich per E-Mail an die Beratungsstellen wandten. In den darauffolgenden Jahren entwickelte sich ein großes Netz an unterschiedlichsten Online-Beratungsangeboten, die sich an diverse Zielgruppen richteten (vgl. Engelhardt, 2021).

Eines hatten jedoch alle bis zum Beginn der Coronapandemie gemeinsam: Online-Beratung wurde in der psychosozialen Beratungslandschaft vor allem als textbasierte Form der Beratung verstanden (vgl. Eichenberg u. Kühne, 2014). Die Beratung per Video spielte bis zum Ausbruch der Coronapandemie im Jahr 2020 nahezu keine Rolle in der psychosozialen Beratung. Lediglich im Coaching und vereinzelt im Feld der Supervision wurden Beratungskontakte auch videovermittelt angeboten. Während der Kontaktbeschränkungen der Pandemie wurde Video-Beratung fast flächendeckend eingesetzt und erlebte einen regelrechten Boom. Und so wurde der bisher vor allem auf schriftliche Beratung ausgelegte Begriff der Online-Beratung im allgemeinen Sprachgebrauch häufig mit Video-Beratung synonym verwendet, was wiederum eine Beschränkung der Fülle der (technischen) Möglichkeiten von Online-Beratung bedeutet (vgl. Engelhardt u.

Storch, 2013). Richtig ist, dass »Onlineberatung sämtliche Formen der Beratung einschließt, die auf die Infrastruktur des Internets angewiesen sind, um den Prozess der Beratung zu gestalten und die sowohl synchron/asynchron textgebunden (Forum, Einzelberatung, Chat) als auch synchron und textungebunden via Videochat, Avataren oder Internettelefonie stattfinden können. Ebenso sind Mischformen denkbar, wenn im Videochat nebenbei geschrieben werden kann oder beim Einsatz von Avataren über das Mikrofon gesprochen wird.« (ebd., S. 4f.)

In den letzten 25 Jahren haben sich auch Qualitätsstandards für die Online-Beratung, diverse Angebote der Fort- und Weiterbildung sowie ein differenziertes Bewusstsein für das Thema Datenschutz entwickelt. Denn es wurde schnell deutlich: Wenn vertrauliche Beratungskontakte über das Internet stattfinden, muss dafür Sorge getragen werden, dass nicht einfach eine unverschlüsselte E-Mail durch das Netz versendet wird. So entwickelte sich neben dem fachlichen Anspruch, gute Beratung online anzubieten, auch ein Markt an Softwareanbietern, die eine sichere Infrastruktur für diese Form der Beratung bereitstellten.

Von der Online-Beratung zum Blended Counseling

Online-Beratung wurde zunächst lange als eine eigenständige Form der Beratung verstanden, welche in einer Art Parallelwelt zur Präsenzberatung angeboten wurde. Konzeptionell stand daher vor allem die Idee, dass es sich bei der textbasierten Form von Online-Beratung um eine möglichst niedrigschwellige und vor allem höchst anonyme Form der Beratung handelt, die es eben nicht zum Ziel hat, dass sich Beraterin und Ratsuchender persönlich treffen. Diese Trennung der Welten in online und offline findet sich auch im Konzept von Blended Counseling wieder, welches »die systematische, konzeptionell fundierte, passgenaue Kombination verschiedener digitaler und analoger Kommunikationskanäle in der Beratung« (Hörmann et. al, 2019, S. 23) in den Mittelpunkt rückt. Es geht um die konzeptionelle Frage, wie Online-Beratungskontakte mit Präsenzberatungskontakten sinnvoll verknüpft werden können.

Die besonderen Charakteristika von Online-Beratung

Schriftbasierter Online-Beratung wurde bislang vor allem Eines zugeschrieben: Sie ist eine Form der Beratung, die für viele Ratsuchende besonders niedrigschwellig ist und die höchstmögliche Form der Anonymität gewährleistet. Sich schreibend mit einer Frage oder Problemsituation zu beschäftigen, erfordert jedoch auch eine hohe Selbstreflexionskompetenz. Beim Schreiben selbst erleben viele Ratsuchende bereits eine erste Selbstklärung und häufig auch Erleichterung – was gemeinhin als »sich Etwas von der Seele schreiben« beschrieben wird. Ratsuchende beschreiben die textbasierte Online-Beratung oftmals als Möglichkeit, sich in ihrem eigenen Tempo und im Schutz der Anonymität zu ihren Themen zu äußern und sich einer Beratungsperson zu offenbaren. Hierbei tritt häufig das Paradoxon von Nähe durch Distanz in Kraft: Durch die Möglichkeit, sich anonym zu melden, fällt es vielen Ratsuchenden leicht(er), sich zu öffnen und auch schambesetzte und schwierige Themen direkter anzusprechen (vgl. Knatz, 2009).

Für Beratende stellt die schriftliche Beratung eine besondere Herausforderung dar, da alles, was sie an Beratungskompetenzen erprobt haben, sich auf eine Face-to-Face-Beratung fokussiert. So lernen Berater*innen vor allem, gute Gespräche zu führen, für eine angenehme Beratungsatmosphäre zu sorgen und eine stabile Beratungsbeziehung aufzubauen. Gerade die letzten beiden Punkte geschehen in der Präsenzberatung quasi nebenbei. Durch eine Geste, ein zugewandtes Lächeln und einfach nur durch die eigene physische Präsenz (und gegenseitige Sympathie) gelingt es, diese Atmosphäre und Beziehung zu gestalten. Nun muss all dies bei einer schriftbasierten Beratung plötzlich verschriftlicht werden. Es muss achtsam gelesen und geschrieben und dabei auch noch Empathie, Wertschätzung und das Bemühen um ein Verstehen schriftlich transportiert werden.

Bei der Video-Beratung, die weiterhin die mündliche Gesprächsführung im Fokus hat, kommen neue Herausforderungen hinzu: Der wahrgenommene Bild- und Audioausschnitt ist begrenzt, direkter Augenkontakt ist nicht möglich und bei technischen Schwierigkeiten treten schnell Irritationen und Störungen auf (vgl. Engelhardt u. Engels, 2021; Strauß-Hartmann, 2021).

Beratende müssen diese Online-Beratungskompetenzen zunächst erwerben, da sie in den Beratungscurricula bislang keinen oder nur sehr geringen Einzug gefunden haben. Neben Kompetenzen im Umgang mit und Wissen zu den Besonderheiten von Online-Kommunikation, müssen sie lernen, neue Methoden einzusetzen und bekannte Methoden so zu modifizieren, dass sie in einem schriftlichen oder videobasierten Setting wirksam sind. Sie müssen sich mit Fragen der Technik, Software und Datenschutz und -sicherheit befassen und ggf. auch über Online-Marketingaspekte nachdenken. (vgl. Engelhardt u. Lisunova, 2019)

Implikationen für digitale Beratungssettings

Die Gründe, Beratung, Supervision oder Coaching auch online anzubieten, sind ganz unterschiedlicher Natur und häufig von Vorlieben der Beratenden geprägt (vgl. Engelhardt et al. 2019; Engelhardt 2020). Während der Coronapandemie war dies vor allem häufig eine Notlösung, da Beratungsgespräche in Präsenz nicht oder nur kaum möglich waren.

Es gibt jedoch viele gute fachliche Begründungen, Online-Beratung anzubieten: Sei es, weil die Online-Beratung für einige Ratsuchende der einzige Zugangsweg zur Beratung ist (vgl. Wenzel, 2013), es manchen Ratsuchenden leichter fällt aus dem geschützten häuslichen Umfeld über schwierige Themen zu sprechen oder weil sie für den Erhalt von Informationen und Unterstützung nicht zwangsläufig einen Tag Urlaub nehmen müssen, um viele Kilometer in die Beratungsstelle zu fahren. Dies sind nur einige – und zugegebenermaßen sehr offensichtliche – Implikationen für die Nutzung von Online-Beratung. Spannender ist für Beratende jedoch die Auseinandersetzung mit der Frage: Betrachte ich Online-Beratung als Setting oder als Methode? Und auch hierzu gibt es zahlreiche Antworten und Szenarien. Wenn ich als Beraterin merke, dass es meinem Klienten schwerfällt, über ein Thema zu sprechen, kann ich ihm anbieten, mir dazu eine E-Mail zu schreiben. Der pflegenden Angehörigen, die Zuhause den dementen Vater pflegt und keine Betreuungsmöglichkeit organisieren kann, kann ich einen Chat anbieten. Dem Scheidungspaar, das es nicht erträgt, miteinander in einem Raum zu sein, kann ich ein Videogespräch mit Zuschaltung von getrennten Orten anbieten. Dem Coachee, der ein wichtiges Personalgespräch vor sich hat, kann ich per Messenger noch eine kurze Nachricht der Bestärkung senden. Die Liste lässt sich nahezu unendlich erweitern und zeigt: Es liegt an uns Beratenden, Szenarien für gute digital unterstütze Beratungsprozesse zu entwickeln.

Was bringt die Zukunft?

Wir leben in einer medial und digital durchdrungenen Welt. Die digitale Transformation wird weiter voranschreiten und somit auch weiterhin massive Einflüsse auf die Beratung nehmen. »Berücksichtigt man für eine lebensweltorientierte Beratung die Kommunikationsgewohnheiten der Ratsuchenden im Alltag, in dem sich kopräsente und mediatisierte Kommunikation aufeinander beziehen, wird der Blick auf das Thema Blended Counseling, dem Wechsel zwischen Präsenz- und Online-Beratung frei, dem für die Weiterentwicklung von Beratung und Therapie zentrale Bedeutung zukommt.« (Reindl u. Engelhardt, 2021, S. 124). Es ist daher davon auszugehen, dass auch in Zukunft ein beträchtlicher Teil von Beratung, Coaching und Supervision online oder blended angeboten werden wird. Während die Pandemie noch in vollem Gang ist, hört man vereinzelte Stimmen von denen, die es kaum erwarten können, endlich wieder in die Präsenzberatung zurückzukehren. Andere hingegen machen sich schon jetzt Gedanken darüber, wie sie das Beste aus der Online-Beratung auch in die Zeit nach der Pandemie nutzen können. Schnell fällt in diesem Zusammenhang das Stichwort Blended Counseling – nicht immer mit der richtigen Bedeutung oder einer konzeptionellen Vorstellung, wie dieses umzusetzen sei. Und sicherlich ist auch die Frage berechtigt, ob die Trennung und Unterscheidung einer Online- und Offline-Welt überhaupt sinnvoll und notwendig ist. In einer Kultur der Digitalität (Stalder, 2016) und durch Mediatisierung geprägten Gesellschaft lassen sich online und offline nicht trennen. Eine Unterscheidung zwischen online und offline Handeln und Kommunizieren wird oftmals qualitativ begründet. Insbesondere im Feld von Beratung, Therapie und Coaching wird dann häufig dem Offline-Präsenzsetting ein größerer Standard oder höhere Qualität zugesprochen – nicht zuletzt auch, wenn es um Fragen der Abrechnung und Honorierung der eigenen Leistungen geht. Diese Vorstellungen gilt es zu hinterfragen, zumal einige Ratsuchende das Online-Setting durchaus bevorzugen und darin eben keine Mängel, sondern Vorteile sehen. Um auch in Online-Settings qualitativ gut beraten zu können, bedarf es Kompetenzen (vgl. Eichenberg u. Kühne, 2014; Paschen u. Justen-Horsten, 2016; Engelhardt, 2021), die zunächst erlernt werden müssen und in den meisten Fällen eben nicht in Studium oder Beratungs-, Therapie- oder Supervisionsausbildungen vermittelt werden – noch nicht. Vor dem Hintergrund von Blended Counseling kommt nun noch eine weitere wichtige Kompetenz hinzu: Nicht nur in verschiedenen Settings beraten zu können, sondern auch einschätzen zu können, wann welches Setting besonders geeignet oder ungeeignet ist. Wenn Beratende über diese Methoden- und Einschätzungskompetenzen verfügen, kann die Trennung von online und offline überwunden werden und es rücken Fragen der Medienwahl in den Vordergrund, um Beratungs- und Kommunikationsprozesse optimal zu gestalten.

Autorin

Emily M. Engelhardt, M. A. ist Pädagogin (univ.), Systemische Beraterin (DGSF) und Systemische Supervisorin (SG), Online-Beraterin und Online-Supervisorin.

Seit 2012 fungiert sie als Geschäftsführerin am Institut für E-Beratung der TH Nürnberg und arbeitet freiberuflich als Supervisorin und Dozentin für Systemische Beratung und Online-Beratung. Ihre Lehr- und Forschungsschwerpunkte umfassen Online-Beratung, Digitale Sozialarbeit und Digitalisierung und Beratung. www.der-dreh.net

Ihre Podcasts sind unter: https://derdreh.podigee.io zu finden.

Literatur

Eichenberg, C., Kühne, S. (2014). Einführung Onlineberatung und -therapie. München: Reinhardt UTB.

Engelhardt, E. (2020). Digitalisierung der Supervision? – Digitale Kommunikations-Medien als Möglichkeitsspielraum. KONTEXT 51 (2), 123–134.

Engelhardt, E. (2021). Lehrbuch Onlineberatung (2. erw. Aufl.). Göttingen: Vandenhoeck & Ruprecht.

Engelhardt, E., Storch, S. (2013). Was ist Onlineberatung? – Versuch der systematischen begrifflichen Einordnung der ›Beratung im Internet‹. E-Beratungsjournal, 9 (2), 1–12.

Engelhardt, E., Henrich, M., Reindl, R., Weinhardt, M., Zauter, S., Dietrich, C. (2019). Beratungsbedingte Internetnutzung. Welche Dienste und Angebote nutzen Beratungsfachkräfte privat und beruflich? E-beratungsjournal, 15 (1), S. 38–55

Engelhardt, E. (2019). Schulberatung medial unterstützt gestalten – von der Onlineberatung zum Blended Counseling. In: A. Hilburger-Slama (Hrsg.): Medialisierung in der Schulberatung (S. 34–42). Kulmbach: mgo Fachverlage.

Engelhardt, E., Engels, S. (2021). Einführung in die Methoden der Videoberatung. E-beratungsjournal, 17 (1), 9–27.

Reindl, R., Engelhardt, E. (2021). Onlineberatung – Herausforderung an fachliche Kompetenzen und Organisationsstrukturen. In: C. Freier, J. König, A. Manzeschke, B. Städtler-Mach (Hrsg.): Gegenwart und Zukunft sozialer Dienstleistungsarbeit. Chancen und Risiken der Digitalisierung in der Sozialwirtschaft (S. 117–128). Wiesbaden: Springer VS.

Hörmann, M. (2020). Systemisch beraten in digitalen Welten – Perspektiven und Herausforderungen. Zeitschrift für Systemische Therapie und Beratung, 38 (4), 143–149.

Hörmann, M., Aeberhardt, D., Flammer, P., Tanner, A., Tschopp, D., Wenzel, J. (2019). Face-to-Face und mehr – neue Modelle für Mediennutzung in der Beratung. Schlussbericht zum Projekt. Olten: FHNW

Knatz, B. (2009). Das Vier-Folien-Konzept. In: S. Kühne, G. Hintenberger (Hrsg.): Handbuch Online-Beratung. Psychosoziale Beratung im Internet (S. 105–115). Göttingen: Vandenhoeck & Ruprecht.

Paschen, H., Justen-Horsten, A. (2016) Online-Interventionen in Therapie und Beratung. Weinheim: Beltz.

Stalder, F. (2016). Kultur der Digitalität. Frankfurt: Suhrkamp.

Strauß-Hartmann (2021). Videotherapie und Videosupervision. Praxishandbuch für Psychotherapie und Beratung online. Wiesbaden: Springer VS.

Wenzel, J. (2013). Wandel der Beratung durch Neue Medien. Göttingen: V&R unipress.

9 Web Based Training – Das Lehrbuch des digitalen Zeitalters

Peter Martin Thomas

Web Based Trainings nutzen mehr als andere Angebote das technische und didaktische Potenzial des Internets, um eigene Lerninhalte für Teilnehmer*innen zugänglich zu machen. Der folgende Artikel beantwortet die Fragen, was unter einem Web Based Training (WBT) zu verstehen ist, wo sich bereits zahlreiche WBT im Internet finden lassen und woran man gute Trainings erkennt. Im Anschluss wird ein Überblick gegeben, welche Vor- und Nachteile ein solches Angebot für Trainer*innen bietet, wie man ein Web Based Training erstellt und welche Inhalte möglich sind. Schließlich werden verschiedene Einsatzmöglichkeiten für Web Based Trainings, insbesondere für freiberufliche Trainer*innen, dargestellt.

Was sind Web Based Trainings?

Web Based Trainings (deutsch: Internet-basierte Lernprogramme) sind Lernprogramme, die über das Internet bzw. gegebenenfalls ein Intranet – also ein organisationsinternes digitales Netz – zugänglich sind. Web Based Trainings sind eine Weiterentwicklung von Computer Based Trainings, von lokalen, computergestützten Lernprogrammen. Diese hat man sich beispielsweise mit einer CD auf den Rechner gespielt. Genauso wie ein Buch, Podcast oder Video kann ein WBT im Idealfall räumlich, zeitlich und inhaltlich flexibel genutzt werden. Anders als bei diesen Medien oder klassischen Formen des Fernstudiums gibt es jedoch mehr Möglichkeiten der interaktiven, didaktischen und multimedialen Gestaltung und der synchronen und asynchronen Interaktion und Kooperation zwischen Trainer*innen und Teilnehmer*innen.

In einer umfassenderen Definition wird unter Web Based Training der gesamte Prozess der internetbasierten Weiterbildungsaktivitäten in einem Unternehmen oder einer Organisation verstanden. Für diesen Artikel sollen unter Web Based Training jedoch Lerninhalte in Form eines in sich abgeschlossenen Trainings verstanden werden, die durch eine*n Trainer*in didaktisch und methodisch aufbereitet wurden. Dabei können sowohl einzelne Themen als auch vollständige Kurskonzepte als WBT angeboten werden.

Eine Variation von Web Based Trainings sind sogenannte Massive Open Online Courses (MOOC), die vor allem aus der Hochschulbildung entstanden sind. Der Begriff bringt zum Ausdruck, dass sich diese Kurse ohne Zugangsbeschränkung an ein großes Publikum wenden, z. B. in Form von live übertragenen oder aufgezeichneten und gegebenenfalls didaktisch aufbereiteten Vorlesungen an einer Hochschule. Auf dieses Format wird hier ebenfalls nicht näher eingegangen.

Wo finde ich Web Based Trainings?

Will man Web Based Trainings ansehen – oder gegebenenfalls auch vertreiben – gibt es mittlerweile eine Vielzahl professioneller Plattformen, die kostenlose und kostenpflichtige Kurse anbieten. An dieser Stelle werden beispielhaft in alphabetischer Reihenfolge einige Plattformen aufgeführt, die auch deutschsprachige Kurse im Angebot haben:

Coursera ist vermutlich die weltweit größte Plattform mit einem sehr breiten Spektrum an Themen und Anbieter*innen, darunter vor allem Hochschulen (https://www.coursera.org/).
- Imoox aus Österreich bietet zahlreiche kostenlose Kurse, z. B. die Kurse von erwachsenenbildung.at zur digitalen Erwachsenenbildung (https://imoox.at/mooc/).
- Iversity wird von einem großen Wissenschaftsverlag betrieben, versucht zunehmend das breite Themenspektrum des Verlages abzubilden und hat aufgrund seiner Entstehungsgeschichte auch viele MOOCs im Angebot (https://iversity.org/).
- Lecturio ist einer der großen deutschsprachigen Anbieter mit einem relativ breiten Themenspektrum (https://www.lecturio.de//).
- LinkedIn bietet mit LinkedIn Learning eine eigene Plattform, die in den drei Kategorien Business, Kreativität und Technik Kurse anbietet (https://de.linkedin.com/learning/).
- Die deutschsprachige Pink University ist eher auf Unternehmenskunden ausgerichtet (https://www.pinkuniversity.de/).
- Udemy ist eine US-amerikanische Plattform, auf der sich eher einzelne Expert*innen mit ihren Themen präsentieren (https://www.udemy.com/de/). Der Schwerpunkt der deutschsprachigen Kurse liegt im technischen und wirtschaftlichen Bereich.

Darüber hinaus bieten unzählige Anbieter kostenfreie und kostenpflichtige Web Based Trainings direkt über ihre eigene Webseite an. Hier ist es lohnenswert, mit geeigneten Suchmaschinen und -begriffen nach interessanten Kursen im Internet zu suchen.

Woran erkenne ich ein gutes Web Based Training?

Wie bei vielen anderen Trainings auch, kann man letztendlich erst am Ende des Kurses wirklich beurteilen, ob es ein interessantes und vor allem lehrreiches Angebot war. Es lassen sich jedoch einige technische, didaktische und inhaltliche Qualitätskriterien beschreiben, die dazu beitragen können, dass ein WBT aus Sicht der Teilnehmer*innen ein attraktives Lernangebot darstellt.

Voraussetzung für ein erfolgreiches Web Based Training ist eine funktionierende Technik. Dies bedeutet vor allem, dass das Training auf einem stabilen Server laufen muss, der auch dann noch funktioniert, wenn viele Teilnehmer*innen gleichzeitig auf den Kurs zugreifen. Das Training sollte möglichst mit allen gängigen Internet-Browsern auf allen Endgeräten, also auch Tablets und Smartphones, funktionieren, wenn es nicht über ein Intranet oder internes Lern-Management-System angeboten wird. Das WBT ist entweder so gestaltet, dass es keine zusätzlichen technischen Grundkenntnisse voraussetzt oder die Teilnehmer*innen bei der Anwendung entsprechend unterstützt. Wichtig ist, dass das WBT jederzeit unterbrochen und fortgesetzt werden kann und möglichst dauerhaft für die Teilnehmer*innen zur Verfügung steht.

Ein Web Based Training kann grundsätzlich nur dann gelingen, wenn die Inhalte geeignet sind, in einem WBT aufbereitet zu werden. Die Vermittlung von Basiswissen, die differenzierte Darstellung von komplexen Zusammenhängen, Lernen am Modell u. Ä. ist gut möglich. Für stärker interaktions- und übungsorientierte Inhalte sind gegebenenfalls synchrone virtuelle Formate besser geeignet.

Die Qualität eines Web Based Trainings lässt sich entsprechend auch daran erkennen, dass es klar definierte Lernziele und eine eindeutig beschriebene Zielgruppe hat. Ziele und Zielgruppe sind für Trainings immer hilfreich. Anders als bei synchronen Formaten kann aber weder bei den Inhalten noch im Hinblick auf die Fragen der Teilnehmer*innen prozess-orientiert nachgesteuert werden. Deswegen ist besonders wichtig, dass ich vorab weiß, ob ich zur Zielgruppe des Angebotes gehöre und welche Inhalte mich erwarten.

Ein gelungenes Web Based Training lässt durch die Lernziele, seine Gliederung, die Beschreibung der Methoden und Inhalte ein durchdachtes didaktisches Konzept erkennen. Bestenfalls werden die zugrundeliegenden Lerntheorien transparent gemacht. Ein qualitativ hochwertiges WBT nutzt die technischen Möglichkeiten, die zur Verfügung stehen, im Sinne der Vermittlung von Inhalten und zur Erreichung von Lernzielen, nicht als Spielerei oder zur Selbstdarstellung der Trainer*innen. Dabei werden die Teilnehmer*innen nach Möglichkeit nicht nur kognitiv, sondern auch emotional angesprochen. In jedem Fall bietet das WBT den Teilnehmer*innen die Möglichkeit, ihren Lernfortschritt und das Erreichen der Lernziele zu überprüfen. Im WBT werden entweder Materialien zum Download bereitgestellt oder ersatzweise auf weitere Quellen außerhalb des Kurses – z. B. Bücher, Internetadressen u. Ä. – verwiesen. Zeitlicher Aufwand und inhaltlicher Nutzen für das Web Based Training stehen in einem sinnvollen Verhältnis.

Welche Vor- und Nachteile hat ein Web Based Training für mich als Trainer*in?

Bei den Vor- und Nachteilen eines Web Based Trainings lohnt sicher der Vergleich zu anderen Publikationen, insbesondere zu einer Buchpublikation, vor allen Dingen, wenn man das Web Based Training als eine Art Lehrbuch des digitalen Zeitaltes betrachtet.

Inhalte, die über ein Buch – oder einen Artikel, einen Blogbeitrag, einen Podcast u. Ä. – verbreitet werden, können nicht mehr exklusiv in Seminaren und Workshops angeboten werden. Genauso wie ein Buch oder andere Medien schafft ein Web Based Training jedoch Aufmerksamkeit für die eigenen Inhalte und Kompetenzen. Besser als mit einem Buch – oder einem einfachen Podcast oder Video – können mit einem WBT die eigenen didaktischen und methodischen Kompetenzen zur Geltung gebracht werden. Nicht alle, die gute Texte schreiben, überzeugen auch in der Präsenz als Trainer*in. Mit einem Web Based Training kann man sich als ganze Persönlichkeit präsentieren und darüber neue Teilnehmer*innen für andere Angebote und Formate gewinnen. Zugleich lässt sich das Web Based Training optimal mit anderen Medien (Buch, Blog, Podcast, ...) oder mit den anderen eigenen Angeboten kombinieren.

Mit einem Web Based Training lässt sich – im Gegensatz zu den meisten Büchern – mit einer entsprechenden Vertriebs- und Marketingstruktur wirklich Geld verdienen. Dabei sind neben den einzelnen Teilnehmer*innen, die den Kurs auf einer Plattform oder direkt bei mir als Trainer*in buchen, insbesondere B2B-Kunden (Business to Business) – z. B. Unternehmen, Verwaltungen oder Organisationen – interessant, die ganze Kurspakete für ihre Mitarbeiter*innen buchen.

Anders als ein Buch schafft ein Web Based Training mehr persönliche Präsenz, mehr Möglichkeiten der Interaktion mit den Teilnehmer*innen, bietet die Chance eine Community aufzubauen und gemeinsames Lernen und Feedback zeitnah umzusetzen.

Alle diese Vorteile können zum Tragen kommen, müssen aber nicht wirksam werden. Die Herstellung eines Web Based Trainings ist wie die eines Buches eine aufwändige, vor allem zeitliche Investition, bei der man nicht mit Sicherheit voraussagen kann, ob sie den gewünschten Erfolg bringt. Das eigene WBT muss die Aufmerksamkeit und Anerkennung möglicher Teilnehmer*innen finden und dabei gegen eine immer größere Auswahl konkurrierender – oftmals kostenfreier – Angebote im Internet bestehen. Es kann sein, dass man nicht nur Zeit, sondern auch Geld für Technik, Vertrieb, Marketing u. Ä. investiert, die sich nicht refinanzieren. Dann hat die Erstellung des WBT vielleicht noch den Wert, ein Thema inhaltlich und didaktisch gut durchdrungen zu haben – so wie bei der Erstellung eines Buches – und das WBT kann für Marketingzwecke genutzt werden. Es ist jedoch eine Investition und keine Einnahmequelle.

Wie erstelle ich ein Web Based Training?

Viele Wege bieten sich an, um ein Web Based Training zu erstellen: Es kann mit einem professionellen sogenannten Autorentool gearbeitet werden. Es können etwas einfachere cloud-basierte Tools eingesetzt werden. Es kann die Infrastruktur einer vorhandenen E-Learning-Plattform im Internet genutzt werden. Oder man nutzt ein Lern-Management-System, um in diesem ein Web Based Training anzulegen (▶ Beitrag 10 »Lern-Management-Systeme« von Valentin Frangen auf S. 107).

Autoren-Tools sind Werkzeuge zur multimedialen Aufbereitung von Lerninhalten. Sie bieten vielfältige Möglichkeiten, verschiedene Formate – Video- und Audiodateien, Bilder, Texte, Aufgaben, Dokumente – zu erstellen und in einen Kurs zu integrieren. Die Kurse können – wenn das Tool über eine entsprechende Funktion verfügt – im sogenannten responsive design angelegt werden, so dass sie sowohl einem großen Bildschirm als auch einem mobilen Endgerät ausgespielt werden können. Die fertigen Kurse können in verschiedene Standardformate umgewandelt werden, so dass sich die Kurse in die gängigen Lern-Management-Systeme oder direkt in eine Webseite einbinden lassen. Die bekanntesten und umfangreichsten Tool sind aktuell Adobe Captivate (https://www.adobe.com/de/products/captivate.html) und Articulate Storyline (https://articulate.com/360/storyline). Sie haben eine gewisse Ähnlichkeit zu PowerPoint, sind teilweise auch kompatibel damit, setzen jedoch eine umfassende Einarbeitung voraus, um zumindest die wichtigsten Funktionalitäten bedienen zu können. Viele Anwendungsmöglichkeiten kann man sich mit ein wenig Geduld und Freude am Ausprobieren selbst aneignen. Darüber hinaus gibt es FAQ (Frequently Asked Questions) und Tutorials als unterstützende Lernfunktionen und gleichzeitig können selbstverständlich auch Seminare bei den jeweiligen Anbietern gebucht werden.

Eine etwas einfachere Lösung sind cloud-basierte Tools, welche sich zwischen den Funktionalitäten eines Autoren-Tools und eines einfachen Lern-Management-Systems bewegen. Hier werden die Kurse online erstellt und können dann über die entsprechende Plattform den Teilnehmer*innen zur Verfügung gestellt oder in die eigene Webseite eingebunden werden. Diese cloud-basierten Lösungen bieten oftmals auch Möglichkeiten des Teilnehmer*innen-Managements, Anbindung an ein Vertriebssystem u. Ä. Im Gegensatz zu den Kursen, die mit einem Autoren-Tool erstellt wurde, können die eigenen Kurse jedoch noch unabhängig von den Plattformen genutzt werden. Bekannte Plattformen in diesem Bereich sind beispielsweise blink.it (https://www.blink.it/de/), eduflow (https://www.eduflow.com) oder LearnWorlds (https://www.learnworlds.com).

Eine interessante Möglichkeit, die eigenen Kurse zu erstellen und auch an ein breites Publikum zu vermarkten, ist die Zusammenarbeit mit einer der oben genannten Plattformen wie Coursera, Iversity oder Lecturio. In diesem Fall werden die Kurse für die Plattform – und gegebenenfalls direkt in der Plattform – erstellt und dann auch dort vertrieben. Vorteile sind eine vollständige technische Infrastruktur, stabile Server für die Durchführung der Kurse, eine etablierte Vertriebsplattform und Unterstützung durch das Team der Plattform. Dies alles hat allerdings auch seinen Preis: Die Plattformen wollen am Umsatz beteiligt sein und stellen in ihren Verträgen weitere Bedingungen für die Zusammenarbeit.

Schließlich kann man ganz auf Autoren-Tools, spezialisierte cloud-basierte Dienste oder vorhandene E-Learning-Plattformen verzichten, wenn man die eigenen Web Based Trainings in einem Lern-Management-System (▶ Beitrag 10 ab S. 107) zusammenstellt. Bekannte Open Source Plattformen wie Moodle, Ilias und OpenOlat oder vielfältige kommerzielle Anbieter bieten heute umfangreiche Möglichkeiten, multimediale Inhalte einzubinden und als Kurs zusammenzustellen. Es entsteht so kein geschlossener Kurs, der an andere Orte exportiert werden kann. Für die eigene Zielgruppe, die Zugang zu dem Lern-Management-System hat, können jedoch attraktive Lerninhalte zusammengestellt werden.

Welche Inhalte sind in einem Web Based Training möglich?

Je nach Plattform sind fast alle Inhalte in einem Web Based Training möglich. Bei den meisten Kursen stehen Videos mit den Trainer*innen im Mittelpunkt, die extra für den Kurs produziert wurden. Möglich sind jedoch auch Aufzeichnungen von Vorträgen, Ausschnitte aus anderen Videos, Animationen u. Ä. Ebenso können reine Audioinhalte eingebunden werden.

Die Videos werden in der Regel unterstützt durch Grafiken, Texte oder Animationen, die teilweise direkt in die Videos eingebunden werden, als Zusatzmaterial bei den Videos stehen oder als eigenständige Seiten gestaltet sind. Es ist möglich, die Texte und Grafiken vergleichbar einer Präsentationsfolie zu gestalten oder auch zum Download zur Verfügung zu stellen. Ebenso lassen sich Links in die Kurse einbinden, die auf weiterführende Materialien verweisen. Wenn die technischen Voraussetzungen vorhanden sind, kann ein eigener Download-Bereich mit Materialien zum Kurs eingerichtet werden.

Ein weiteres wichtiges Element, mit dem sich Web Based Trainings von reinen Lernvideos unterscheiden, sind die integrierten Übungen und Tests. Dies können Übungen sein, bei denen man außerhalb des Kurses eine Aufgabe erfüllt, z. B. eine praktische Übung oder eine Rechercheaufgabe. Es können Übungen sein, bei denen man Texte oder Materialien im Kurs hochlädt. Oder es sind kleinere Tests während des Kurses oder sogar umfangreiche Prüfungen am Ende des Kurses mit Multiple-Choice-Fragen, Lückentexten, Sortieraufgaben, Bilderrätseln u. Ä. möglich. Bei vielen Kursen wird entweder ein bestimmtes Maß der Bearbeitung – z. B. 80 % aller Inhalte – oder ein bestandener Abschlusstest zur Voraussetzung gemacht, um die Teilnahmebescheinigung zu erhalten.

Darüber hinaus sind viele weitere Elemente denkbar, um mit den Teilnehmer*innen zu interagieren, die allerdings eine kontinuierliche Begleitung des Web Based Trainings voraussetzen. Es kann über Chats, Foren und E-Mail ein Austausch mit den Teilnehmer*innen stattfinden. Es können regelmäßig Blogs und News zum Training veröffentlicht werden. Teilnehmer*innen haben die Möglichkeit, Inhalte zu kommentieren oder zu taggen, wenn das gewünscht ist. Es können – gegebenenfalls gemeinsam mit den Teilnehmer*innen – Wikis oder Datenbanken zum Kurs entstehen. Und letztendlich können auch Liveevents in ein Web Based Training integriert werden, z. B. eine regelmäßige Video-Konferenz mit der oder dem Trainer*in mit Fragen zum Kurs.

Der eigenen Kreativität sind fast keine Grenzen gesetzt. Je mehr interaktive Elemente integriert werden, desto betreuungsintensiver wird ein Kurs. Viele Kurse, die auf den oben genannten bekannten Plattformen zu finden sind, bieten wenig Möglichkeiten der direkten Kommunikation. Sie laufen weitgehend selbstständig. Wenn man die Teilnehmer*innen enger an sich binden möchte, lohnt es sich, mehr solcher Möglichkeiten zu integrieren.

Wie kann ich Web Based Trainings als Trainer*in einsetzen?

Die Einsatzmöglichkeiten sind abhängig von der Plattform, für die man sich entschieden hat. Arbeitet man mit einem Autoren-Tool, stehen fast alle Wege offen. Man kann den Kurs in die eigene Webseite, ein Lern-Management-System oder auch im Intranet einer Kundin oder eines Kunden integrieren. Hat man sich für einen cloud-basierten Dienst oder eine der oben genannten E-Learning-Plattformen entschieden, sind vorgeschriebene Vertriebswege einzuhalten. Es werden sehr unterschiedliche Vertriebswege und Integrationsmöglichkeiten für einzelne Trainer*innen und Unternehmen angeboten, die es sorgfältig vorher zu prüfen gilt. Hat man ein Web Based Training im eigenen Lern-Management-System zusammengestellt, sind die Vertriebsmöglichkeiten eher begrenzt.

Web Based Trainings sind – vor allem wenn sie kostenlos oder günstig verfügbar sind – genauso wie ein Buch hervorragend geeignet, um auf die eigenen Themen und Kompetenzen aufmerksam zu machen. In diesem Sinne sind sie als Marketingmaßnahme geeignet. WBT können als eigenständiges Produkt mit dem Ziel vertrieben, extra Einnahmen zu erzielen. WBT können als Zusatzprodukt zu anderen Angeboten bereitgestellt werden. So wie manche Trainer*innen ihr Buch in Kursen »verschenken« (nachdem sie es vorher in den Preis einkalkuliert haben), können auch WBT verschenkt werden. Anders als ein Buch kann der Preis frei gestaltet werden, so dass auch rabattierte Angebote möglich sind. Und schließlich können WBT in die eigenen Seminarkonzepte integriert werden. Dann werden sie zum Bestandteil eines Blended Learning Konzeptes und übernehmen die Funktion, Inhalte für Präsenzveranstaltungen vorzubereiten oder zu vertiefen.

Autor

Peter Martin Thomas ist seit rund 30 Jahren als Trainer, Berater und Entwickler von didaktischen und methodischen Konzepten für Unternehmen und soziale Organisationen aktiv. Seit 2020 ist er geschäftsführender Gesellschafter von praxis – institut für systemische beratung süd oHG.

Seine ausführliche Vita und Publikationen finden sich auf www.petermartin-thomas.de

Weiterführende Literatur

Handke, J. (2020). Handbuch Hochschullehre Digital. Leitfaden für eine moderne und mediengerechte Lehre. Baden-Baden: Tectum.
Modlinger, D. eLearning und Mobile Learning – Konzept und Drehbuch. Handbuch für Medienautoren und Projektleiter (3. Aufl.). Wiesbaden: Springer Vieweg.
Niegemann, H., Weinberger, A. (Hrsg.) (2020). Handbuch Bildungstechnologie. Konzeption und Einsatz digitaler Lernumgebungen. Berlin: Springer.

10 Lern-Management-Systeme – Die zentralen digitalen Lernorte für systemische Weiterbildungen

Valentin Frangen

Seminare in systemischen Weiterbildungen leben davon, dass sich Teilnehmer*innen und Trainer*innen live sehen, miteinander üben und gemeinsam austauschen. Das Lernen endet aber nicht am Ende eines Seminars. Oft wird durch Seminare oder Lehrsupervisionen Interesse geweckt, so dass Teilnehmende sich danach selbstständig mit den bearbeiteten Themen beschäftigen. Das Lernen zwischen Seminaren kann durch sogenannte Lern-Management-Systeme (LMS) unterstützt werden. Hier können digital ergänzende Lerninhalte bereitgestellt, Dokumentationen aus der Veranstaltung hinterlegt, Austausch zwischen Teilnehmenden gefördert und die Lernenden zwischen den Seminaren begleitet werden. Durch klug organisierte Lern-Management-Systeme können Teilnehmende sich zeit- und ortsunabhängig mit systemischen Lehrinhalten auseinandersetzen und Weiterbildungsseminare in eigenem Tempo vor- und nachbereiten. Gleichzeitig bieten Lern-Management-Systeme vielfältige Möglichkeiten zur organisatorischen Gestaltung von Weiterbildungen, was die Arbeit von Trainer*innen und Weiterbildungsinstituten erleichtert.

Der folgende Beitrag gibt einen Überblick zu den wichtigsten Funktionen von Lern-Management-Systemen und gibt Anregungen, wie diese in der systemischen Weiterbildung eingesetzt werden können.

Lern-Management-Systeme sind webbasierte Softwaresysteme, die mithilfe verschiedener Funktionen Lehr- und Lernprozesse digital unterstützen. Sie bilden eine Infrastruktur für digital unterstütztes Lernen in Aus- und Weiterbildungen und können gleichzeitig als eigener Lernort begriffen werden. Lern-Management-Systeme sind in der Weiterbildungslandschaft sowie insbesondere in der Hochschullehre weit verbreitet.

In ordnerähnlichen Strukturen werden durch Bildungsinstitutionen und Trainer*innen Lernmaterialien und E-Learning Ressourcen gezielt für bestimmte Gruppen von Lernenden bereitgestellt. Je nach LMS wird diese Kernfunktion durch weitere Funktionen ergänzt.

Einen Einblick in ein Lern-Management-System, isyflow, bietet Abbildung 1, bei dem ein LMS-Arbeitsraum einer Weiterbildungsgruppe vom praxis – institut für systemische beratung süd abgebildet ist. Weitere bekannte LMS sind die Open-Source Plattform Moodle, Ilias oder Olat.

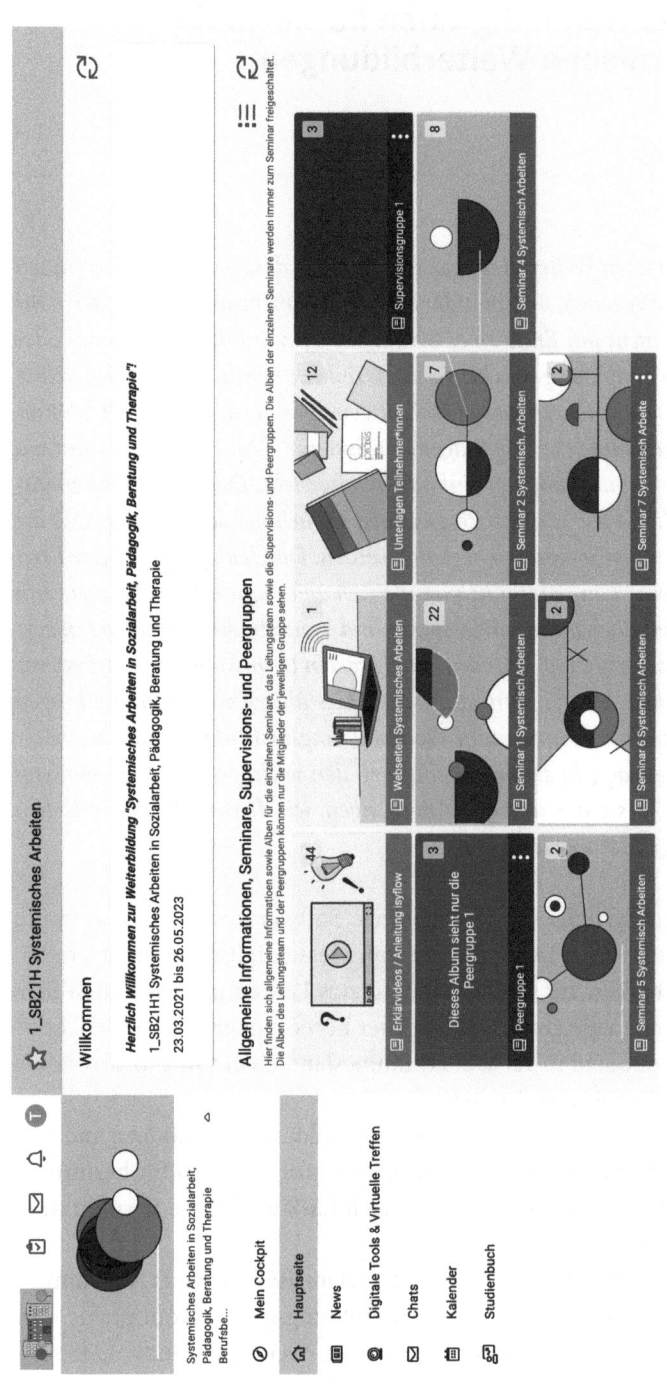

Abb. 1: Einblick in das Lern-Management-System *isyflow*.

Inhalte für bestimmte Gruppen von Lernenden bereitstellen

In systemischen Fort- und Weiterbildungen können Lern-Management-Systeme auf vielfältige Art und Weise den Lernprozess unterstützen.

Die Kernfunktion von Lern-Management-Systemen besteht darin, bestimmte Lerninhalte in Form von E-Learning-Ressourcen und anderen Lernmaterialien einer bestimmten Gruppe von Lernenden digital zugänglich zu machen. Über die in LMS integrierte Benutzer- und Kursverwaltung können Teilnehmer*innen zu Kursgruppen zusammengefasst werden. Die verschiedenen Gruppen erhalten dann, je nach Lernstand, ausgewählte Lerninhalte zur Verfügung gestellt. So können Teilnehmer*innen beispielsweise zu einer Weiterbildungsgruppe, zu einer Supervisions- und/oder zu einer Intervisionsgruppe zugeordnet werden, die dann jeweils eigene Inhalte sehen.

Die hinterlegten Lerninhalte für Weiterbildungsgruppen können sehr unterschiedlich sein. Da LMS häufig begleitend zu Seminaren und Workshops eingesetzt werden, können Dokumentationen der Veranstaltungen in Form von fotografierten Flipcharts, PowerPoints-Präsentationen oder Literaturlisten eingestellt werden. Gleichzeitig kann das LMS aber auch als eigener Lernort für asynchrones, also zeitlich unabhängiges, Lernen genutzt werden. Ergänzende Texte, Videos und Podcasts sowie auf Lerninhalte abgestimmte Aufgabenstellungen können zum Weiterlernen anregen. Teilnehmende können sich eigenständig mit Lerninhalten nach dem Seminar oder aber als Vorbereitung für ein anstehendes Seminar beschäftigen. Lern-Management-Systeme unterscheiden sich durch dieses gezielte und didaktisch überlegte Bereitstellen von Lerninhalten für eine bestimmte Gruppe von reinen Materialsammlungen.

Zusammenarbeit von Supervisions- und Intervisionsgruppen unterstützen

Supervisions- und Intervisionsgruppen profitieren von Lern-Management-Systemen, indem dort organisatorische Absprachen getroffen werden können und Materialien allen zur Verfügung gestellt werden. In den Ordnern für Supervisionsgruppen können beispielsweise Fallberichte, Genogramme oder Videos zur Lehrsupervision hochgeladen und vor einer Supervision betrachtet werden. So bleibt in der Supervision mehr Raum für die Arbeit an relevanten Sequenzen der Live-Beratung. Voraussetzung dafür ist selbstverständlich, dass das verwendete LMS den entsprechenden Datenschutz bietet.

Intervisionsgruppen organisieren ihre Treffen und den inhaltlichen Austausch zwischen den Treffen häufig über Messenger-Dienste. Diese Kommunikationsform stößt allerdings immer wieder an Grenzen. Ein Lern-Management-System kann die Zusammenarbeit strukturieren, indem alle für die Peergruppen relevanten Inhalte durch eine nachvollziehbare Organisation schnell aufgefunden werden können. Eigene Ordner für Intervisionsgruppen ermöglichen Teilnehmenden zudem eigene Lerninhalte, Zusammenfassungen oder Ähnliches innerhalb ihrer Gruppe auszutauschen. Auch können Aufgaben und damit verbundene Lerninhalte von Trainer*innen einfach für Intervisionsgruppen im LMS hinterlegt werden.

Interaktion und Kommunikation über Lern-Management-System

Lernen geschieht – ob digital oder in Präsenz, ob synchron oder asynchron – vor allem im Miteinander und im Austausch. Eine Lernplattform hat entsprechend zum Ziel, dass Interaktion zwischen den Lernenden, mit den Trainer*innen und mit der Bildungsinstitution stattfinden kann. Beispielsweise können in vielen Lern-Management-Systemen Chats eröffnet werden, in Foren gemeinsam Themen diskutiert werden, Gruppenmails versendet oder Neuigkeiten auf einer Infoseite zentral veröffentlicht werden. Teilweise sind LMS so designt, dass sie Social-Media-Plattformen ähnlich sind und Inhalte geteilt, kommentiert oder mit »Gefällt mir« markiert werden können. Diese vielen vertraute Art, online zu kommunizieren, kann dadurch auch für Lernprozesse nutzbar gemacht werden.

Reporting des Lernfortschritts

Viele Lern-Management-System ermöglichen zudem ein Reporting des Lernfortschritts. In Form von Tests, Aufgaben, Feedbackfunktionen oder aber auch dem Tracking der Zeit, die Teilnehmende auf der Plattform verbringen, können zumindest einige Aspekte des Lernprozesses sichtbar gemacht werden. Inwieweit solche Funktionalitäten genutzt werden, hängt stark vom Lerninhalt und der gelebten Lernkultur in der Bildungsinstitution ab. Ob ein starkes Kontrollieren und Überprüfen von Wissen in systemischen Weiterbildungen angewandt wird, mag bezweifelt werden. Eine Übersicht für Teilnehmer*innen zu ihrem aktuellen Stand in der Weiterbildung in Form von besuchten Seminarterminen und Supervisionen oder aber digitales Feedback zu Hausarbeiten und Abschlussberichten können durchaus in ein Lernmanagementsystem in systemischen Weiterbildungen integriert werden.

Weiterbildungsmanagement unterstützen

LMS spielen auch für die Seminarorganisation eine große Rolle. Alle organisatorischen Fragen zum Ablauf der Weiterbildung, zu Terminen oder zum Zertifikat werden hier beantwortet, indem Personen aus dem Weiterbildungsmanagement direkt kontaktiert werden können und organisatorische Informationen direkt im LMS teilen. Beispielsweise können im LMS Anwesenheitslisten geführt und Fehlzeiten eingetragen werden, was eine vereinfachte Kommunikation zwischen Trainer*innen, Weiterbildungsmanagement und Teilnehmenden ermöglicht. Wenn Teilnehmer*innen im LMS direkt Unterlagen hochladen, die zum Erreichen des Zertifikats notwendig sind, kann nicht nur Papier gespart werden, sondern auch Zeit, da alle Dokumente bereits am richtigen Ort liegen. Trainer*innen können dadurch die Unterlagen im Lernmanagementsystem einsehen und im System direkt Feedback geben.

Ausgangspunkt für digitale Lernumgebung

Lern-Management-Systeme können zentraler Ausgangspunkt für eine umfassende digitale Lernumgebung sein, wenn Schnittstellen zu weiteren digitalen Plattformen eingerichtet werden. Beispielsweise finden virtuelle Seminare häufig auf Videokonferenzplattformen oder in virtuellen Teamräumen statt, die nur über einen gesonderten Account oder zumindest über einen Zugangslink betreten werden können. Lern-Management-Systeme ermöglichen nun, dass man mit nur einem Klick im Videokonferenzraum landet. Das verringert den Aufwand des Einrichtens von Videokonferenzräumen für das Weiterbildungsmanagement und erleichtert den Zugang für Teilnehmende und Trainer*innen. Auch Web Based Trainings (▶ Beitrag 9 »Web Based Training« von Peter Martin Thomas auf S. 99), die auf anderen Plattformen bearbeitet werden, können so als E-Learning Ressourcen in das LMS eingebunden und für Teilnehmende leicht zugänglich gemacht werden.

Lern-Management-Systeme attraktiv gestalten – Erkenntnisse aus anderen Online-Plattformen

Lern-Management-Systeme können mit den oben beschriebenen Funktionalitäten die Lehr- und Lernprozesse in systemischen Weiterbildungen unterstützen. Damit Lern-Management-Systeme angenommen werden und zu einem Lernort werden, sind insbesondere Bildungsanbieter*innen und Trainer*innen gefragt. Zum grundlegenden Verständnis der Nutzung von LMS bietet sich zunächst ein Blick auf andere etablierte Online-Plattformen an.

Lern-Management-Systeme sind genauso wie Facebook, Pinterest, Youtube und Co. vor allem dann attraktiv, wenn sie von unterschiedlichen Personengruppen genutzt werden, die sich durch die Nutzung gegenseitig bereichern. Die Gestaltung solcher Plattformen ist darauf ausgerichtet, dass Nutzer*innen die Inhalte angezeigt bekommen, die für sie relevant sind. Durch verschiedene Interaktionsmöglichkeiten können Nutzer*innen auf bestehende Beiträge reagieren oder eigene Beiträge verfassen und dadurch wiederum neue Inhalte für andere Nutzer*innen generieren.

Ähnliches kann auch bei der Gestaltung von Lern-Management-Systemen berücksichtigt werden. Wenn Trainer*innen oder Bildungsanbieter interessante Lerninhalte für eine bestimmte Personengruppe in das Lernmanagementsystem stellen, motiviert das Teilnehmende, sich mit diesen Lerninhalten zu beschäftigen und darauf in Form von Kommentaren, Likes oder eigenen Beiträgen zu reagieren. Solche Reaktionen fördern wiederum Reaktionen und weitere Beiträge von anderen, was das Lern-Management-System lebendig und zu einem wirklichen Lernort macht. Diese positiven Kreisläufe können und müssen von Seiten der Bildungsanbieter und Trainer*innen angeregt und gefördert werden.

Die Rolle von Trainer*innen bei der Nutzung von LMS

Trainer*innen bzw. Lehrkräfte im Allgemeinen haben einen großen Einfluss auf die Akzeptanz und Nutzung von Lern-Management-Systemen (vgl. Wagner, 2016). Trainer*innen, die Lern-Management-Systeme intensiv nutzen, regen durch ihr Verhalten auch Teilnehmer*innen an, dieses intensiv zu nutzen. Dabei reicht es nicht, »nur« Lerninhalte auf die Plattform zu laden. Von Seiten der Trainer*innen ist das Lern-Management-System als Lernort in der didaktischen Gestaltung der Seminare mitzudenken. Insbesondere in immer wichtigeren Blended Learning Konzepten von Weiterbildungen, bei denen analoges und digitales Lernen didaktisch klug miteinander verschränkt wird, kommt dem LMS eine zentrale Rolle zu. Bereits in der Planung von Lerninhalten sollte überlegt werden, welche Inhalte im Präsenzseminar Platz finden und welche Inhalte durch asynchrones Lernen auf der Lernplattform angeeignet werden sollen.

Durch die Nutzung von Lern-Management-Systemen sind Trainer*innen in der Rolle von Lernbegleitern aktiv. Sie sorgen neben Präsenzangeboten auch für asynchrone Lerninhalte und begleiten dabei die Teilnehmenden stärker als bisher über die Zeit der Weiterbildung. Zwischen den Seminarblöcken besteht durch das LMS ein Kontakt zwischen Lehrenden und Lernenden, der für Fragen, organisatorische Abstimmungen und teilweise auch für inhaltliche Diskussionen genutzt werden kann.

Weiterbildungsinstitute müssen zur Nutzung von LMS aktivieren

Wird von einer Bildungsinstitution ein Lern-Management-System für ihre systemischen Weiterbildungen eingerichtet, ist diese gefordert, zur Nutzung das LMS zu aktivieren.

Dazu können Bildungsinstitute für jedes Seminar bereits einige interessante Lerninhalte standardmäßig im LMS hinterlegen. Teilnehmer*innen können dadurch direkt auf für sie interessante Inhalte zurückgreifen. Trainer*innen werden entlastet, die Ordner im LMS müssen sie dann nicht allein mit Inhalten füllen. Darüber hinaus können Bildungsinstitutionen Anreize zur Nutzung des LMS setzen, indem die Weiterbildungsorganisation auf das LMS ausgerichtet ist. Wenn beispielsweise Seminarunterlagen und Handouts standardmäßig nur auf das LMS gestellt und nicht auf Papier ausgedruckt werden, führt das dazu, dass Teilnehmende die Plattform aktiver nutzen.

Trotz allem Engagement von Bildungsinstituten, das LMS attraktiv zu gestalten, gelingt nur wenig ohne Trainer*innen. Bildungsinstitute sind entsprechend gefragt, Lehrkräfte zu motivieren, das LMS ergänzend zu ihren Seminaren zu nutzen. Dabei ist es vor allem hilfreich, zu betonen, welchen Nutzen Lern-Management-Systeme für eine zeitgemäße und zukunftsgerichtete Lehre bedeuten (vgl. Wagner, 2016). Blickt man auf jetzige und zukünftige Teilnehmende, die in ihrer Zeit an Hochschulen nahezu alle mit Lern-Management-Systemen gearbeitet haben, stellt sich die Frage, ob systemische Weiterbildungen ganz ohne LMS auskommen können. In einer Umfrage unter Teilnehmenden des praxis – institut süd (n = 74) im Sommer 2021 sagten über 75 % der Befragten, dass die im LMS des Instituts hinterlegten Inhalte, wie Veranstaltungsdokumentationen, ergänzende Videos, Texte, Literaturempfehlungen, hilfreich für den eigenen Lernprozess sind.

Technischer Support als Grundbedingung für gelingendes Lernen mit LMS

Lern-Management-Systeme werden dann genutzt, wenn die Nutzer*innen sich mit dem System beschäftigen und ein Verständnis davon haben, was im LMS an welchem Ort wie zu finden ist. Das gilt sowohl für Teilnehmende als auch insbesondere für Trainer*innen, die das LMS hauptsächlich mit Inhalten füllen. Insbesondere zu Beginn einer Weiterbildung ist es deshalb wichtig, ausreichend Zeit zur Einführung in die Plattform einzuplanen. Das kann in Form von FAQs, Erklärvideos oder Workshops geschehen. Das LMS kann aber auch im ersten Präsenzseminar den Teilnehmenden vorgestellt werden und dort bereits gemeinsam erprobt werden.

Es hat sich zudem gezeigt, dass bei der Einarbeitung sowie bei der späteren Nutzung des LMS, ein*e Ansprechpartner*in zur Verfügung stehen muss (vgl. Wagner, 2016).

Technische Hürden können schnell demotivierend wirken, weshalb eine schnelle Hilfe bei Nutzungsschwierigkeiten essentiell ist.

Lern-Management-Systeme bieten Teilnehmer*innen die Möglichkeit sich zeit- und ortsunabhängig mit Lerninhalten auseinanderzusetzen, sich mit anderen Teilnehmenden und Trainer*innen auszutauschen und von Trainer*innen auch zwischen den Seminaren begleitet zu werden. Trainer*innen und das Weiterbildungsmanagement können ein Lern-Management-System für den gegenseitigen Austausch zur Seminarorganisation nutzen und bisherige Prozesse einfacher gestalten.

Diese Vorteile treten aber erst dann auf, wenn Trainer*innen und Bildungsinstitute das Lern-Management-System systematisch in die Lehre integrieren. Nur dann können Lern-Management-Systeme Lehr- und Lernprozesse in systemischen Weiterbildungen auf vielfältige Art und Weise unterstützen.

Autor

Valentin Frangen hat einen B. A. in Erziehungswissenschaften und Betriebspädagogik und ist derzeit Masterstudent im Studiengang Pädagogik und Management in der Sozialen Arbeit an der TH Köln und im praxis – institut für systemische beratung süd verantwortlich für digitales Lernen und Lehren. https://www.praxis-institut.de/sued

Literatur

Wagner, Maximilian (2016). Entwicklung und Überprüfung eines konsolidierten Akzeptanzmodells für Lernmanagementsysteme. München: Ludwig-Maximilians-Universität.

11 Heutagogik – Didaktische Überlegungen zur Gestaltung von Online-Lehre

Christine Jablonski, Robert Baum und Dirk Rohr

In der COVID19-Pandemie sahen sich (Weiter-)Bildungseinrichtungen herausgefordert, (mehr oder weniger) neue Wege zu gehen, wollten sie den Lehretrieb aufrechterhalten. Selbstverständlich lassen sich auch für die Gestaltung von rein digitalen Lernarrangements gewisse Rückschlüsse aus vielen Jahren analoger Praxis ziehen. Dennoch glauben wir, dass es sich bei digitalen Weiterbildungsformaten eben nicht um einen bloßen Übertrag von analogen Formaten in eine digitale Infrastruktur im Sinne eines Ersatzformats handelt, sondern dass digitales Lehren und Lernen viel weitergehende Potenziale hat. Wir wollen hier der Frage nachgehen, welche Impulse und Rahmungen systemische, konstruktivistische oder auch humanistische Didaktiken für die Ausgestaltung und die Begründungszusammenhänge digitaler Lehr- und Lernformate anbieten.

Wir argumentieren im Folgenden vor allem mit dem Begriff der Viabilität im Sinne einer Passung, wenn wir diese Potenziale beschreiben und diskutieren. Zunächst gehen wir hierzu kurz auf unsere subjektive Wahrnehmung gegenwärtiger didaktischer Diskurse im systemisch-konstruktivistischen Feld ein, bevor wir die zahlreichen unterschiedlichen Zugänge, die uns als konkretes Institut (wir lehren am koelner-institut.de) prägen und ausmachen, diskutieren und in einen Zusammenhang bringen.

Theoretische Überlegungen zur digitalen Lehre als viablem Lehr-/Lernarrangement

»Mir scheint, dass alles, was man einen anderen lehren kann, relativ belanglos ist und wenig oder keinen relevanten Einfluss auf sein Verhalten hat. [...] Ich bin zu der Ansicht gekommen, dass die einzigen Lerninhalte, die Verhalten signifikant beeinflussen, selbst entdeckt, selbst angeeignet werden müssen. Solch ein selbst entdeckter Lerninhalt [...] kann einem anderen nicht direkt vermittelt werden« (Rogers, 1974, S. 153 f.).

Von Rank über Rogers in die ›digitale Welt‹

Wir möchten mit Otto Rank beginnen, der schon in den 1920er Jahren den Anspruch formulierte, seinen Klient*innen zu Aktivität, Unabhängigkeit und Willensstärke verhelfen zu wollen bzw. sie in einen Zustand zu versetzen, der dies ermöglicht. Die Probleme, weswegen Menschen in Therapie gingen, seien die gleichen, die die therapeutische Situation als solche charakterisierten: Die Therapeutin belasse den Patienten in Passivität, Abhängigkeit und Willensschwäche (vgl. Rohr, 2016).

Als didaktische Intention ist es für uns eine anschlussfähige Überlegung, wenn Rank schreibt: »Der einzige therapeutische Ausweg [...] ist also, das Individuum seine eigene Entwicklung und Befreiung selbst machen zu lassen« (1929, S. 87).

Bleiben wir zunächst auf dem humanistischen Pfad, so landen wir bei Carl Rogers' Überlegungen zur klient*innenzentrierten Therapie und Beratung – und deren systemischer Weiterentwicklung z. B. durch Kriz (1997) –, vor allem aber bei seinen Gedanken zur Didaktik. Ähnlich wie sein Therapiekonzept können auch seine diesbezüglichen Ideen, die er unter dem Titel »Lernen in Freiheit« (1974) entwickelt, durchaus als radikal gelten, vor allem in ihrem historischen Kontext: »Für mich ist Lehren eine ziemlich unwichtige und weitgehend überbewertete Tätigkeit, denn es basiert auf der Annahme, dass die Lehrperson weiß, was der Lernende benötigt« (Rogers, 1974, S. 114).

Lehrende sind aus Rogers' humanistischer Perspektive in erster Linie »Facilitator« (engl. to facilitate: erleichtern, ermöglichen, fördern). Rogers diskutiert die Unmöglichkeit, eine andere Person direkt zu instruieren oder auch nur Annahmen darüber anzustellen, was sie auf welche Weise lernen könnte und wollte. Diese Idee ist uns als systemisch Beratende ja ohnehin nicht allzu fremd. Rogers »Lernen in Freiheit« geht u. a. davon aus, dass Lernen persönliches Engagement einschließt, selbst-initiiert ist und von den Lernenden selbst bewertet wird (vgl. Rogers, 1974).

Ob Rank oder Rogers: Der Blick auf die Lernenden als aktive, selbstständige und selbst-motivierte (bzw. sich-selbst-motivierende) Personen prägt die Art und Weise, wie wir Lehren und Lernen in den Blick nehmen.

Bis hierhin müssen wir festhalten, dass diese Überlegungen nicht in erster Linie das Setting der Online-Lehre vor Augen haben und letztendlich zunächst nur auf dieses Format übertragen werden würden, was aus didaktischer Perspektive eine schwache Argumentation wäre. Wir gehen also noch einen Schritt weiter.

Wenn wir davon ausgehen, dass Lernen ein lebenslanger Prozess ist und dies als Prämisse für unsere Weiterbildungsangebote ansehen, dann scheinen digitale Formate für viele Menschen grundsätzlich ein besonders niedrigschwelliger, lebensnaher und attraktiver – und manchmal auch der einzig valide – Zugang zu qualitativ hochwertigen Weiterbildungen zu sein. So werden die Teilnehmer*innen von Online-Weiterbildungen wohl nicht zwangsläufig die alte, standortnahe Zielgruppe sein, die bisher angesprochen wurde. Es zeigt sich vielmehr, dass hier eine neue Zielgruppe mit neuen Ansprüchen und Bedarfen in Erscheinung tritt, auf die wir als Lehrende mit entsprechenden Serviceangeboten oder auch mit neuen Ansätzen eingehen müssen.

Werden wir, wenn wir Rogers beim Wort nehmen, als Lehrende also schon zu Facilitators bzw. Ermöglicher*innen, indem wir diesen Rahmen zur Verfügung stellen? Ganz so einfach ist es wohl nicht.

Ermöglichungsdidaktik, Heutagogik und die Frage nach der Passung

Auch im systemisch-konstruktivistischen Feld gibt es zahlreiche didaktische Überlegungen, die für Online-Lehrformate herangezogen werden können. Ein prominentes Modell ist das der Ermöglichungsdidaktik nach Rolf Arnold: Auch hier wird Abstand genommen von Fragen der konkreten didaktischen Aufbereitung bestimmter Lerngegenstände (Lehrkultur) zugunsten von Überlegungen, die die Lerner*innen in den Fokus rücken (Lernkultur) (vgl. Arnold, 2007; Arnold u. Schön, 2017). Lernen wird auch hier verstanden als aktive, selbst organisierte und gesteuerte, konstruktive und situierte Tätigkeit (Schüßler u. Kilian, 2017, S 83): »Mit einer solchen Sicht auf Lernprozesse können diese daher auch nicht vom Lehrenden i. S. didaktischer Linearität instruktionsmäßig geplant, sondern es kann lediglich ein Lernarrangement geschaffen werden, das die Aneignung signifikanter Wissensbestände ermöglicht und die Lernenden dabei in ihren Selbsterschließungsaktivitäten unterstützt« (ebd., 88). Die Anschlussfähigkeit an Rogers' Überlegungen liegt auf der Hand.

Während die Ermöglichungsdidaktik vor allem im deutschsprachigen Raum durch Rolf Arnold etabliert ist, wird in internationalen Kontexten unter ähnlichen Vorzeichen der Ansatz der »Heutagogy«, auf Deutsch Heutagogik, diskutiert. Die Heutagogik legt ein zentrales Augenmerk auf die Erforschung von selbstbestimmtem Lernen als ganzheitlichem, lebenslangem und selbstgesteuertem Prozess. Der Begriff geht zurück auf Hase und Kenyon (2001), die ihn in Anlehnung an das Konzept der Andragogik – der Wissenschaft des lebenslangen Lernens von Erwachsenen – entwickelt haben. Die Heutagogik nimmt in stärkerer Form die Lernkompetenzen, d. h. das Lernen des Lernens, in den Blick und befasst sich mit formellen wie eben auch mit nicht-formellen Lernformen. Die heutagogische Perspektive stellt den Versuch dar, eine zeitgemäße Antwort auf didaktische Herausforderungen der Gegenwart zu formulieren, da die »traditionellen Methoden der Gegenwart hierauf nicht umfassend reagieren können« (vgl. Pink University, o. J.).

Interessanterweise bedienen sich Hase und Kenyon »klassischer«, humanistischer Theoriefolien: »The idea that, given the right environment, people can learn and be self-directed in the way learning is applied is not new and has been an important humanistic theme[1]« (Hase u. Kenyon 2001, S. 3). Hier begegnet uns Carl Rogers also erneut. Nun darf man sicherlich nicht davon ausgehen, dass Rogers schon vor 40 Jahren Visionen über digitale Lehrformate hatte. Was sind nun also die »zeitgemäßen« Antworten aus der Heutagogik? Die Pink University gibt eine prägnante Antwort: »Die Heutagogik sieht den Erwachsenen als ›mündigen Lernenden‹, der ständig, pro-aktiv und aus eigenem Antrieb lernt, selbst die ›Quellen‹ auswählt, aus denen er selbst am besten – sprich: am schnellsten und effizientesten – das benötigte Wissen erwerben kann – ob das nun z. B. ein Fachbuch, ein Wikipedia-Artikel, ein Videotraining oder ein Gespräch mit einem versierten Kollegen ist« (Pink University, o. J.). In diesen Diskursen wird also stärker auf asynchrone Lernformate und vor allem auf den Einsatz digitaler Medien eingegangen. Dies geht so weit, dass die Heutagogik als »net-centric theory« begriffen wird, die sich die Vorteile des Internets in besonderer Weise zu Nutze macht: »With Web 2.0 as its supporting technological framework, heutagogy can now be seen as further developing pedagogy 2.0 (as defined by McLoughlin u. Lee, 2007): learners are self-directed to continue to learn on their own and can personalize their learning paths in the way they desire[2]« (Blaschke, 2012, S. 57). Gleichzeitig sollte die Heutagogik nicht als Gegenentwurf zu eher klassischen Formaten oder einer wie auch immer etablierten Pädagogik gelesen werden: »However, heutagogy should not be considered as being the prime method of learning for all situations. There still is an essential role for the more didactic, pedagogical, forms of teaching where the learner must develop certain skills or knowledge in order to get started in a completely new area. […] Heutagogy is not simply an alternative to pedagogy

---

[1] Übersetzung der Verfasser: »Die Idee, dass Menschen – innerhalb der geeigneten Umwelt – lernen können und sich selbst führen können in der Art und Weise wie das Lernen angewandt wird, ist nicht neu und ist weiterhin ein wichtiges Thema des Humanismus.«

[2] Übersetzung der Verfasser: »Mit dem Web 2.0 als zugrundeliegendes technisches Framework, kann Heutagogik nun als Treiber für weitere Entwicklungen der Pädagogik 2.0 angesehen werden (wie definiert bei McLoughlin u. Lee, 2007): Lernende sind selbstgeführt und können selbstständig weiterlernen und ihre Lernpfade nach ihren Wünschen und Vorstellungen personalisieren.«

and andragogy, but a useful extension that provides a valuable and different approach to learning³« (Hase u. Kenyon 2013, S. 11).

Wir stimmen hier gerne erneut zu: Asynchrone, digitale Lernformate sind weder ein Allheilmittel, noch aufgrund ihrer Gestalt automatisch zeitgemäßer, aber potenziell dennoch mehr als ein Ersatzangebot.

Heutagogik systemisch-humanistisch weitergedacht

Nachdem wir bisher also vor allem unterschiedliche didaktische Perspektiven auf die systemische Lehr- und Lernpraxis dargestellt haben, wollen wir nun der Frage nachgehen, was humanistische, konstruktivistische, systemische oder heutagogische Ansätze uns denn konkret an die Hand geben, wenn es um die Analyse digitaler Lehr- und Lernformate im systemischen Feld geht.

Als Ergebnis unserer bisherigen theoretischen Auseinandersetzung sehen wir die Aufgabe der Lehrenden vor allem darin, Lerngelegenheiten zu schaffen, in denen die Aneignung von Wissen durch selbstgesteuertes Lernen möglich ist und Lernende Vertrauen in die eigenen Fähigkeiten als Lernende und spätere systemische Berater*innen/Therapeut*innen entwickeln können.

Durch ein zirkuläres Wechselmodell (siehe Abb. 1) zwischen synchronen und asynchronen Lernphasen wechseln sich selbstorganisiertes und sozial situiertes Lernerleben ständig ab bzw. beziehen sich durch die zirkuläre Ausrichtung immer wieder aufeinander. Letztendlich bedient man sich hier eines Konzeptes, das in der Hochschuldidaktik seit ca. zehn Jahren als Flipped-Classroom- oder Inverted-Classroom-Modell als innovatives didaktisches Lehrkonzept Anwendung findet (siehe Rohr, 2016; den Ouden u. Rottlaender, 2016 sowie https://zhd.uni-koeln.de): Inhalte, die bislang in Vorlesungen oder Seminaren vermittelt wurden, werden nun z. B. auch durch Videos vermittelt. Die Studierenden bzw. Weiterbildungseilnehmer*innen schauen sich diese Videos selbstständig an und erschließen sich die Inhalte darüber hinaus unter Rückgriff auf selbst recherchierte Quellen: »Sie entscheiden, welche Form der Wissenserschließung die effizienteste ist« (Schüßler u. Kilian 2017, S. 91) oder – noch einmal ganz heutagogisch formuliert: »The essence of heutagogy is that in some

---

3 Übersetzung der Verfasser: „Dennoch sollte Heutagogik nicht als die optimale Lernmethode für jegliche Situationen angesehen werden. Es exisitiert nach wie vor die essentielle Rolle eines mehr didaktischen, pädagogischen Lehrformats, in dem die Lernende bestimmte Fähigkeiten erlernen und sich bestimmtes Wissen aneignen muss, um in einem völlig neuen Gebiet einen Anfang wagen zu können. (…) Heutagogik ist nicht einfach nur eine Alternative zu Pädagogik und Andragogik, sondern eine nützliche Erweiterung, die einen wertvollen und andersartigen Zugang zu Lernen ermöglicht.

learning situations, the focus should be on what and how the learner wants to learn, not on what is to be taught[4]« (Hase u. Kenyon, 2013, S. 7).

In der synchronen Veranstaltung werden die erarbeiteten Inhalte vertieft und weitergehend diskutiert. Diese Phase dient somit vor allem dem reflexiven Austausch und der kollaborativen Vertiefung; ergänzt wird diese Phase dann durch ein Peer-Learning-Format, indem die Inhalte geübt, in Beziehung zueinander gestellt und diskutiert werden (vgl. Rohr, 2016; den Ouden u. Rottlaender, 2016).

Eine synchrone Weiterbildungssitzung als Teil eines themenspezifischen Moduls dient also nicht mehr vorrangig dazu, einen vorher umrissenen Inhalt auf eine spezifische Weise zu erschließen. Heutagogisch argumentiert, entsteht durch die diversen, pro-aktiv und selbstständig entwickelten Zugänge der Teilnehmer*innen vielmehr eine Vielfalt von Perspektiven, Wahrnehmungen und Eindrücken. Aus systemisch-konstruktivistischer Perspektive erscheint das doppelt interessant: Einerseits vor dem konkreten thematischen Hintergrund des Moduls, andererseits als Beobachtungsmöglichkeit von Wirklichkeitskonstruktionen.

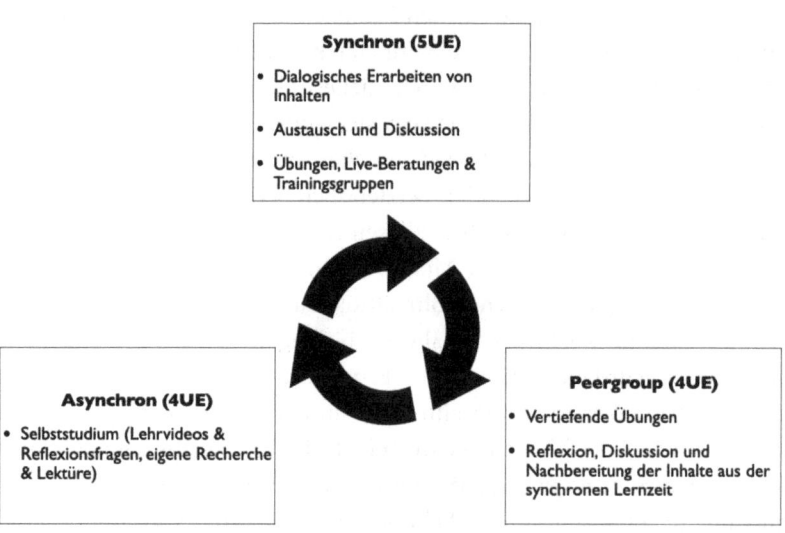

Abb. 1: Entwurf eines zirkulären Online-Lernarrangements

---

4 Übersetzung der Verfasser: »Die Essenz der Heutagogik liegt darin, dass in manchen Lernsituationen der Fokus darauf liegen sollte, was und wie die Lernende lernen will, und nicht darin, was zu lehren sei.«

Die Aufgabe der Lehrenden besteht hierbei zum einen in der Planung, Begleitung und Evaluation der Lerneinheiten und der Zurverfügungstellung geeigneter Materialien für den asynchronen Lernprozess und zum anderen in der kontinuierlichen Auseinandersetzung mit sich selbst als Systembeteiligte und gleichzeitige Beobachter*innen des Lernsystems, sowie als Verantwortliche für den Lernprozess.

Lernen wird aber nicht nur durch Interaktion und aktive Teilnahme erzeugt, sondern vor allem auch durch Irritation (Perturbation) ermöglicht:

»Von außen kommende Interventionen (z. B. Lehrinputs) können zwar im Gehirn Strukturveränderungen im Sinne von Lernen auslösen, diese werden aber nur in der Form von Perturbationen, also Irritationen der kognitiven Strukturen wahrgenommen und entsprechend weiterverarbeitet« (Schüßler u. Kilian, 2017).

In der gewohnten Präsenzlehre besteht u. E. die Gefahr, dass die vor Ort Beteiligten eine zu klare oder starre Vorstellung ihrer Rolle (sowohl als Teilnehmende als auch als Lehrende) haben und vornehmlich aus gewohnten Erwartungserwartungen heraus agieren. Soll heißen: In der gewohnten Präsenzlehre ist der Kontext und der (physische) Raum in der Regel viel klarer umrissen und damit einhergehend auch meine Rolle als Lehrende*r oder Teilnehmer*in; ich kenne das »Drehbuch Weiterbildung« und verhalte mich entsprechend meiner Muster und Überzeugungen, meiner eigenen best/viable practice im Umgang mit dem Format. Hier kommt eine Gruppe zum Lernen zusammen und ich werde mich auf folgende Art und Weise zu verhalten haben bzw. verhalten wollen.

Im Online-Format hingegen kann ich (noch) nicht auf entsprechende Informationen zurückgreifen und muss mir eine praktikable Rolle noch erarbeiten. Dies ist natürlich vor allem dann der Fall, wenn ich bisher vor allem analog gelernt habe. Das virtuelle Setting stellt somit eine Irritation meiner bisherigen/gewohnten Lern-Lehrerwartung dar und ermöglicht so eine neue Art der Lernerfahrung und der Auseinandersetzung mit mir selbst. Die Offenheit des (virtuellen) Systems ermöglicht (lebenslange) Lernprozesse durch die Reflexion von Einstellungen bzw. das De- und Rekonstruieren von eigenen Wirklichkeiten *bei minimaler Bedrohlichkeit* in der Auseinandersetzung mit mir selbst, den anderen Weiterbildungsteilnehmer*innen und den Weiterbildungsinhalten.

Die Heutagogik spricht in diesem Zusammenhang von »Bifurkationspunkten«: »Diese entstehen durch irritierende Erfahrungen bzw. Fluktuationen eines Systems, wenn an dieser Stelle dann das System in ein neues dynamisches System ›kippt‹, das nicht mehr als Fortsetzung bisheriger Muster interpretierbar ist« (Schüßler u. Kilian, 2017, S. 91). Eine virtuelle Veranstaltung erzeugt in diesem Sinne eine Gleichzeitigkeit von vertrautem, stabilem Raum (z. B. das eigene Zuhause) und der Lern-/Lehrveranstaltung mit all ihren Herausforderungen und Irritationen.

Senninger beschreibt in seinem Lernzonenmodell (2002) drei Zonen: die Komfortzone, die Lernzone und die Panikzone. Weder in der Komfort- noch in der Panikzone ist Lernen möglich. Wenn wir dieses Modell zugrunde legen und davon ausgehen, dass nur in der Lernzone (Irritations-)Lernen möglich ist, mag es mir in meinem eigenen Safe Space viel besser gelingen, mich auf herausfordernde oder verstörende Erfahrungen einzulassen, ohne in die Panikzone zu geraten. Aber wir erzeugen hier nicht nur eine Gleichzeitigkeit von Lernzonen, sondern auch eine Gleichzeitigkeit von Rollen. Ich bin gleichzeitig Privatperson in meinen eigenen vier Wänden und Teilnehmer*in in einer Weiterbildung. Wir behaupten also: Durch den virtuellen Raum entsteht eine räumliche und rollenspezifische Gleichzeitigkeit (Sowohl-als-auch vs. Entweder-oder), die sich in der Präsenzlehre so wohl gar nicht abbilden ließe.

»Digital ist besser – für mich (?)« – Fazit und Ausblick

In unserem Beitrag haben wir versucht darzustellen, warum Online-Formate aus didaktischer Perspektive mehr sein können als ein bloßes Ersatzangebot zu bisherigen, präsenzbasierten Lernarrangements. Wir glauben, dass sowohl aus theoretischer Perspektive als auch vor dem Hintergrund unserer konkreten Praxiserfahrungen die Behauptung aufgestellt werden kann, dass Online-Formate in besonderem Maße *viabel*, d. h. ›passend‹ sowohl für die Lernenden als auch für die Lehrenden sein können. Die Gleichzeitigkeit von gewohntem Rahmen und Perturbation, die Möglichkeit des Ausprobierens und Findens eigener Zugänge und Schwerpunktsetzungen jenseits starrer Curricula und eine minimale Bedrohlichkeit sind u. E. gute Argumente für digitale Formate.

Dennoch liegt es uns fern, digitale Formate als Weiterentwicklung von analogen Formaten zu sehen. Manche Inhalte sind in der konkreten, analogen Interaktion sicherlich mindestens genauso gut aufgehoben – dem stimmen die »net centric« Heutagogiker*innen selbst zu. Dennoch sollten sich Weiterbildungseinrichtungen, Institute und andere Träger ergebnisoffen die Frage stellen, ob eine onlinebasierte Lehre – auch außerhalb von Pandemiezeiten – eine *viable practice* darstellen kann.

Autor*innen

Christine Jablonski ist Lehrende für systemische Beratung (DGSF), systemische Beraterin (DGSF) und Marte-Meo-Therapeutin.
Sie ist als Freiberuflerin in unterschiedlichen Beratungs-, Lehr- und Weiterbildungskontexten tätig. Im Kölner Institut für Beratung und pädagogische Professionalisierung konzipiert und leitet sie Weiterbildungen zur systemischen Beraterin.

Robert Baum ist Sonderpädagoge, Systemischer Berater (DGSF) und am Kölner Institut Lehrender Systemischer Berater (DGSF) in Ausbildung. Er arbeitet als wissenschaftlicher Mitarbeiter im Arbeitsbereich Beratungsforschung der Universität zu Köln und als Lehrkraft an einer Kölner Berufsfachschule. In der Vergangenheit war er in unterschiedlichen Kontexten der Erwachsenenbildung unterwegs und hat mehrere Jahre Berufserfahrung in der aufsuchenden systemischen Familien- und Erziehungshilfe.

Dirk Rohr, Gestalttherapeut, systemischer Berater und Lehr-Supervisor (DGSv/DGSF), ist Akademischer Direktor und Leiter des Arbeitsbereichs Beratungsforschung und des Zentrums für Hochschuldidaktik an der Humanwissenschaftlichen Fakultät der Universität zu Köln sowie Institutsleiter des »koelner institut für Beratung & pädagogische Professionalisierung«. Nach seiner Promotion über das systemisch-humanistische Konzept der Analysen Innerer Dialoge erhielt er 2004 den Ruf auf die Professur für Kommunikation in pädagogischen Handlungsfeldern der Universität Oldenburg. Seit 2018 ist er Herausgeber der Reihe Beratung, Coaching, Supervision im Carl-Auer-Verlag; seit 2019 Präsident der European Association for Counselling (EAC) und im Vorstand der International Association for Counselling (IAC). koelner-institut.de

Literatur

Arnold, R. (2007). Grundlagen einer Ermöglichungsdidaktik. Bildung ermöglichen – Vielfalt gestalten. Augsburg: Ziel.
Arnold, R., Schön, M. (2017). Ermöglichungsdidaktik und die Unmöglichkeit Beratung zu lehren. In D. Rohr (Hrsg.).: Kontext. Schwerpunktheft Aus- und Weiterbildung in Beratung. 3, 243–252.
Baum, R., Jablonski, C., Rohr, D. (2021),: Systemisch online lehren – mehr als ein Plan B? In: Zeitschrift für systemische Therapie und Beratung 39 (3), S. 134–142.
Blaschke, L. M. (2012). Heutagogy and Lifelong Learning. A Review of Heutagogical Practice and Self-Determined Learning. In: International Review of Research in Open and Distance Learning 13 (1), 56–71.
Bollinger, J. (2020). Grundlagen der Transaktionsanalyse. Norderstedt: Books on Demand.

Hase, S. Kenyon, C. (2001). Moving From Andragogy to Heutagogy: Implications for VET. Graduate College of Management Papers.

Hase, S., Kenyon, C. (2013). Heutagogy Fundamentals. In: S. Hase, C. Kenyon. Self-Determined Learning. Heutagogy in Action (S. 7–17). London: Bloomsbury Academic.

Höcker, M.; Baum, R., Rohr, D., Stein, C. (2021; im Druck): Spiel mit Hüten statt Hütchenspiel. Systemische Lehrpraxis als Spiel mit dem Lehr-Lern-Kontext. In: A. Goll-Kopka, H. Lindemann, S. Trumpa (Hrsg.): Systemische Lehre an Hochschulen – Praktische Impulse für Methodik und Didaktik. Göttingen: Vandenhoek & Ruprecht

Höcker, M.; Hummelsheim, A., D. Rohr (2017). »Don't play what's there. Play what's not there.« – Vom Spielen beim Beraten und in der Beratungslehre. In: D. Rohr (Hrsg.): Kontext Schwerpunktheft Aus- und Weiterbildung in Beratung. 3, 278–291.

McLoughlin, C., Lee, M. (2007). Social software and participatory learning: Pedagogical choices with technology affordances in the Web 2.0 era. Proceedings ascilite Singapore 2007.

McLoughlin, Catherine & Lee, Mark. (2007). Social Software and Participatory Learning: Pedagogical Choices with Technology Affordances in the Web 2.0 Era. ICT: Providing choices for learners and learning. Proceedings ascilite Singapore 2007.

Pink University (o. J.): Heutagogik für eine moderne Weiterbildungskultur. URL: https://www.pinkuniversity.de/blog/heutagogik-fuer-eine-moderne-weiterbildungskultur/ (Zugriff am 03.12.2021)

Rank, O. (1929). Technik der Psychoanalyse. Leipzig: Franz Deuticke.

Rogers, C. R. (1974). Lernen in Freiheit. München: Kösel.

Rohr, D., Baum, R. (2019): Professionalisierung als narratives Identitätsprojekt. Selbsterzählungen als Forschungszugang und Reflexionsinstrument. In: Zeitschrift für systemische Therapie und Beratung, 37 (4), 155–164.

Rohr, D. (Hrsg.) (2017). Kontext – Zeitschrift für Systemische Therapie und Familientherapie. Schwerpunktheft Aus- und Weiterbildung in Beratung. 3. Göttingen: Vandenhoek & Ruprecht.

Rohr, D.; den Ouden, H., Rottlaender, E.-M. (2016). Hochschuldidaktik im Fokus von Peer Learning und Beratung. Weinheim: Beltz

Rohr, D.; Hummelsheim, A., Höcker, M. (Hrsg.) (2016). Beratung lehren – Erfahrungen, Geschichten, Reflexionen aus der Praxis von 30 Lehrenden. Weinheim: Beltz

Rohr, D. (2016). Eine kleine Theorie-Einführung in Systemische und Humanistische Ansätze am Beispiel des Inneren Teams. Mit Begleittexten von Friedemann Schulz von Thun, Bernd Schmid und Jürgen Kriz. Weinheim: Beltz

Schüßler, I., Kilian, L. (2017). Zum Wandel akademischer Lehr-Lernkulturen: Von erzeugungs- zu ermöglichungsdidaktischen Lehr-Lernarrangements. In: H. R. Griesehopp, H. R., E. Bauer, E. (Hrsg.): Lehren und Lernen online. Lehr- und Lernerfahrungen im Kontext akademischer Online-Lehre. 83–109.

Senniger, T. (2002): Abenteuer leiten – in Abenteuern lernen. Methodenset zur Planung und Leitung kooperativer Lerngemeinschaften für Training und Teamentwicklung in Schule, Jugendarbeit und Betrieb. Münster: Ökotopia.

IV Tools, Formate und Methoden

Susanne Nadler/Jakob Bantleon: Videos für Online-Weiterbildungen und Selbstmarketing — 127

Immer mehr Inhalte werden über Videos vermittelt. Ist es möglich, Videos selbst herzustellen? Welche technischen Voraussetzungen benötigen Sie dafür und welche Vorüberlegungen müssen Sie anstellen?

Die Video-Expert*innen **Susanne Nadler** und **Jakob Bantleon** erläutern in ihrem Beitrag, wie Sie eigene Videos produzieren können. Für den Aufbau und die technischen Voraussetzungen müssen Sie weder Unmengen Geld ausgeben, noch ein technisches Studium bewältigen. Experimentierfreude und ein paar Anschaffungen reichen.

Stefan Wierzbitza: Hörenswert! Podcasts für Beratende und Coaches — 137

Haben Sie schon mal darüber nachgedacht, Ihre spannenden Inhalte in Form von Podcasts zu verbreiten?

Der systemische Berater, Podcast-Nutzer und -Ersteller **Stefan Wierzbitza** stellt dieses expandierende Format vor. Er erläutert, welche Möglichkeiten Podcasts bieten, nennt Beispiele für erfolgreiche Podcasts im Bereich Coaching/Beratung, gibt zahlreiche praktische Tipps und ermutigt, Podcasts als Darstellungsform für systemische Inhalte in Betracht zu ziehen.

Holger Lindemann: Online-Figurenaufstellung mit PowerPoint — 148

Wie können Sie Systemaufstellungen online gestalten?

In seinem Youtube-Channel Dr Hollisons Systemisches Denklabor stellt Prof. Dr. **Holger Lindemann** eine von ihm erstellte PowerPoint-Präsentation vor, die im Rahmen von digitaler Beratung eingesetzt werden kann. In seinem Beitrag erläutert er, wie mit Hilfe dieser günstigen und einfach zu nutzenden Lösung Systemaufstellungen digital umgesetzt werden können.

Clara Stein/Dirk Rohr: Die digitale Erstellung von Genogrammen – mit der InGeno-App — 157

Wie lassen sich Genogramme online erarbeiten und darstellen?

An der Universität Köln wurde im Rahmen eines Forschungsprojekts eine App entwickelt, die ausgehend von den Wünschen systemischer Praktiker*innen die Erstellung von Genogrammen ermöglicht. **Clara Stein** und **Dirk Rohr** stellen die Möglichkeiten der mittlerweile programmierten App vor.

169 | **Prof. Dr. Elke Berninger-Schäfer/Hannah Süß: Online-Coaching mit der CAI® World**
Gibt es vorbereitete digitale Umgebungen für Ihr Online-Coaching?

Prof. Dr. **Elke Berninger-Schäfer** und **Hannah Süß** stellen Ihnen in ihrem Beitrag die CAI-World vor – ihre Coaching-Plattform, die Ihnen einen kompletten Rahmen für Ihre Coachings bieten will. Die CAI-World steht damit beispielhaft für Entwicklungen, die es in Zukunft wohl mehr und mehr geben wird. Statt sich selbst verschiedene Tools und Methoden für ihre digitale Praxis anzueignen, können sich Berater*innen mit ihren Klient*innen in einem fertig programmierten digitalen Setting bewegen.

12 Videos für Online-Weiterbildungen und Selbstmarketing

Susanne Nadler und Jakob Bantleon

Mehr denn je hat sich im Zuge der Digitalisierung der Wissenstransfer mittels Videos etabliert. Besonders Coaches, Berater*innen und Therapeut*innen können durch selbst erstellte Videos Inhalte vermitteln, mit ihren Klient*innen kommunizieren, sich optimal präsentieren und damit Kundenbindung schaffen und aufrechterhalten. Wie lassen sich Inhalte und Beratung mittels Bewegtbild verständlich und authentisch präsentieren und zwar so, dass Coaches, Berater*innen und Therapeut*innen eine persönliche Bindung zu ihren Klient*innen schaffen? Mit Videos können Systemiker*innen ihre Inhalte präsentieren, eine eigene Marke aufbauen, weitreichende Aufmerksamkeit und somit eine effektive Kundenakquise generieren. In diesem Beitrag werden Ihnen Vorbereitung, Technikgrundsätze und Möglichkeiten der Umsetzung vorgestellt.

Die Digitalisierung stellt Berater*innen und Lehrende vor neue Herausforderungen, denn Klient*innen suchen verstärkt online nach Weiterbildungs-, Coaching- und Therapieangeboten.

Was brauchen systemische Berater*innen, um ihre Inhalte online genauso gut – oder vielleicht sogar besser – zu präsentieren als offline? Wie können Systemiker*innen ihre Arbeit als Marke im digitalen Markt vermitteln?

Videos bieten große Vorteile: Durch die visuelle Darstellung einer Person und eines Sachverhaltes wird mehr Aufmerksamkeit generiert als bei reinem Text. Da das Medium gleich zwei Sinne anspricht, schafft es eine auditive und visuelle Erfahrung für Nutzer*innen. Im Storytelling eines Filmes erzeugen die Kombination von Bild und Ton mehr direktes Erleben und tendenziell stärkere Gefühle bei Betrachtern. Sowohl das Gehirn als kognitives Entscheidungszentrum, als auch das Herz, der Sitz der Emotionen, werden angesprochen und können mit den Inhalten und der Person, die diese Inhalte präsentiert, in Verbindung gebracht werden. Der Betrachter kann die Vortragende quasi persönlich kennenlernen und Vertrauen aufbauen. Berater*Innen können durch die Gestaltung des Videos auf individuelle Weise mit den Klient*innen kommunizieren.

Welche Vorteile hat das Einbinden von Videos auf der eigenen Homepage?

- User verweilen länger auf der eigenen Homepage.
- Die Abmeldequoten aus Mailinglisten sind geringer.
- Inhalte werden besser akzeptiert.
- Ein direktes Ansprechen spezifischer Zielgruppen ist möglich.
- Die Implementierung auf großen Plattformen und Kanälen (Facebook, YouTube, Instagram etc.) gelingt hervorragend.
- Projekte lassen sich gut skalieren.
- Es ist möglich, ein großes Publikum mit breiter Streuung zu erreichen.
- Das Gegenüber wird emotional angesprochen.
- Suchmaschinenoptimierung ist möglich, damit die eigene Website z. B. bei Google im Ranking erscheint.
- YouTube und andere Plattformen liefern den Werbetreibenden umfangreiche Statistiken und Angaben zu den Nutzer*innen und deren Verhalten.

Optimale Videos: Länge und Inhalt

Bevor man sich über Länge und Inhalt konkrete Pläne macht, ist es ratsam sich über das Format seiner Videobotschaften klar zu werden. Um Ihnen einen kurzen Überblick zu verschaffen, welche Videoformate sich für Sie eignen könnten, hier ein kurzer Überblick:

Videoarten im Überblick

1. Der Imagefilm stellt Ihre Person/Ihr Unternehmen vor.
2. Das Recruiting-Video hilft Ihnen, die richtigen Mitarbeiter*innen zu finden.
3. Das animierte Erklärvideo kann komplexe Zusammenhänge einfach darstellen.
4. Das Produktvideo präsentiert Ihr Produkt und dessen Vorteile.
5. Der Messefilm stellt Ihr Unternehmen auf Messen ohne Ton vor.
6. Das Social Media Video eignet sich als eine kurze Botschaften an Ihre Follower.
7. Das Interview oder der Talk zeigt Sie im Gespräch mit anderen Expert*innen.

Für Berater*innen eignen sich am besten kurze Videos mit einer Länge zwischen einer Minute und maximal sieben Minuten. Längere Videos mit Inter-

views und thematisch interessanten Vorträgen können auch bis zu 30 Minuten lang sein. Für eine direkte Ansprache eines zukünftigen Klienten eignen sich am besten zwei Formen der Videokommunikation:
1. Eine Kurzvorstellung der eigenen Person, der USPs, der beruflichen Spezifikation und Absichten, die auf der Startseite der Website präsentiert werden.
2. Mehrere kurze Videoclips mit Tipps und mehrwertigen Inhalten, die Klient*innen Sicherheit und eigene Handlungsfähigkeiten für Probleme an die Hand geben.

Z. B. könnten dies Videoclips sein, die Betrachter*innen einen kostenlosen Mehrwert bieten, wie z. B. »Fünf Skalierungsfragen für mehr Klarheit« oder »Fünf hypothetische Fragen für ein besseres Selbstwertgefühl« o. Ä.

Sechs Schritte für einen gelungenen Videodreh

1. Schritt: Sie und Ihr Zustand

Wie wirken Sie am besten vor der Kamera und wie kommen Sie in einen Zustand, in dem Sie überzeugen können?

Der wichtigste Aspekt eines Videos zur Ansprache von Klient*innen ist es, authentische Botschaften zu vermitteln und diese in einem seriösen, glaubhaften und ebenfalls authentischen Auftritt zu präsentieren. Jemandem, der auf uns authentisch wirkt, schreiben wir automatisch Glaubwürdigkeit zu. Die Begriffe Authentizität und Glaubwürdigkeit sind deshalb immer eng miteinander verbunden. Zusammengefasst heißt das, dass ein Mensch dann authentisch ist, wenn sein Handeln nicht durch äußere Einflüsse bestimmt wird, sondern in der Person selbst begründet liegt.

All dies wird Sie vermutlich aus Ihrer Komfortzone holen, denn Sie müssen sich Fragen stellen, wie: »Was drückt meine Körperhaltung aus?«, »Wie klingt meine Stimme?« etc.

Vor der Kamera werden viele Ihrer Facetten sicht-, hör- und fühlbar. Jede Bewegung, jede Sekunde des Zögerns, jedes Räuspern und jedes »Ähm« zählt. Um hier in eine gelassene Selbstsicherheit zu finden, eignet sich für Berater*innen ohne Videoerfahrung durchaus ein professionelles Kameratraining, in dem Ihre Stärken herausgearbeitet werden. Aber auch ein wenig Übung und die Überwindung, sich selbst im Video sehen zu müssen, tragen zu besserer Selbstakzeptanz bei, so dass viele schnell Spaß daran bekommen, Botschaften mittels eines Videos zu transportieren.

2. Schritt: Eine gute Kamera

Braucht es eine professionelle Kamera und wie geeignet ist ein Smartphone?

Zunächst ist es nötig, sich Gedanken zu machen, wie umfangreich und regelmäßig die zukünftige Ansprache der Klient*innen per Videoclip stattfinden soll. Je umfangreicher und komplexer die Videoaufnahmen, umso besser sollte die Kamera sein.

Vor- und Nachteile von Smartphones:
- \+ Keine Anschaffungskosten, da Sie wahrscheinlich bereits eines besitzen
- \+ Es ist überall da, wo Sie auch sind – kurze Botschaften können an fast jedem beliebigen Ort aufgenommen und ausgespielt werden
- \+ Smartphones der aktuellen Generation sind mit guten, hochauflösenden Kameras ausgestattet
- \+ Videos können direkt auf Social Media und YouTube hochgeladen werden
- − Die Nachbearbeitung von Videos ist nur begrenzt möglich
- − Es gibt kaum individuelle Einstellungsmöglichkeiten
- − In der Regel gibt es nur eine fixe Blende, die nicht verstellbar ist
- − Handys sind oftmals lichtschwach und verfügen über
- − wenig Tiefenschärfe

Fazit: Je mehr Kontrolle über Bild und Ton Sie sich wünschen, desto wichtiger wird eine professionelle Videokamera, bzw. ein guter Camcorder.

Vor- und Nachteile einer Videokamera:
- \+ Aktuelle Modelle verfügen über eine sehr gute Bild/Tonqualität, sowie eine brillante Bildauflösung
- \+ Das Videosetting kann aufgebaut bleiben – das erspart erneutes Justieren
- \+ Es gibt viele Anschlussmöglichkeiten wie z. B. einen externen Kontrollmonitor, Licht, Mikrofon etc.
- \+ Viele Modelle verfügen über ein drehbares Display für zeitgleiches Kontrollieren der Aufnahme
- \+ Speicherplatz und Akkulaufzeit sind in der Regel erweiterbar
- \+ Videokameras verfügen über einen optischen Zoom
- − Günstige Modelle haben keine manuelle Schärfeneinstellung
- − Günstige Modelle haben nur wenige Anschlüsse
- − Die Anschaffungskosten sind höher
- − Die Bedienung ist komplexer und hält Sie als fachfremde Person evtl. vom eigenen Videodreh ab

Vor- und Nachteile einer Webcam:
+ Die Handhabung ist sehr einfach
+ Externe, qualitativ hochwertige Webcams sind günstig in der Anschaffung
+ Das Videosetting kann aufgebaut bleiben und erspart erneutes Justieren
+ Sie ist einfach an einen Monitor anschließbar, ein gutes Kontrollieren der Liveaufnahme ist möglich
+ Optimal geeignet für Livestreaming
− Nur mit einem Computer einsetzbar
− Der Ton muss über den Computer geregelt werden
− Sie ist nur fixiert an einem Ort verwendbar und damit für den mobilen Einsatz ungeeignet

3. Schritt: Gutes Licht

Welches Licht braucht man für welche Videoaufnahme und wie wird Licht richtig verwendet?

Gutes Licht ist bei allen Videoaufnahmen das A und O. Da unsere Augen Licht unterschiedlich zu einer Kameralinse aufnehmen, braucht eine Kamera deutlich mehr Licht, um realistische, strahlende Bilder aufzunehmen. Sollten Sie Ihre Videoaufnahmen in Ihrem Büro oder an einem Arbeitsplatz aufnehmen, beachten Sie die Tageslichtverhältnisse und bedenken Sie, dass sich Licht und Tageszeit ständig verändern. Sorgen Sie dafür, dass Fenster und Lichtquellen immer vor Ihnen platziert sind. Um eine gleichmäßige Qualität der Videoaufnahmen zu erhalten, empfiehlt es sich deshalb, so viel Kontrolle wie möglich über die Lichtverhältnisse zu haben.

Für jedes Szenario gibt es die richtige Lichteinstellung. Möchten Sie Ihre Klient*innen nur mit einer kleinen persönlichen Message ansprechen, reicht schon eine kleine Ringleuchte vor Ihrer Webcam, die Sie an Ihren Monitor klemmen. Wenn Sie einen qualitativ höheren Auftritt planen, ist ein umfangreicheres Lichtsetting mit mindestens drei Lampen vorzuziehen. Auch empfiehlt es sich hier, die Lampen mit einer sogenannten Softbox zu versehen, da Lampen ohne Filter sehr hartes Licht abgeben, was zu Schattenbildung führt. Eine harmonische Streuung von Licht resultiert in weicheren Kontrasten.

▶ **Kleines Budget: Ringleuchten**
Ringleuchten beleuchten Ihr Gesicht, aber nicht den Raum hinter Ihnen. Wenn Sie ein Video aufnehmen, in dem der Hintergrund keine Rolle spielt, ist eine Ringleuchte ein günstiges Leuchtmittel. Meist werden diese Ringleuchten direkt per Stativ oder Klemme vor der Kamera platziert und können mittel USB- oder

Stromanschluss geschaltet werden. Ihre gleichförmige Ausleuchtung ist für Aufnahmen optimal, wenn man nahe vor der Kamera sitzt und eine einfache, gleichmäßige Ausleuchtung wünscht. Allerdings haben Ringleuchten oft keine Helligkeitskontrolle und das kann wiederum zu harten Kontrasten führen. Licht ohne Filter wird hartes Licht genannt und gibt dem persönlichen Ausdruck zum Teil ein unnatürliches Aussehen.

▶ **Höheres Budget: Lampen Sets**

Im Internet und im Handel werden Studio-Lampen-Sets bereits zwischen 70–250,– Euro angeboten. In diesen Sets ist alles enthalten, was Sie für eine professionelle Videoaufnahme benötigen. Oft enthalten diese Sets große, fluoreszierende Lampen und verschiedene Filtermaterialien. Spezielle Stative machen den Aufbau einfach und bieten bessere Lichtleistung. Achten Sie beim Kauf darauf, dass die Lampen Schalter haben, mit denen Sie die Leuchtstärke und Farbtemperatur kontrollieren können. Das gibt Ihnen mehr Kontrolle über die Gesamtbeleuchtung der Szene. Ich rate hier zu einem Set bestehend aus drei Lampen. Die oben erwähnten Softboxen, die den Vorteil einer blendfreien und gleichmäßig weichen Ausleuchtung haben, sind meist schon dabei.

▶ **Für bessere Aufnahmen mit mehreren Lampen: Die Dreipunktbeleuchtung**

Die sogenannte Dreipunktbeleuchtung ist ideal für Interviews, Werbevideos, Webinare und viele andere Aufnahmesituationen (Abb. 1).

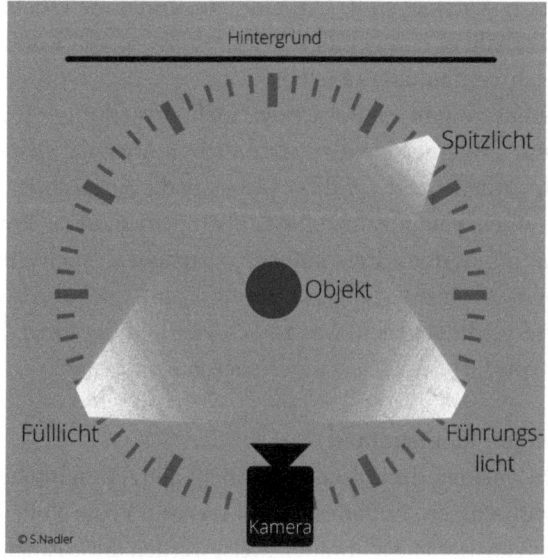

Abb. 1: Dreipunktbeleuchtung

Das Führungslicht ist dabei das stärkste und wichtigste, es legt die Richtung fest, aus der »das eigentliche Licht« kommt. Das Führungslicht steht in einem Winkel von etwa 45 Grad neben der Kamera. Außerdem wird das Führungslicht leicht von oben gesetzt, da auch natürliches Licht, wie die Sonne, immer von oben scheint.

Um die dunklen Bereiche optimal aufzuhellen, wird die Aufhellung auf der anderen Seite der Kamera (dort wo die Schatten sind) mit dem Fülllicht nun in einem Winkel zwischen 15–60 Grad zur Kamera-Objekt-Achse positioniert. Die Helligkeit sollte 50–100 % des Führungslichtes haben.

Wenn man eine Person vor der Kamera filmt, erzeugt das Spitzlicht einen leuchtenden Lichtkranz, der sich vom Hinterkopf bis zu der Schulterpartie erstreckt. Dadurch wird die dreidimensionale Struktur des Objekts deutlicher hervorgehoben und es entsteht gleichzeitig mehr Tiefe und Glanz im Bild.

4. Schritt: Guter Ton

Welches Mikrofon braucht man und wie wird das Mikro richtig verwendet?

Wer seine Videos vor dem PC mittels Webcam aufnehmen möchte, bekommt eine ausreichende Qualität schon mit einer guten Webcam der neuesten Generation. Speziell für Videokonferenzen gibt es auf dem Markt akzeptable Modelle mit hoher Auflösung und einem guten, integrierten Mikrofon.

Für mobile Videoaufnahmen mit dem Smartphone oder auch bei Aufnahmen an einem festen Setting sollte man allerdings unbedingt ein externes Mikrofon benutzen.

Der sichere Weg zu einem guten Ton ist ein sogenanntes Lavaliermikrofon, welches per Kabel am oberen Hemd-/Blusenkragen befestigt und dann mit Kamera/Smartphone verbunden wird. Hier ist auf jeweils passende Anschlüsse zu achten. Der Vorteil von Lavaliermikrofonen ist ein guter, satter Ton, der störende Hintergrundgeräusche fast komplett ausblendet. Es gibt auch kabellose funkübertragende Lavaliermikrofone ab ca. 200,– Euro im Fachhandel. Ein Nachteil dabei ist, dass diese mittels Akkus funktionieren und vor den Aufnahmen immer auf einen ausreichenden Akkustand geachtet werden muss. Dafür aber kann man sich auch mehrere Meter (+/–60 Meter) von der Kamera wegbewegen und erhält immer noch einen guten Ton.

5. Schritt: Die passende Umgebung

Wie wirkt sich der Hintergrund und die Umgebung auf Videos aus und welche Umgebung eignet sich nicht?

Ein guter Videohintergrund wird Ihr Thema und Ihre Botschaft unterstreichen und die Zuschauer animieren, dranzubleiben. Auch hier gilt: Für jedes Videoprojekt gibt es den perfekten Hintergrund. Allerdings sollte der Hintergrund das sein, was der Name sagt: Hintergrund. Denn Sie stehen im Fokus, der Hintergrund sollte Sie dabei lediglich unterstützen und nicht von Ihnen ablenken.

Schaffen Sie sich eine Umgebung, wo Sie Gestaltungsspielraum haben, aber wählen Sie – egal, ob Sie im Sitzen oder im Stehen sprechen – einen klaren Hintergrund. Starten Sie ruhig vor einer einfachen weißen oder dezent farbigen Wand. Vielleicht ist eine passende Wandtapete für Sie eine gute Option.

▶ **Achten Sie bitte auf Folgendes, wenn Sie Ihr Büro oder Ihren Beratungsraum als Hintergrund wählen:**
- Wachsen Ihnen Dinge aus dem Kopf?
- Ist der Sicherungskasten/das Katzenklo zu sehen?
- Lenken Gegenstände von Ihnen ab?

Wenn Sie Ihre Videos im Outdoorbereich draußen drehen, achten Sie darauf, dass möglichst keine anderen Menschen zu sehen sind und keine störenden Hintergrundgeräusche auftauchen.

▶ **Green Screen, ja oder nein?**
Eine weitere Option ist es, sich einen sogenannten Green Screen Hintergrund an der Wand zu montieren. Diese Rollos sind aus einem bestimmten Grünton, welcher für eine einfache Nachbearbeitung mit einem Videoprogramm optimiert ist. Die Green Screen Technik ist ein Verfahren der farbbasierten Bildfreistellung (chroma keying) und wird dazu verwendet, bestimmte Flächen, wie Hintergründe, in der digitalen Nachbearbeitung gegen beliebige Inhalte austauschen zu können. Mit dieser Technik sind grenzenlose Effekte für Hintergründe möglich und mit den Funktionen eines Green Screens sparen Sie Geld, Zeit, logistischen Aufwand und etliche Nerven im Tausch gegen hohe Flexibilität und Originalität. Während Sie also Ihre Videoaufnahmen Zuhause oder am Arbeitsplatz machen, könnte der spätere Hintergrund zeigen, dass Sie gerade in einem High End Büro sitzen oder am Strand von Hawaii. Fazit: Unter Einsatz des Green Screens fällt die Vermittlung eines frischen und modernen Erscheinungsbildes angenehm einfach.

Anzumerken ist jedoch, dass man sich ein wenig in die technische Materie eines einfachen Videoschnittprogramms einlernen muss und immer eine Nachbearbeitung des Videos am Computer notwendig ist.

6. Schritt: Die richtigen Inhalte

Um mit einem Video mit Ihrer Zielgruppe/Klient*Innen zu kommunizieren und Ihre Weiterbildungsinhalte optimal zu präsentieren, kommt es stark auf die richtigen Inhalte an. Wir empfehlen eher kurze Einheiten mit einer Länge von bis zu maximal sieben Minuten. Sie können ein Thema in mehrere Kapitel aufteilen und Ihrer Zielgruppe so regelmäßig und kontinuierlich wertvolle Inhalte liefern. Noch ein Tipp: Das Besondere oder Neue an Ihren Videobotschaften sollte immer am Anfang stehen. Und wenn Sie gleich zu Anfang darauf hinweisen, dass es am Ende des Videos noch eine wichtige Erkenntnis gibt, bleiben Ihre Zuschauer*Innen aufmerksam dabei.

Welche Inhalte und welche Länge ist also das richtige Videoformat für Sie?

▶ **1. Ihre persönliche Marke**
Mit einem kurzen Imagevideo können Sie Ihre Website-Besucher*innen gleich auf Ihrer Startseite abholen und diese dann an eine gewünschte Stelle Ihrer Website lenken (z. B. zum Shop, zur Terminvereinbarung, etc.).

Die wichtigsten Ziele: Aufbau von Vertrauen, Platzierung als möglicher Berater*in, Vorstellung Ihrer Person/Beruf/Besonderheit.
Aufmachung: Authentisch und sympathisch.
Inhalte: Kurzvorstellung Ihrer Person und Ihres beruflichen Hintergrundes, Ihres besonderen Fachgebiets/Angebots, Aufruf zum Handeln (Call-to-Action) wie z. B.: »Buchen Sie jetzt ein kostenloses Kennenlerngespräch«.

▶ **2. Kurze Videobeiträge**
Videobeiträge eignen sich sowohl für Ihre Internetseite als auch für alle Social Media Kanäle, um langfristige Vertrauensbeziehungen zu Ihren Klient*innen aufzubauen. Sie sind quasi die Visitenkarte Ihres Unternehmens.

Die wichtigsten Ziele: Verbreitung relevanter Inhalte, Positionierung als Expert*In, Markenaufbau und -pflege.
Aufmachung: Ausgewählter Inhalt mit ansprechender Optik, der zum Gesamtbild Ihrer Person passt und damit einen individuellen, inhaltlichen und optischen Anspruch ausdrückt. Eine bis maximal drei Minuten.
Inhalte: Ratschläge, Motivationen, Erkenntnisse, News aus Ihrem beruflichen Umfeld, etc.

▶ **3. Längere Videos**

Längere Videos eignen sich dazu, die eigene Markposition und Ihren Expertenstatus im Netz zu festigen sowie die eigenen Social Media Kanäle zu erweitern und zu bespielen. Längere Videos sind auch dann nötig, wenn Sie komplexe systemische Inhalte für Web Based Trainings aufzeichnen wollen (▶ Beitrag 9 »Web Based Training« von Peter Martin Thomas auf S. 99 und ▶ Beitrag 10 »Lern-Management-Systeme« von Valentin Frangen auf S. 107).

Hier kommt es nicht so sehr auf Komprimierung der Inhalte an, sondern hier ist genügend Zeit, Dinge zu erklären und in den Kontext einzubetten.

Für die Social Media Kanäle eignen sich z. B. das junge Format IGTV bei Instagram. Dabei können die Videos sowohl aufgezeichnet, als auch live ausgestrahlt werden.

Die wichtigste Ziele: Darstellung komplexer Zusammenhänge, Verbreitung relevanter Inhalte, Positionierung als Expert*In, Markenaufbau und -pflege, Vlog.
Aufmachung: Videos im Vortrage- oder Interviewstil mit mindestens drei Minuten bis maximal 30 Minuten Länge.
Inhalte: Online-Vorträge zu relevanten Themen für Systemiker*innen, Lehrvideos, Rückblicke, Interviews mit anderen Expert*innen.

Autor*innen

Susanne Nadler ist seit 2010 Videoproduzentin und Beraterin für Unternehmensfilme und Videomarketing. Nach jahrelanger TV-Arbeit unterrichtet sie nun auch Kameratraining. www.susanne-nadler.de

Zusammen mit der Sampurna Marketing GmbH & Co. KG von Jakob Bantleon berät sie Unternehmer*innen zu einem gelungen Videoauftritt, Reichweitengenerierung und Videomarketing.

Jakob Bantleon ist seit 2013 Projektmanager und Berater für Online-Medien und Online-Marketing. Seit 2020 für er die Sampurna Marketing GmbH & Co. KG als eine Full Service Online Marketing Agentur, die ihre Kunden von der Strategie bis zur konkreten Umsetzung von Websites und online Marketing Kampagnen begleitet und dabei mit Videos zur Wissensvermittlung und zum Personal Branding arbeitet. https://jakob-bantleon.de

13 Hörenswert!
Podcasts für Beratende und Coaches

Stefan Wierzbitza

Podcasts – das sind Gespräche, Features, Monologe, Wissens-Updates und neue Ideen. Podcast sind Vielfalt, Audioexperimente und wirkliche Tiefe aus der Nische. Es gibt fast kein Thema, das nicht intensiv in einem Podcast beleuchtet wird. Und das Beste: Podcasts sind potentiell immer dabei, man kann sie wunderbar neben den alltäglichen Dingen des Lebens hören.

Durch Podcasts ist ein riesiges dezentrales Audioarchiv entstanden, das auch für Beratende und Coaches einen lohnenswerten Wissensfundus darstellt. Da es gar nicht schwer ist, selbst aktiv zu werden und einen eigenen Podcast zu erstellen, sind Podcasts zudem eine fantastische Möglichkeit, die eigene Arbeit vorzustellen.

Was sind Podcasts?

Bei einem Podcast handelt es sich um eine Serie von Hörbeiträgen, die im Internet zum freien Download zur Verfügung stehen. Die einzelne Folge wird als Episode bezeichnet. Immer wieder findet man die Erklärung, dass der Wortbestandteil »Pod« in Podcast für »play on demand« steht. Das stimmt so nicht, obwohl es genau das ist, was einen Podcast ausmacht und vom Radio unterscheidet. Das Kofferwort Podcast setzt sich zusammen aus Pod, dem Namensbestandteil des IPod (Apples vielfach verkauftes Abspielgerät für Audiodateien) und dem Bestandteil Cast aus Broadcast (Sendung). Der Begriff wurde öffentlich zum ersten Mal in einem Artikel des Guardian[1] im Jahr 2004 verwendet. Bis dahin sprach man auch von Audioblogging, da es genau wie bei geschriebenen Blogs im Internet möglich ist, aus der Konsument*innenrolle herauszutreten und ein breites Publikum zu erreichen. Wer noch mehr über die Geschichte der Podcasts wissen möchte, kann dies natürlich auch durch Hören eines Podcasts tun (z. B. über diese Episode im WDR[2]).

---

1 https://www.theguardian.com/media/2004/feb/12/broadcasting.digitalmedia
2 https://www1.wdr.de/radio/wdr5/sendungen/neugier-genuegt/feature-geschichte-des-podcasts-100.html

Abgrenzung zum Radio und anderen Audio Beiträgen

Podcasts sind keine Live-Sendungen, sondern werden in der Regel heruntergeladen. Ihr Schwerpunkt liegt eindeutig im Bereich der gesprochenen Sprache und nicht im musikalischen Bereich.

In den Anfangstagen wurden Podcasts von Privatpersonen erstellt. Radiosender sprachen z. B. vom Radio zum Nachhören und nicht von Podcasts, wenn sie ihre live ausgestrahlten Sendungen zum Download in ihre Mediatheken stellten. Mittlerweile hat sich aber der Begriff Podcast durchgesetzt und nicht nur Radiosender, sondern auch andere klassische Medienschaffende, wie beispielsweise Zeitungen, produzieren Sendungen/Beiträge im Hinblick auf eine On-demand-Nutzung und sprechen von Podcasts. Auch die öffentlich-rechtlichen Rundfunkanstalten haben die Möglichkeit entdeckt, Podcasts zu produzieren, die ganz explizit auf kleine Zielgruppen zugeschnitten sind. Häufig ist nicht mehr erkennbar, ob diese Sendungen auch einen Sendeplatz im Radio haben oder ausschließlich als Podcast produziert werden. Deutlich wird dies vielleicht am Beispiel des Coronavirus Update des NDR Wissenschaftsteams. Wäre diese Sendung nicht als Podcast mit der Verbreitung über das Internet konzipiert, sondern einzig eine Radiosendung, hätte sie wohl keine millionenfache Hörerschaft auf der ganzen Welt gefunden.

Podcasts sind also nicht mehr ausschließlich Liebhaberei oder digitaler Bürgerfunk, sondern auch ein hochprofessionelles Medium und ein großer Markt. Einige freie Journalist*innen wie z. B. Philip Banse, erzielen ihr Einkommen heute vorwiegend durch ihre eigenen Podcasts (kuechenstud.io). Möglich ist dies auch, weil alle Sendenden, egal ob großes Medienhaus, Journalistin oder Jugendlicher sich prinzipiell gleichberechtigt im selben Medium auf den gleichen Plattformen bewegen.

Zugang zu Podcasts bekommen

Wenn man die genaue Internetadresse einer Podcastepisode kennt, kann man diese direkt herunterladen. Oft findet sich auf der entsprechenden Internetseite (z. B. in den Mediatheken der öffentlich Rechtlichen) auch die Möglichkeit, die Folge direkt anzuhören, und es gibt Nutzer*innen-Diskussionen über diese Folge auf soziopod.de[3]

---

3 https://soziopod.de/2012/09/soziopod-019-konstruktivismus-ernst-heinz-und-karl-oder-die-wahrheit-mit-halbwertszeit/

Um Podcasts zu hören, braucht es nur ein internetfähiges Gerät. Und vielleicht etwas Neugier, um sich von dem Medium faszinieren zu lassen und auf Entdeckungsreise zu gehen.

Podcatcher

Die weitaus bequemere Art, Podcasts zu hören, zu durchstöbern und sich in der schier grenzenlosen Vielfalt zu verlieren, sind aber sogenannte Podcatcher. Podcatcher sind Apps/Programme, die z. B. auf dem Smartphone installiert werden und regelmäßig das Podcastuniversum nach den neuesten Episoden durchforsten, indem sie im Hintergrund die sogenannten RSS-Feeds der abonnierten Podcasts abrufen (s. Abb. 1). Ein Abo bedeutet dabei keine zahlungspflichtige Bestellung, sondern dass man über das Erscheinen neuer Episoden der eigenen Lieblingspodcasts informiert wird und diese bei Bedarf automatisch heruntergeladen werden. Podcatcher ermöglichen den einfachen Zugang zu fast 2,5 Millionen Podcasts und über einhundert Millionen Episoden, wie die Website listennotescom feststellt[4]. Wer viele Podcast gleichzeitig verfolgt, sollte auf jeden Fall einen solchen Podcatcher nutzen.

Ein guter Podcatcher ermöglicht es zudem, die heruntergeladenen Episoden zu sortieren, bei Bedarf automatisch nach dem Hören zu löschen, eine Hör-Historie anzulegen und vereinfacht die Suche nach neuen Podcasts. Podcatcher verfügen außerdem häufig über die Möglichkeit, inhaltliche Informationen und Links zur Podcast-Episode, sogenannte Shownotes, anzuzeigen. Zudem können sie während des Hörens Bilder, Grafiken und Diagramme wiedergeben, die in der Episode besprochen werden (Kapitelbilder) und ermöglichen es, zwischen den Kapiteln einer Podcast-Episode zu springen (Kapitelmarken).

Podcatcher sind in der Regel kostenlos oder kosten wenige Euro. Sie unterscheiden sich im Funktionsumfang nur in wenigen Punkten.

Empfehlenswerte Podcast Apps für Android sind AntennaPod (freie Software), PocketCasts, PodcastAddict und Podcast Republic sowie Overcast und Apple Podcast für iOS.

Kritisch zu betrachten ist die Verwendung von Spotify als Podcatcher. Spotify hat durch seine sehr große Anzahl von Nutzer*innen mittlerweile eine dominierende Stellung. Dies ist problematisch, weil Spotify, nicht nur Podcatcher ist, sondern gleichzeitig auch eine Plattform für Inhalte und Produzent exklusiver Inhalte. Durch Kuratierung und Vorschläge beeinflusst Spotify, welche Podcasts gehört werden. Dies ist eine Bedrohung für eine freie, vielfältige und bunte Pod-

---

4   https://www.listennotes.com/de/podcast-stats/

castszene, wie auf kuechenstud.io erläutert wird, in der alle Podcasts auf dem Markt gleiche Bedingungen haben sollten[5].

Podcasts für Beratende, Coaches und Trainer*innen

Die große Vielfalt der Podcast Szene macht die Faszination dieses Mediums aus. Es gibt immer wieder Neues zu entdecken durch die kreativen und ungewöhnlichen Formate von Menschen, die Lust haben zu experimentieren. Sie machen Podcasts aus Leidenschaft und zielen nicht auf den Mainstream ab.

Podcasts als Inspirationsquelle

Denn dies sind die Podcasts, die nicht auf den Mainstream abzielen. Anders als beispielsweise der öffentliche Rundfunk müssen sich Podcasts nicht an ein Massenpublikum wenden, sondern bieten die Möglichkeit, aus der Nische heraus ein interessiertes Publikum anzusprechen. Gute Podcasts bieten einen sehr hohen Fachbezug und schaffen es, Themen, Theorien und Personen vorzustellen und sich fachlich fundiert mit ihnen zu befassen. Sie bieten damit eine nicht zu unterschätzende Möglichkeit, auf dem Laufenden zu bleiben und sich fachlich weiterzubilden. Es gibt echte Fachpodcast von Coaches und Beratenden, die einen wunderbaren Einblick in die Arbeit dieser Personen geben und so neue Ideen und Impulse für die eigene Arbeit bieten.

Aber nicht nur Fachpodcasts sind hörenswert. Über kuratierte Podcast-Listen oder indem man selbst viele verschiedene Podcasts hört, hat man die Chance auf echte Podcastperlen zu stoßen. Diese haben auf den ersten Blick vielleicht gar nichts direkt mit dem Thema Beratung oder Coaching zu tun, bieten aber die Möglichkeit einen Blick über den Tellerrand zu werfen und den eigenen Horizont zu erweitern. So kann man sich mit neuen Impulsen auch aus anderen Disziplinen auseinandersetzen. Gerade übergreifende Wissenspodcasts und Interviewpodcasts mit Forschenden oder Fachpersonen bieten hervorragende Möglichkeiten, sich fundiert zu informieren.

Podcasts müssen sich, anders als z. B. Sendungen im TV oder im Radio, nicht in einen festen Sendeplan quetschen. Es gibt de facto keine Zeitbeschränkung. Dies ermöglicht es, Gedanken zu entwickeln, ins Plaudern zu kommen und Themen in der Tiefe zu erörtern. Ein sehr schönes Beispiel ist der »Alles gesagt?«-

---

5   https://www.kuechenstud.io/medienradio/podcast/di095-podcasts-oeffentlich-rechtliches-radio-und-die-plattformen-sandro-schroeder-deutschlandradio/

Podcast von Zeit Wissen. Eine Episode mit einem der weltweit führenden KI-Forscher Richard Socher behandelt z. B. über acht Stunden lang Themen wie maschinelles Lernen und neuronale Netzwerke zur Spracherkennung[6]. Eine wunderbare Inspirationsquelle, um sich mit dem Unterschied zwischen menschlicher Intelligenz und maschinellem »Denken« auseinanderzusetzen.

Das Tolle ist, dass diese Auseinandersetzung und Weiterbildung mit Podcasts quasi nebenbei geschehen kann, auf einer langen Autobahnfahrt, beim Putzen oder beim Ausdauersport.

Podcasts als Visitenkarte

Diese Vorteile führen dazu, dass Podcasts im Jahr 2020 das am stärksten wachsende online Audioangebot mit über 45 % Nutzer*innenzuwachs waren. Mittlerweile hören schon rund ein Viertel der Bevölkerung über 14 Jahren in Deutschland regelmäßig Podcast (Online-Studie von Audio-Monitor.de[7]). Podcasts sind also zu einem relevanten Medium nicht mehr nur bei jüngeren Menschen, geworden.

Zwar gibt es bereits einige Podcasts aus dem Bereich Coaching und Beratung, im Verhältnis zu den in Deutschland tätigen Beratenden ist die Anzahl der Podcast jedoch verschwindend gering. Es ist schade, dass erst wenige Beratende dieses Medium für sich entdeckt haben, denn die Kosten zur Produktion eines Podcast sind sehr gering und die Technik gar nicht so schwer zu meistern, so dass es auch Lai*innen möglich ist, hervorragende Resultate zu erzielen.

Aufgrund der stark gestiegenen Nachfrage nach Podcasts und der niedrigen Hürden, sind Podcasts ein ideales Medium für Beratende, Trainer*innen und Coaches, die lieber sprechen als schreiben. Denn Podcasts sind eine wunderbare, digitale Visitenkarte. Es ist möglich in ihnen die eigene Arbeitsweise zu präsentieren und das eigene Profil zu schärfen, damit sich Kund*innen im Vorfeld bereits ein Bild machen können. Zudem schafft ein Podcast eine ganz besondere Verbindung zu den Hörenden. Durch eine Aufnahme ohne Störgeräusche, mit in der Regel sehr nahem Mikrofonabstand, ist man ganz nah am Ohr und am Herz der Hörenden. Viele nutzen sogar die Lieblingspodcasts als vertraute Gutenachtgeschichte zum Einschlafen und bauen eine Verbindung zur Stimme des Podcasts auf. Ganz besonders in den Bereichen Entspannung, Meditation oder Hypnose, in denen auch sonst viel mit der Stimme gearbeitet wird, bieten sich

---

6 https://www.zeit.de/digital/2020-11/richard-socher-kuenstliche-intelligenz-interviewpodcast-alles-gesagt
7 https://www.online-audio-monitor.de/wp-content/uploads/Bericht-OAM_2020_010920_FINAL_V3.pdf

Podcasts an. Zudem bringt ein guter Podcast mehr potenzielle Kund*innen auf die eigene Website und sorgt dafür, dass sie eine größere Reichweite bekommt und besser gefunden wird.

In welche Podcasts lohnt es sich, einmal hineinzuhören?

Es gibt eine Vielzahl an Podcasts rund um die Themen Psychologie, Coaching, Arbeitsplatz, einige davon mit dezidiert systemischen Ansätzen. Die hier vorgestellte Liste ist auf keinen Fall erschöpfend und viele tolle Podcasts, die sich dem Themenbereich Coaching, Persönlichkeitsentwicklung und Meditation widmen, bleiben hier unerwähnt. Über eine Suche nach diesen Stichworten wird man aber selbst sehr schnell fündig.

- »work life« ist ein amerikanischer Podcast aus der TED-Familie, gehostet von dem Psychologieprofessor Adam Grant. Er widmet sich aktuellen Fragestellungen rund um die Organisationspsychologie. Der Podcast ist sehr erfolgreich und vielfach ausgezeichnet.
- »hidden brain« gibt es bereits seit über zehn Jahren wöchentlicher Sendung ein amerikanisches Podcast Urgestein, gestartet vom national public radio unter dem Motto: Hidden Brain explores the unconscious patterns that drive human behavior and questions that lie at the heart of our complex and changing world.
- »Die Lösung« ist der Psychologie Podcast von Puls (Bayerischer Rundfunk). Er gibt Denkanstöße aus Theorie und Therapie. Ganz nach dem Motto: Es gibt nicht die Lösung – jeder strauchelt, so gut er kann. Häufig demonstrieren die Diplom-Psychologin Lena Schiestel und die Moderatorin Verena Fiebiger die vorgestellten Übungen und Methoden.
- »der Dreh« ist der Podcast von Emily Engelhardt. Der Schwerpunkt der Episoden liegt auf den Themen online Beratung und die digitale Transformation der Beratung (▶ Beitrag 8 »Blended Counseling« von Emily Engelhardt auf S. 93).
- »Coachingbande« wendet sich an Coaches und Berater*Innen, die sich weiterbilden möchten oder inspirieren lassen wollen.
- »systemisch agil« Ein systemischer Organisationsberater und ein SCRUM Master sprechen (mit Gästen) über Organisationsentwicklung, agile Arbeit und Führung sowie Change Management.
- im »Hypnose Podcast« der Milton Erickson Gesellschaft gibt es nicht nur Trancen zum Anhören, sondern auch sehr interessante Interviews mit erfahrenen Hypnotherapeut*innen
- Mein persönliches Vergnügen ist es, auf meiner Website auf Tauchfahrt nach Podcastperlen zu gehen, die ich regelmäßig unregelmäßig vorstelle. Die vor-

gestellten Episoden haben gemeinsam, dass sie mir in irgendeiner Form eine Inspiration in meiner Arbeit als Berater sind. Diese Podcasts fasse ich über Listen Notes zu einer bunten Podcast-Playlist zusammen, die wie normale Podcasts auch über Podcatcher zu abonnieren sind. Eine solche Form der Kuratierung eignet sich sehr gut, um andere Interessierte auf hörenswerte Episoden aufmerksam zu machen. Zusammenfassende Podcast-Playlists gibt es auch von den öffentlich rechtlichen, z. B. vom SWR2 zum Themenbereich Psychologie[8].

Einen eigenen Podcast machen

Wenn man das Gefühl hat, dass das Medium Podcast interessant ist und man selbst aktiv werden möchte, lasse man sich auf keinen Fall von fehlenden Kenntnissen abhalten. Selbstproduzierte Podcasts ins Netz zu bringen, ist in den letzten Jahren unglaublich einfach geworden. Fangen Sie einfach an. Lassen Sie sich von Ihrer Lust und Neugier leiten. Podcasts dürfen erzählend sein. Sie müssen gerade nicht perfekt sein, dürfen Ecken und Kanten haben. Wenn Sie mit dem ersten Format nicht zufrieden sind, starten sie einfach einen neuen Podcast, oder sie produzieren erst einmal und schauen im Nachhinein, ob Sie überhaupt veröffentlichen wollen. Alles was Sie für den Anfang benötigen, haben Sie bestimmt schon zu Hause. Das Internet ist voll von Informationen für Detailfragen und es gibt natürlich auch Podcasts, die einem erklären, wie man noch bessere Podcasts machen kann. Jeder Podcast ist eine Bereicherung – auf geht's!

Themen für systemische Podcasts

Die wichtigste Überlegung, wenn man selbst einen Podcast machen möchte, ist das eigene Thema. Es sollte ein Thema sein, das Ihnen am Herz liegt und über das sie sich stundenlang unterhalten können. Wenn Sie spontan 20 Folgentitel aufschreiben können, haben Sie schon ein gutes Thema für Ihren Podcast. Es muss dabei gar nicht unbedingt innovativ sein oder die Massen begeistern. Das, was für Sie selbstverständlich und Teil des Berufsalltags ist, ist für Ihre Klient*innen, Kolleg*innen und potentielle Kooperationsparter*innen eine riesige neue Welt. Gerade in der eigenen Nische, vielleicht auch in der Kombination von Themen, liegt der Reiz. Es ist zudem sinnvoll, das Thema möglichst eng abzugrenzen. Anstatt über systemische Beratung, sollte man z. B. über sys-

---

8 https://www.swr.de/swr2/wissen/wissen-psychologie-102.html

temische Beratung in mittelständischen Unternehmen, oder noch detaillierter über Beratung in Unternehmen der Pflegebranche sprechen, wenn das das eigene Tätigkeitsfeld beschreibt. So werden Sie von den richtigen Menschen gefunden: Systemiker*innen und Menschen aus der Pflegebranche.

Mögliche Themen sind natürlich unendlich, Formate oder Prinzipien, die in Podcast aus anderen Feldern funktionieren, sollten aber auch im Themenfeld Beratung gut ankommen. Dazu gehört vor allem, kreativ mit dem Medium Audio umzugehen, Hörspielelemente mit einzubinden, Soundcollagen zu erstellen, oder vielleicht ein Hörbuch in Episoden einzusprechen. Zum Teil sind dann natürlich wieder Techniken und Wissen gefragt, die über das einfache DIY hinausgehen.

Durchführbarer und mit Sicherheit für viele Zuhörer*innen sehr interessant wäre ein Podcast, der systemisches Arbeiten in Form von Demos oder Rekapitualationen von Coachingsitzungen vorstellt. Gerade Einblicke in die eigene Arbeit, gerne so konkret wie möglich, sind spannend. Hier ist natürlich das Thema Datenschutz zu beachten und einige nicht auditive Informationen würden verloren gehen. Neben dem oben vorgestellten »Die Lösung« Podcast, welcher mit Demos arbeitet, ist mir bisher nur ein einzige Episode bekannt, in der ein Therapeut detailliert aus seinen Sitzungen berichtet. Im SWR2-Aula-Podcast rekapituliert Rainer M. Holm-Hadulla in der Episode »über die Wirksamkeit von therapeutischen Gesprächen« detailliert die verschiedenen Phasen einer anonymisierten Kurzzeittherapie[9].

Zudem würde ich mir weitere Gespräche zwischen Systemiker*innen wünschen. Man könnte vielleicht sogar die weltweiten Nachrichten aus systemischem Blick beleuchten. Auch Gespräche über einzelne Philosophen, theoretische Grundlagen oder die Geschichte systemischer Beratung wären hörenswert. Oder wie wäre es mit einer Sammlung von Geschichten für die Beratung? Geschichten und Anekdoten, die man selbst im Podcast hört und dann in der eigenen Beratungsarbeit nutzen kann. Das wäre wirklich fantastisch und ein Format, das sich nicht nur an Systemiker*innen richten würde.

Podcasts als Nebenerwerb

Um es gleich einmal vorwegzunehmen: Podcasts sind keine Möglichkeit, direkt Geld zu verdienen. Podcasts werden in der Regel nicht gekauft. Für die allermeisten Menschen dürften sie sich zwischen Hobby und Visitenkarte für das

---

9   https://www.swr.de/swr2/wissen/psychotherapie-rainer-m-holm-hadulla-ueber-die-wirksamkeit-von-therapeutischen-gespraechen-100.html

eigene Unternehmen bewegen. Falls der eigene Podcast eine relevante Reichweite erreicht, sind natürlich auch Einnahmen durch Fremdwerbung, Social Payment oder Merchandise möglich. Dies gelingt in der Regel aber nur für so professionalisierte Podcasts, dass der Podcast und die damit einhergehende journalistische Tätigkeit den Schwerpunkt der Arbeit bilden wird, wie auch im brand eins detektor Podcast Interview mit Philip Banse klar wird.

Vorüberlegungen

Ein gelungener Podcast sollte eine gute Mischung aus freier Sprache und detaillierter Vorbereitung sein. Es geht nicht darum, einen Text zu schreiben und diesen dann dem Mikrofon vorzulesen. Podcasts, die auf diese Art produziert werden, können schnell monoton klingen. Es sollte vielmehr darum gehen, ein gutes Gespräch oder eine freie Erzählung vorzubereiten. Besonders leicht gelingt das natürlich, wenn es sich bei dem Podcast um ein aufgezeichnetes Gespräch zwischen zwei Personen handelt. Nicht umsonst sind viele Podcasts im Format eines Zweierteams.

Auch hier benötigt das Gespräch aber einen Leitfaden und eine gute Vorbereitung. Die Hosts des »alles Gesagt?«-Podcasts der Zeit betonen z. B. immer wieder, dass sie und ihr Recherche Team alles lesen, was es über die eingeladene Person zu lesen gibt. Und für den wöchentlichen »Lage der Nation«-Podcast sind mittlerweile 6 Personen mit den Vorarbeiten der Sendung beschäftigt[10].

Möchte man einen möglichst erfolgreichen Podcast betreiben, gelten natürlich die gleichen Regeln wie für die meisten anderen Formate. In erster Linie zählt ein guter Inhalt, der regelmäßig erscheint. Kollaborationen mit schon erfolgreichen Podcastern helfen am Anfang und eine gute Netzwerkarbeit sind sowohl on- als auch offline besonders wichtig.

Technische Voraussetzungen

Um selbst einen Podcast zu starten benötigt man gar nichts! Zumindest nichts, was die meisten nicht schon zu Hause haben. Ein Handy reicht für den Start vollkommen aus. Mit der Zeit kann man sich immer weiter professionalisieren. Zwar wird ein professionelles Mikrofon für etwa 100–150 Euro bessere Aufnahmen machen, aber für den Anfang reicht es auch, in einem kleinen Raum

---

10 https://detektor.fm/wirtschaft/brand-eins-podcast-philip-banse-lage-der-nation

aufzunehmen[11]. Selbst viele professionelle, öffentlich-rechtliche Podcasts wurden unter Coronabedingungen zu Hause »im Kleiderschrank« aufgenommen. Gerade Gesprächspodcast müssen nicht unbedingt im Nachhinein bearbeitet werden. Falls aber doch etwas geschnitten werden muss, gibt es auch dafür sehr gute, freie Software z. B. Audacity[12].

Den Podcast in die Welt bringen

Um den Podcast letztlich in die Welt zu bringen, gibt es verschiedene Möglichkeiten. Auf jeden Fall muss die Audiodatei den Weg vom eigenen Computer ins Internet finden und dort erreichbar (gehostet) sein. Dieser Speicherort wird als Server, Hoster oder gelegentlich als »Podspace« bezeichnet und kann auch die eigene Website sein.

Um die hochgeladenen Dateien über einen Podcatcher abonnieren zu können, müssen sie eingebunden werden. Das heißt, es muss ein RSS-Feed erstellt werden, über den die Podcatcher den Podcast abonnieren können. Für WordPress Webseiten helfen dabei Plugins. Der RSS-Feed kann dann auch auf den Plattformen, auf denen Menschen nach Podcasts suchen, veröffentlicht werden (Abb. 1).

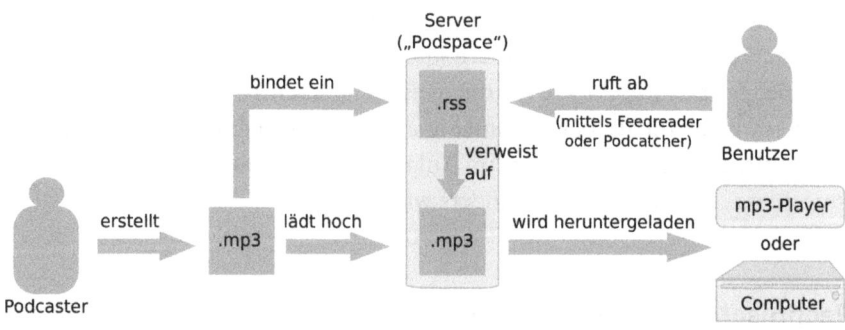

Abb. 1: Schema Veröffentlichung eines Podcasts mit RSS-Feed

---

11   Eine gute Anleitung findet sich unter: https://www.youtube.com/watch?v=jHfkFFk67jE
12   Die Software findet sich unter: https://www.audacityteam.org/

Viel einfacher und komfortabler sind aber All-in-One-Lösungen (Stichworte: Podcast, Hosting), welche z. T. sogar kostenloses Hosting bieten, und mit vielen Features glänzen können. So kann von der Aufnahme und Bearbeitung bis zum Hochladen, Veröffentlichen, Monetarisieren und einer Statistik für den eigenen Podcast alles über diese Hoster erledigt werden. Wir dürfen gespannt sein, welche wunderbaren Podcasts uns in Zukunft noch erwarten. Eins ist klar: das Potential des Mediums Podcast ist noch lange nicht ausgeschöpft. Podcasts begeistern, weil sie das menschliche Gespräch in die digitale Welt bringen.

Autor

Stefan Wierzbitza: Soziologe, systemischer Berater und Personaler mit besonderen Interessen im Bereich Beratung in Virtual Reality und systemische Podcasts, www.sehr-wahrscheinlich.de

14 Online-Figurenaufstellung mit PowerPoint[1]

Holger Lindemann

Seitdem Online-Formate in Beratung, Coaching und Therapie stärker in den Fokus gerückt sind, beschäftigt Praktikerinnen und Praktiker das Thema, wie es gelingen kann, hierbei bewährte systemische Methoden zu nutzen. Zu Beginn der Pandemie stellte ich mir die Frage, wie Figurenaufstellungen online, mit den verfügbaren Mitteln und ohne zusätzlichen finanziellen Aufwand durchgeführt werden können. Als Ergebnis erstellte ich eine PowerPoint-Präsentation mit Vorlagen für Figurenaufstellungen und ein Video-Tutorial für meinen Youtube-Kanal: »Dr. Hollisons Systemisches Denklabor«[2]. Hierdurch bot sich eine einfache Möglichkeit, in videogestützten Gesprächen mit Figurenaufstellungen zu arbeiten. Die PowerPoint-Datei ist frei erhältlich und darf weitergereicht werden. Im Zusammenhang mit diesem Text wird die Datei auf der Webseite des Verlages zum Download bereitgestellt. In diesem Beitrag werden die technische Umsetzung und die Elemente der PowerPoint-Datei vorgestellt.

Vor allem in zwei meiner Handlungsfelder zeigte sich die Notwendigkeit, ein einfach einsetzbares Tool für Online-Figurenaufstellungen zu schaffen:
- Als Supervisor in der Kinder-, Jugend- und Familienhilfe sah ich das Bemühen der Kolleg*innen einen digitalen Kontakt zu den Personen aufrecht zu erhalten bzw. aufzubauen, die sie vorher in ihren Beratungsräumen empfangen oder bei sich zu Hause aufgesucht haben. Zunächst fanden Kontakte oft nur telefonisch statt und vielfach wurden erst langsam Online-Konferenztools von den Trägern angeschafft und zur Verfügung gestellt. Die Aufwendung zusätzlicher Lizenzgebühren für weitere Online-Tools, wie Pinnwände, Coaching-Tools oder eben Online-Figurenaufstellungen waren und sind oft nicht denkbar.
- Als Lehrender an Universität, Hochschule und in der Weiterbildung hörte ich die Berichte von Studierenden über ihre oft prekäre Lebenssituation, die

---

1 Microsoft® PowerPoint®, OneDrive® und Windows sind eingetragene Warenzeichen der Microsoft Corporation. Google Drive™ und Youtube˙ sind eingetragene Warenzeichen der Google Inc. iCloud® und MacOS® sind eingetragene Warenzeichen der Apple Inc. Dropbox™ ist eingetragenes Warenzeichen der Dropbox International Unlimited Company.
2 Dr. Hollisons Systemische Methoden 001 – Online-Figurenaufstellung mit PowerPoint. https://youtu.be/9a9vMJV2mQY

vor allem durch den Wegfall vieler Jobs entstand – teilweise mit der Notwendigkeit, die eigene Wohnung aufzugeben und zu den Eltern zurückzuziehen. Auch hier waren und sind Bordmittel gefragt, um den Online-Methodenkoffer zu füllen.

Im Folgenden möchte ich erläutern, wie die zur Verfügung gestellte Datei praktisch genutzt werden kann. Eine allgemeine Anleitung zur Durchführung von Figurenaufstellungen werde ich hierbei aber nicht geben.[3]

Technische Umsetzung

1. Laden Sie die PowerPoint-Datei auf einen Cloud-Server, so dass Sie und Ihre Klient*innen gleichzeitig darauf zugreifen können. Hierfür gibt es zahlreiche kostenfreie oder in Office-Paketen enthaltene Optionen, wie Google Drive, OneDrive, iCloud oder Dropbox.
2. Ermöglichen Sie allen teilnehmenden Personen, die aktiv an der Figurenaufstellung teilnehmen sollen, den Zugriff auf die Datei (per Link oder E-Mail-einladung). Sie müssen hierbei die Berechtigung zum Verändern oder Bearbeiten der Datei erteilen. In der Regel müssen die Nutzer*innen über einen eigenen Account des Anbieters verfügen oder diesen vorher anlegen.
3. Teilen Sie den Browser, in dem Sie die PowerPoint-Datei geöffnet haben oder den Bildschirm, in Ihrer Videokonferenz.
4. Teilen Sie den beteiligten Personen mit, auf welcher Dokumentenseite der PowerPoint-Datei sie sich »treffen« sollen.
5. Erklären Sie die Funktionsweise einer Aufstellung und lassen Sie die Teilnehmenden ein wenig mit dem Aufstellen der Figuren experimentieren. Hierzu können Sie zunächst auch auf eine Probeseite der PowerPoint-Datei einladen.
6. Es können nun beliebig viele Personen auf die Datei zugreifen und Figuren stellen. Sie können mit der Figurenaufstellung beginnen.

Ist nur eine Klientin oder ein Klient beteiligt, kann man die Datei vorher zuschicken und es reicht aus, dass diese Person ihre Datei- oder Bildschirmansicht teilt.

Es bietet sich an, die Teilnehmenden darauf hinzuweisen, dass die Aufstellung einfacher funktioniert, wenn man eine Maus nutzt. Die alleinige Nutzung eines Touch-Pads funktioniert aber auch.

---

3 Ein Booklet mit einer Kurzanleitung zur Figurenaufstellung kann man kostenlos auf meiner Webseite herunterladen: www.lindecon.de/stellwerk.html

Elemente der PowerPoint-Datei

▶ **Figuren-Sets**

Hauptbestandteil der PowerPoint-Datei sind drei, mehr oder weniger abstrakte Figuren-Sets (Abb. 1 bis 3). Neben den Figuren, die immer eine Blickrichtung haben, gibt es auch kleine Textfelder, Quadrate und Balken. Auf jeder Position der Figuren-Sets liegen 24 gleiche Figuren übereinandergestapelt, so dass sie nicht kopiert und wieder eingesetzt werden müssen, sondern einfach vom Stapel auf das Feld gezogen werden können.

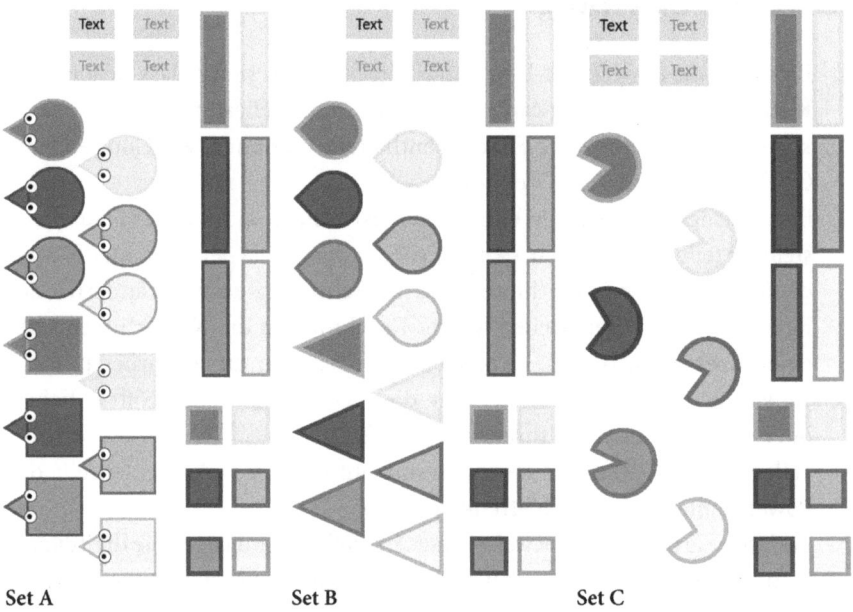

Set A   Set B   Set C

Abb. 1 bis 3: Die Figurensets

Auf dem Feld können die Figuren frei platziert, sowie in Größe und Ausrichtung angepasst werden. Beim Übereinanderlegen von Figuren kann die Figur, die im Vordergrund liegen soll, mit einem *Rechtsklick* angeklickt und über *>In den Vordergrund* nach vorne geholt werden. Auch können Figuren über *Rechtsklick* und *>In den Hintergrund* nach hinten verschoben werden.

Alle Figurenelemente sind als Bilddatei eingefügt, so dass sie sich nicht ungewollt verformen oder sich die, aus mehreren Elementen zusammengesetzten Figuren auflösen. Die kleinen Textfelder können beliebig mit Text gefüllt und platziert werden.

Die Balken und Quadrate können zur Symbolisierung von Barrieren, Brücken, Gefühlen, Werten und allen möglichen anderen Aspekten, die aufgestellt werden sollen, verwendet werden. Die Elemente der Figuren-Sets lassen sich hierzu beliebig erweitern, indem über >*Einfügen* >*Formen* oder über >*Einfügen* >*Piktogramme* weitere Elemente erstellt werden (Abb. 4 u. 5). Eine Vorlage für ein erweitertes Set ist in der PowerPoint-Datei enthalten. Bei den Piktogrammen gibt es Figuren, Gegenstände, Körperteile, Symbole und vieles mehr. Leider sind bei den »Berufen« nur männliche Figuren verfügbar. Alle Formen und Piktogramme können in beliebiger Farbe und Strichstärke umrandet und eingefärbt werden. Formen und Piktogramme mit seitlicher Ausrichtung, wie z. B. der Blitz oder die Tiere, können über >*Format* >*Drehen* >*vertikal umdrehen* oder >*horizontal spiegeln* in ihrer Ausrichtung angepasst werden.

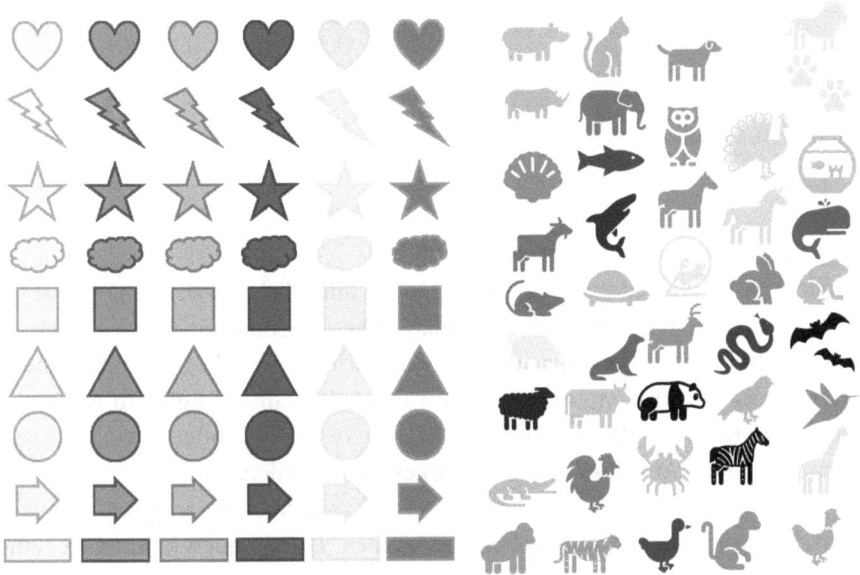

Abb. 4 und 5: Erweiterungen für Figurensets

Eine komplexere Möglichkeit, Figuren zu nutzen, besteht über >*Einfügen* >*3D-Modelle*. Hier gibt es Tiere, Gegenstände, Pflanzen, Figuren und vieles mehr. Diese Modelle können frei rotiert und in der Größe angepasst werden (Abb. 6). Diese Möglichkeit funktioniert aber nicht besonders gut über die Nutzung in einem Cloudspeicher, da hier keine 3D-Modelle enthalten sind. Allerdings ist es möglich, 3D-Modelle aus einer PowerPoint-Version auf dem eigenen Computer in die Datei in der Cloud zu kopieren. Da die 3D-Modelle sehr viel

Speicherplatz nutzen, ist diese Form der Aufstellung in der Nutzung mit mehreren Personen sehr störanfällig. Problemlos funktioniert es hingegen, wenn nur eine Person die Datei nutzt und von ihrem Rechner aus teilt.

Abb. 6: 3D-Modelle von Tieren

▶ **Systemfelder**

Systemfelder (oder »das Systembrett«) können mit beliebigen Formen über >*Einfügen* >*Formen* dargestellt werden (Abb. 7). Diese Formen können in beliebiger Farbe und Strichstärke umrandet und eingefärbt werden. Es ist möglich, mehrere Felder einzufügen, wenn man mit dieser Visualisierungsform variieren möchte. Mit einem *Rechtsklick* über >*In den Vordergrund* oder >*In den Hintergrund* kann die Anordnung der Felder gesteuert werden.

Über >*Einfügen* >*Formen* >*Freihand: Skizze* können Systemgrenzen auch durch gezeichnete Linien symbolisiert werden. Diese Linien können frei eingefärbt und in der Stickstärke verändert werden.

Die aktuelle Dateiversion enthält zudem vorgefertigte Felder für Strukturaufstellungen mit zwei Polen, das Riemann-Thomann-Kreuz, die Wertequadrataufstellung und das Tetralemma.

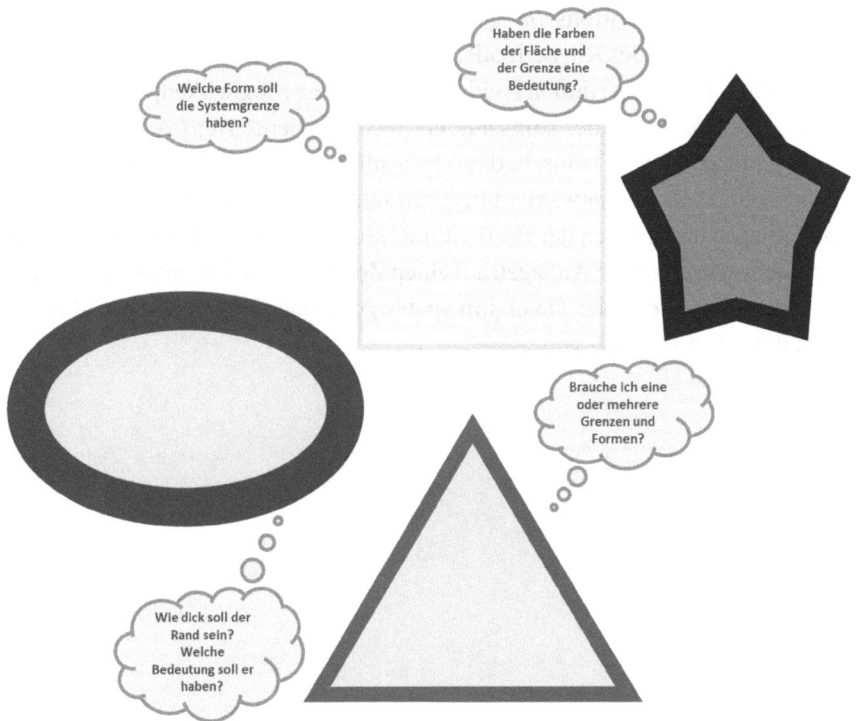

Abb. 7: Beispiele für Systemfelder

▶ **Dokumentation**

Die Datei enthält darüber hinaus eine Vorlage für die Dokumentation der aufgestellten Elemente und die Formulierung des Anliegens (Abb. 8). Diese Dokumentationselemente können einfach kopiert und auf der Seite eingefügt werden, auf der die Aufstellung stattfinden soll.

Auf Wunsch der Klientin oder des Klienten kann die beratende Person kleine Zahlenschilder (untere Reihe) auf die Figuren ziehen *(Rechtsklick >In den Vordergrund)* und diese fest mit den aufgestellten Figuren verbinden (Figur und Zahlenschild zusammen *markieren, Rechtsklick >Gruppieren*). In einer Legende (linke Spalte) können dann die nummerierten Figuren bezeichnet werden, indem die gewünschte Formulierung hinter die entsprechende Zahl geschrieben wird. Wie in analogen Figurenaufstellungen auch, sollte die beratende Person nie direkt in die Aufstellung eingreifen und Figuren bewegen. Die Übernahme der Nummerierung und Bezeichnung wird hingegen eher als Unterstützung, denn als Eingriff erlebt. Klären Sie die Nutzung der Dokumentation mit Ihrem Gegenüber. Selbstverständlich kann die Klientin oder der Klient diese Dokumentation auch selbst übernehmen oder auf sie verzichten.

In der Dokumentationsvorlage ist eine Kopfzeile vorhanden, in die das formulierte Anliegen des Klienten oder der Klientin eingefügt werden kann. Das ist – auch in Präsenzterminen – eine sehr hilfreiche Möglichkeit, da die schriftliche Sichtbarkeit zu einer sorgsameren (lösungsorientierten) Anliegenformulierung führen kann. Dadurch, dass das Anliegen dann auch durchgängig im Blick bleibt, kann immer wieder überprüft werden, ob sich gegebenenfalls auch das Anliegen im Rahmen der Bearbeitung verändert hat. Oder die Klientin oder der Klient schreiben ihr Anliegen auf einen Zettel, den sie bei sich ablegen, oder auf eine andere Seite der Datei, um später gegebenenfalls noch einmal einen Blick darauf zu werfen.

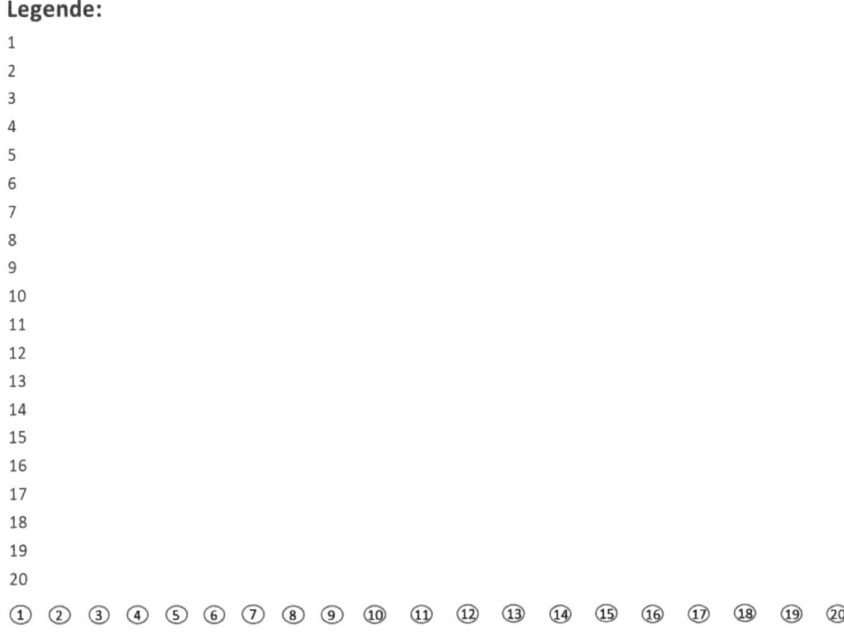

Anliegen: Hier das Anliegen / die Fragestellung eintragen.

Legende:
1
2
3
4
5
6
7
8
9
10
11
12
13
14
15
16
17
18
19
20

① ② ③ ④ ⑤ ⑥ ⑦ ⑧ ⑨ ⑩ ⑪ ⑫ ⑬ ⑭ ⑮ ⑯ ⑰ ⑱ ⑲ ⑳

Abb. 8: Elemente zur Dokumentation der Aufstellung

Fotodokumentation

Die Protokollierung der Arbeit kann über einfach Screenshots erfolgen. Unter Windows 10 geht dies mit der Tastenkombination *WINDOWS+SHIFT+S.* Es öffnet sich ein Fenster, in dem man den Ausschnitt, der abgebildet sein soll, auswählen kann. Es wird dann ein Bild im Zwischenspeicher abgelegt, das man mit *SHIFT+V* in einer Word-Datei oder in einem Grafikprogramm einfügen kann.

Unter MacOS funktioniert dies mit der Tastenkombination *CONTROL+ SHIFT+CMD+4*. Das Einfügen in eine Datei oder ein Programm lässt sich mit *CMD+V* bewerkstelligen.

Erweiterte Nutzung

In der Regel ist die Figurenaufstellung ein dissoziatives Verfahren: Man schaut von außen auf die Visualisierung und redet über die Figuren (sich selbst eingeschlossen). In Online-Formaten mit mehreren Personen habe ich auch gute Erfahrungen damit gemacht, dass gemeinsam Figuren gestellt werden und sich dann jede Person in ihre Position eindenkt und einspürt, also auch assoziativ gearbeitet wird. Auch Aufstellungen mit Stellvertreterinnen und Stellvertretern lassen sich mithilfe von Online-Figurenaufstellungen anleiten, indem die stellvertretenden Personen sich gedanklich in die jeweilige Position hineinversetzen und die bei ihnen entstehenden Resonanzen zur Verfügung stellen. Im ersten Moment mag es schwierig erscheinen, eine assoziierte Position bezogen auf eine online aufgestellt Figur einzunehmen. In der Praxis klappt es erstaunlich gut.

Sehr gute Erfahrungen mache ich mit Aufstellungen im Raum, in dem sich die Person, die online mit mir verbunden ist, gerade befindet. Hierbei werden die unterschiedlichsten Elemente im Raum als Bodenanker genutzt. Wenn Sie Ihr Gegenüber dazu einladen, eine Position im Raum einzunehmen, sind Sie möglicherweise für eine Weile nur noch auditiv mit ihr verbunden. Auch wenn das im ersten Augenblick ungewöhnlich anmutet, ist auch hierbei ein guter Kontakt möglich. In der Verbindung von Figurenaufstellung und einer Aufstellung im Raum ist der fließende Wechsel zwischen diesen Formaten problemlos machbar.

Autor

Holger Lindemann ist Professor für Entwicklungspsychologie und Systemische Beratung an der MSB Medical School Berlin und Leiter des HafenCity Instituts für Systemische Ausbildung (HISA). Er ist zertifizierter Lehrende (SG/DGSF) für Systemische Beratung, Systemisches Coaching, Systemische Supervision und Organisationsentwicklung. https://www.lindecon.de

Literatur

Lindemann, H. (2020). Systemisch-lösungsorientierte Gesprächsführung in Beratung, Coaching, Supervision und Therapie (2., erw. Aufl.). Göttingen: Vandenhoeck & Ruprecht.

Lindemann, H. (2021). Die systemische Metaphern-Schatzkiste. Grundlagen und Methoden für die Beratungspraxis (4., erw. Aufl.). Göttingen: Vandenhoeck & Ruprecht.

Lindemann, H., Günster-Schöning, U., Lahrkamp, P., Siller, N. (2021). Systemisch-lösungsorientierte Gesprächsführung und Beratung in Kindertageseinrichtungen. Göttingen: Vandenhoeck & Ruprecht.

Lindemann, H., Siller, N. (2021). Kraft- und Symboltiere für die systemische Praxis. 114 Bildkarten und Anleitungsbuch für die Arbeit mit tierbezogenen Analogien. Göttingen: Vandenhoeck & Ruprecht.

Lindemann, H., Trumpa, S. (Hrsg.) (2021). Hochschullehre: systemisch? Theoretische und praktische Impulse für Didaktik und Methodik. Göttingen: Vandenhoeck & Ruprecht.

15 Die digitale Erstellung von Genogrammen – mit der InGeno-App

Clara Stein und Dirk Rohr

Genogramme sind bio-psycho-soziale Familienstammbäume, die in der Beratung und Therapie der Visualisierung komplexer Familienstrukturen dienen. Zugleich sind sie eine hilfreiche Methode, mit der wir das Familiensystem unserer Klient*innen besser kennenlernen und wichtige familiäre Themen, Dynamiken und (Beziehungs-)Muster sichtbar machen können. Im analogen Beratungssetting kommt die Erstellung eines Genogramms oft einem kreativen und intensiven Gestaltungs- und Reflexionsprozess gleich. In diesem Beitrag wollen wir einen Weg vorschlagen, wie die Genogrammmethode auch im digitalen Setting Einzug erhalten kann. Hierfür möchten wir die in unserem interdisziplinären Forschungsprojekt der Universität zu Köln und der Technischen Hochschule Köln entwickelte InGeno-App vorstellen, mithilfe der Genogramme sowohl in digitaler Form erstellt als auch in der Online-Beratung integriert werden können.

Zur Methode der Genogrammarbeit

Das Genogramm ist eine weit verbreitete und beliebte Methode zur Visualisierung komplexer Familienstrukturen, die in der systemischen Beratung[1] wie auch in weiteren Berufsfeldern, z. B. im medizinischen Kontext oder in der Jugendhilfe, Anwendung findet. Mithilfe einer standardisierten Symbol-Sprache wird das Familiensystem der Klient*in in Form eines bio-psycho-sozialen Familienstammbaums über mindestens drei Generationen grafisch abgebildet (McGoldrick et al., 2009, S. 13). Ein wesentliches Ziel einer solchen Visualisierung besteht zunächst in der Reduktion von Komplexität. Sowohl die Berater*in wie auch die Klient*in erhalten eine übersichtliche, strukturierte Darstellung der Familienkonstellation (vgl. Rohr, 2017, S. 77 f.). Klassischerweise werden Personen in Form von festgelegten Symbolen dargestellt (z. B. Quadrat für männlich, Kreis für weiblich) und einzelne Familiengenerationen, beginnend mit der ältesten im oberen Bereich bis hin zur jüngsten Generation im unteren Bereich, auf der Ver-

---

1 Beratung verstehen wir hier als Oberbegriff für Therapie, Coaching, Supervision und Beratung (vgl. Schubert, Rohr u. Zwicker-Pelzer 2019; Rohr 2021).

tikalen systematisch angeordnet. Geschwister werden nach aufsteigendem Alter von links nach rechts abgebildet und Verbindungslinien zwischen den Personen beschreiben, mithilfe standardisierter Beziehungslinien, die Art der Beziehung (z. B. verheiratet, geschieden etc.). Die Ergebnisse einer von uns durchgeführten qualitativen Expert*innenbefragung zeigten jedoch, dass in der Praxis von dieser standardisierten Struktur, wenn es die Situation verlangt, gerne auch einmal abgewichen wird – z. B., wenn die Klientin eigene Symbole oder Piktogramme ergänzen möchte oder, wenn die Anordnung der Symbole in einer anderen Reihenfolge zu einer besseren Übersicht führt. Oder wenn im Anschluss an die Genogramm-Erstellung Familienmitglieder nachträglich ergänzt werden (vgl. Rohr, 2017, S. 89). Somit sollte das Genogramm aus unserer Sicht nicht als eine starre, durch formale Regeln festgelegte Methode verstanden werden, sondern als eine Möglichkeit der Visualisierung, die zwar durch die vorgegebene Symbolik geleitet ist, die aber dennoch individuelle Gestaltungsräume lässt.

Ein Genogramm zeichnet sich nicht nur durch die strukturierte grafische Darstellung der Familienmitglieder in Form von Symbolen aus, sondern auch durch die subjektiven Wirklichkeitsbeschreibungen der Klient*innen über ihre Familienmitglieder und deren Beziehungen untereinander. Es stellt somit ein einzigartiges Abbild der inneren Vorstellungen der Klient*in von ihrer Familie in Form einer standardisierten Symbolstruktur dar.

Insbesondere dem Erstellungsprozess eines Genogramms ist eine wichtige Bedeutung beizumessen. Im Genogramm-Interview und dem dabei entstehenden Bild wird der Familienkalender der Klientin zum Sprechen gebracht (McGoldrick, 2009, S. 17). Wie beschreibt die Klientin ihre Familienstruktur und -historie? Welche Familienmitglieder oder -konstellationen werden hervorgehoben? Welche werden eher beiläufig erwähnt oder gar vergessen? Welche Wahrnehmungs- und Deutungsmuster, welche Wertvorstellungen und Rollenbilder zeigen sich im Erzählstil der Klientin?

Mithilfe des Genogramms können wir schließlich familiäre Muster, systemische Verbindungen und Zusammenhänge sowie zirkuläre Prozesse sichtbar machen und werden gemeinsam mit dem Klient*en zur Hypothesenbildung angeregt (vgl. Roedel, 2009, S. 10 f.). Dies kann in einem intensiven Prozess auch zu einer Dekonstruktion der Familiendarstellung sowie einer Neu-Erzählung derselben führen, indem die eigenen Wirklichkeitskonstruktionen hinterfragt und neue Perspektiven eingenommen werden.

Diesem oft über mehrere Sitzungen andauernden Prozess, welcher auch nach Monaten oder Jahren noch einmal fortgeführt werden kann, kommt auch eine beziehungsstiftende Funktion zu (vgl. Kühling u. Richter, 2009, S. 229). Eine solche intensive Auseinandersetzung mit der eigenen Familie findet in der Regel im analogen Setting unter Hinzunahme von Flipchart, Stiften in verschiedenen Farben und ggf. weiteren Materialien wie Familienfotos o. Ä. statt. Zwar unterscheiden sich auch hier die Vorgehensweisen von Berater*innen – so z. B. hinsichtlich des Detailgrads im Genogramm (vgl. Rohr, 2017, S. 103 ff., 145 f.) – jedoch zeigten die Ergebnisse unserer quantitativen Studie von 2019 unter Beteiligung von 108 systemischen Berater*innen und Therapeut*innen, dass die Mehrheit Genogramme im Beisein und unter Beteiligung der Klient*innen erstellt (Rohr et al. 2022)[2].

Für das digitale Beratungssetting stellt sich somit die Frage, wie den oben genannten Inhalten und Zielen der Genogramm-Methode sowie dem in der Praxis meist kreativen und interaktiven Prozess auch im Online-Format Rechnung getragen werden kann.

In diesem Sinne möchten wir im Folgenden die von uns entwickelte InGeno-App als Beispiel für eine digitale Softwarelösung zur Erstellung von Genogrammen vorstellen und beschreiben, wie mithilfe dieser die Arbeit mit Genogrammen auch in der Online-Beratung Anwendung finden kann.

InGeno

Im Rahmen des interdisziplinären Forschungsprojekts »InGeno« der Universität zu Köln und der Technischen Hochschule Köln wird seit dem Wintersemester 2014/15 unter Leitung von Dr. Dirk Rohr und Prof. Dr. Mario Winter mit einer wechselnden Forschungsgruppe von Wissenschaftler*innen und Studierenden der Erziehungswissenschaft und Informatik zur Genogrammarbeit geforscht, mit dem Ziel, eine effiziente App zur Erstellung von Genogrammen zu entwickeln (vgl. Rohr, 2017, S. 9).[3]

Ausgangspunkt dieser Zielsetzung war die auf Praxiserfahrungen von Berater*innen basierende Hypothese, dass die analoge Erstellung von Genogrammen in der Praxis oft zu unübersichtlichen Darstellungen führt. Eine weitere, häufig geäußerte Rückmeldung war, dass bei der Fülle an Informationen ein genereller Platzmangel auf dem Papier herrsche, so dass nicht selten Blätter angeklebt werden müssen. Das Ziel, mithilfe des Genogramms eine Komplexitäts-Reduktion sowie ein übersichtliches Abbild der Familienstruktur herzustellen, wird somit nicht oder nur unzureichend erfüllt. Auch McGoldrick et al. (2009) weisen bereits

---

2   Das Forschungsdesign von InGeno ist ein sogenanntes Exploratory Sequential Design, ein adaptiertes Mixed Methods Design, bei dem nach einem systematischen Literaturreview erst qualitative, dann quantitative Methoden angewendet wurden (Rohr et al. 2022a und Rohr et al. 2022b).

3   Ein 15-minütiger Einführungsvortrag zum InGeno-Projekt auf unserer Tagung »Gelingende Kommunikation« (2016) findet sich hier: https://www.youtube.com/watch?v=qu-LqJHN9Bo (Zugriff am 03.12.2021).

in ihrem Grundlagenwerk zur Genogrammarbeit auf diese Problemstellung hin: »Die Klarheit der Darstellung fällt erfahrungsgemäß der Menge an Informationen zum Opfer« (S. 19). Unsere Hypothese bekräftigte sich auch im Rahmen von 18 durchgeführten qualitativen Expert*innen-Interviews (vgl. Rohr, 2017, S. 139) sowie der großen quantitativen Online-Befragung (vgl. Rohr et al. 2022²).

In den vergangenen Jahren wurde im InGeno-Projekt eine an den Bedürfnissen der in der Beratung tätigen Professionellen orientierte Softwarelösung für das Android-Betriebssystem konzipiert, die basierend auf dem regelmäßigen Feedback von Anwender*innen im Feld kontinuierlich weiterentwickelt wird. Das Ziel besteht einerseits darin, der Genogrammerstellung mit Stift und Papier möglichst nahe zu kommen und andererseits Aspekte, die die analoge Genogrammerstellung erschweren, in der App-Darstellung zu vereinfachen. Durch die digitale Genogramm-Gestaltung entstehen gleichzeitig ganz neue Möglichkeiten, die die bisherige Arbeit mit Genogrammen sogar noch erweitern könnten.

Mit InGeno ist es möglich, Genogramme in digitaler Form wie auf einem »unendlichen Papier« zu visualisieren[4]. Aus einem vorgegebenen Menu können viele verschiedene Personen- und Beziehungssymbole ausgewählt werden, die an die Symbolik von McGoldrick et al. (2009) angelehnt sind (vgl. Abb. 1).

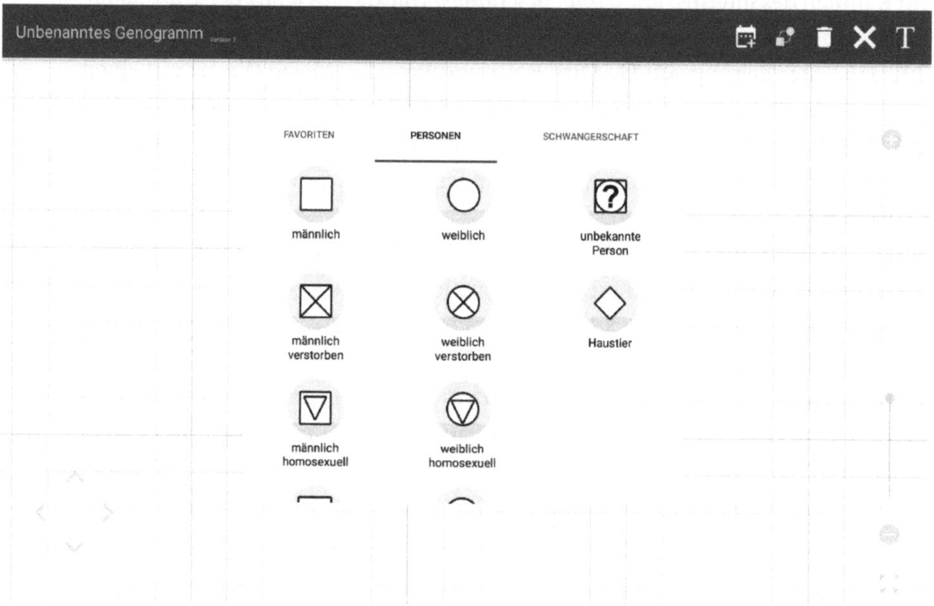

Abb. 1: Beispiele für Personen-Symbole in InGeno

---

4 Tom Levold im Zuge der zweiten Phase unseres Projektes (der qualitativen Datenerhebung): »Ich wünsche mir eine Genogramm-App mit unendlich viel Platz: Das unendliche Papier«.

Für jede Person können grundlegende Daten, wie Name, Geburtsdatum, Sterbedatum und Alter sowie individuelle Notizen (z. B. Eigenschaften, Hobbies o. Ä.) in einem Kerndatenmenu hinterlegt werden (vgl. Abb. 2). Einzelne erstellte Personen und Notizen können dann mit dem Finger bzw. Stift verschoben und wieder gelöscht werden. Durch die Möglichkeit, Vorgänge wieder rückgängig machen und einzelne Elemente löschen zu können, entfällt ein Radieren oder Durchstreichen wie in der analogen Genogrammerstellung.

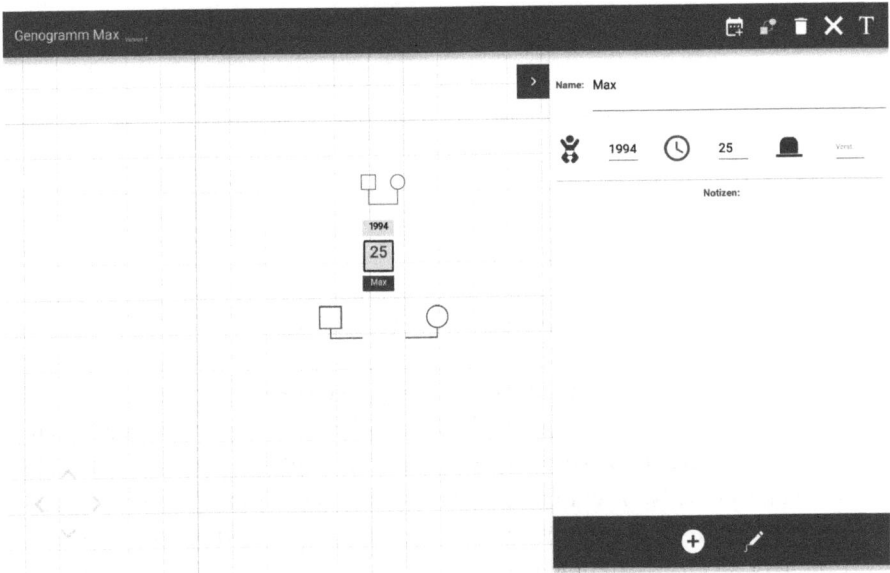

Abb. 2: Kerndatenmenu einer Person

Das Anlegen einer ganzen Elterngeneration sowie einer Partnerschaft ist mittlerweile im Schnellvorgang möglich, so dass hier im Vergleich zur Zeichnung mit Stift und Papier Zeit eingespart werden kann.

Neben der Auswahl an Personensymbolen sind in InGeno auch verschiedene Beziehungslinien hinterlegt, die innerhalb eines Menus noch einmal unterteilt sind in Paarbeziehungen, positive und negative Beziehungen, Missbrauchsbeziehungen, doppeldeutige und einseitige Beziehungen (Abb. 3). So können also neben den Verwandtschaftsbeziehungen auch die subjektiv wahrgenommenen emotionalen Verbindungen zwischen den Familienmitgliedern dargestellt werden. Die Beziehungslinien unterscheiden sich zudem farblich voneinander, je nach inhaltlicher Prägung (vgl. Abb. 5)[5].

---

5   In diesem Zusammenhang ist aber auch eine kritische, grundlegende Anmerkung zu »Beziehungs-Linien« angebracht: Aus unserem konstruktivistisch-systemischem Verständnis sind

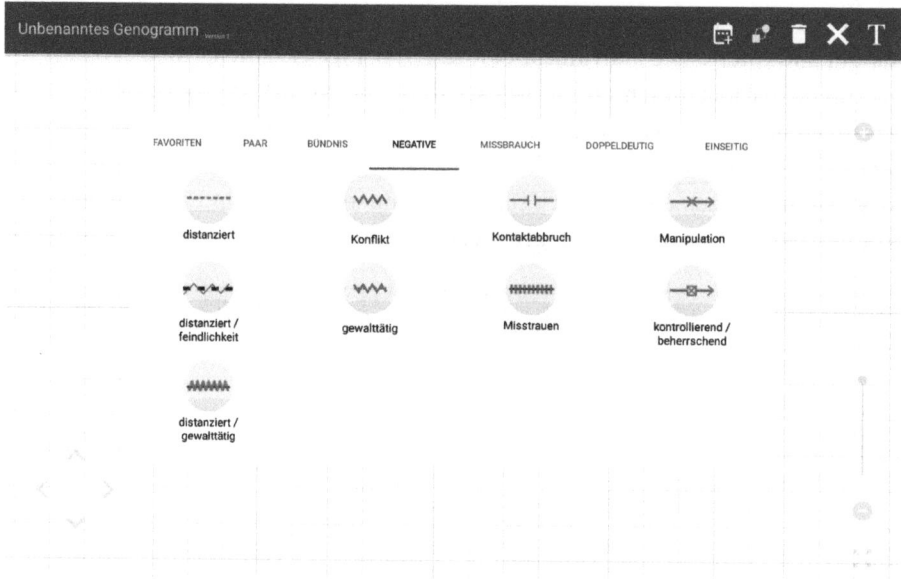

Abb. 3: Auswahl an Beziehungslinien (hier: negative Beziehungen)

Über die Tastatur als auch handschriftlich/zeichnerisch können dem Genogramm Notizen hinzugefügt werden. Diese Notizen können zusätzlich auch noch einer Kategorie zugeordnet werden (z. B. Beruf, Religion, Krankheit, Ressource). Ist eine Notiz einmal einer Kategorie zugeordnet, so können einzelne Kategorien im Genogramm ein- und ausgeblendet werden. Die Kategorien erfüllen also eine Art Filter-Funktion, die es ermöglicht, bei einer Vielzahl an Informationen einzelne Notizen auszublenden und damit wieder einen übersichtlicheren und ggf. »neutraleren« Blick auf das Genogramm werfen zu können. Damit hilft diese Funktion die mit der Informationsfülle einhergehende Unübersichtlichkeit eines analog erstellten Genogramms zu vermeiden. Durch das gezielte Einblenden ausgewählter Kategorien können zum anderen aber auch bestimmte Themen im Genogramm fokussiert und möglicherweise vorhandene Muster noch deutlicher sichtbar gemacht werden. So haben wir die Möglichkeit, ein Genogramm beispielsweise ausschließlich anhand der in der Familie vorhandenen Ressourcen zu betrachten, oder den Fokus vordergründig auf die in der Familie vertretenen Berufe zu legen (Abb. 4).

Mit InGeno ist auch das Zusammenleben von Personen in einem Haushalt visualisierbar. Indem zunächst einzelne Personen durch Antippen ausgewählt

---

diese niemals »in Stein gemeißelt«, niemals »harte Diagnostik« (Levold 2017), sie sind Perspektiven, zirkulär, ggf. nach einigen Wochen schon ganz anders erlebt (…) und dienen lediglich als Hypothesen.

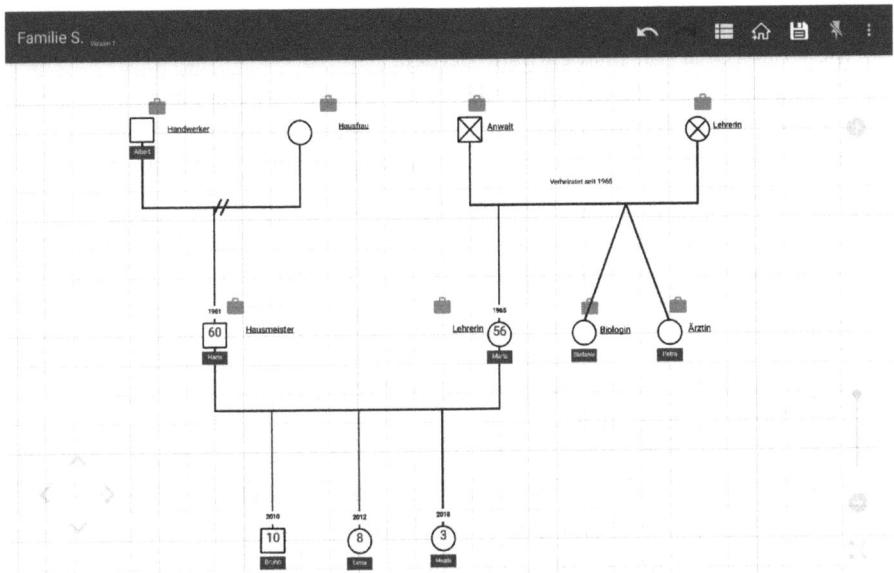

Abb. 4: Genogramm gefiltert nach Berufen der Familienmitglieder

und einem Haushalt zugeordnet werden. Das Programm zieht daraufhin automatisch eine farbige Linie um die zusammenlebenden Personen (Abb. 5). Jedem Haushalt wird automatisch eine neue Farbe zugeordnet. Zieht eine Person aus oder ist nur versehentlich einem Haushalt zugeordnet worden, so kann sie durch

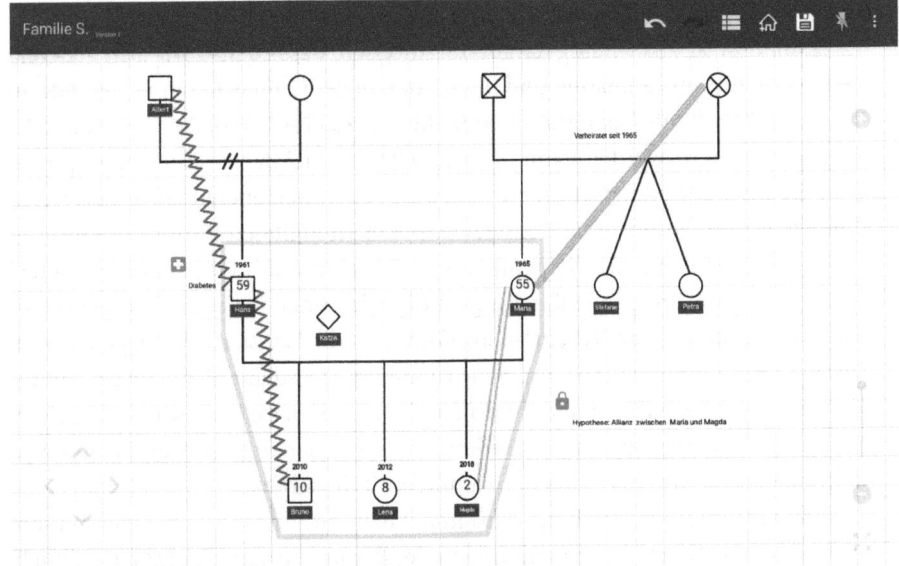

Abb. 5: Darstellung eines zusammenlebenden Haushalts

Die digitale Erstellung von Genogrammen

ein erneutes Antippen innerhalb der Haushalts-Bearbeitungsfunktion einfach wieder aus dem Haushalt entfernt werden.

An dieser Stelle können nicht alle Funktionen der InGeno-App im Detail vorgestellt werden. Zu vielen einzelnen Funktionen wurden aber im Projekt kurze Video-Tutorial-Sequenzen erstellt, die in der App integriert sind und jederzeit von der Benutzer*in aufgerufen werden können. Auf der Projekt-Homepage (https://www.gm.fh-koeln.de/~winter/inGeno/) können einzelne dieser Videosequenzen angesehen werden, um einen ersten Eindruck von der App zu bekommen.

Digitale Genogrammerstellung mit InGeno im Rahmen von Online-Beratung

Das Ziel von InGeno bestand zunächst in der Entwicklung einer Softwarelösung zur digitalen Genogrammerstellung, die Berater*innen in der analogen Beratung unterstützen sollte. Die Anwendung von InGeno im Online-Beratungsformat spielte zunächst nur eine nachgeordnete Rolle und gewann für uns insbesondere im Rahmen der Coronapandemie und der damit einhergehenden generell wachsenden Bedeutung von Online-Formaten an Relevanz. Wie können Genogramme auch in der Online-Beratung sinnvoll eingebunden werden, ohne dass einzelne Aspekte der Methode, die uns aus dem analogen Setting vertraut sind, verloren gehen?

Wir wollen im Folgenden einen Vorschlag skizieren, wie dies mithilfe der InGeno-App aussehen kann.

Zunächst ist uns wichtig darauf hinzuweisen, dass ebenso wie sich generell Aspekte der Kommunikation und Interaktion in der Online-Beratung verändern, auch die Arbeit mit Genogrammen nicht eins zu eins als solche in das digitale Format übersetzt werden kann. Daher sollte das Ziel darin bestehen, wichtige Inhalte der Methode zwar einerseits bestmöglich beizubehalten, andererseits jedoch auch offen für mögliche neue Aspekte im digitalen Format zu sein.

Unser Vorschlag für die gemeinsame Erstellung des Genogramms lautet: Unabhängig davon, ob die Beratung im digitalen oder analogen Setting erfolgt, ist es zu empfehlen, der Klient*in im Vorhinein die Hausaufgabe zu geben, mit ihren Familienmitgliedern Gespräche zu führen. Dies dient nicht nur der Sammlung von wichtigen Daten und Informationen, sondern stellt zugleich auch schon den ersten Schritt in der Auseinandersetzung mit der eigenen Familie und den Wirklichkeitskonstruktionen der Familienmitglieder dar.

Die Genogrammerstellung selbst findet dann im Anschluss als Intervention in der Online-Beratung gemeinsam mit der Berater*in statt. Da InGeno aktuell lediglich auf Tablets mit Android-Betriebssystem genutzt werden kann, schlagen wir vor, sich entweder direkt über das Tablet in das Beratungssetting anzumelden oder das Tablet als »dritten Teilnehmer« hinzuzufügen.

Sobald mit der Erstellung des Genogramms begonnen wird, öffnet die Berater*in InGeno auf dem Tablet und gibt ihren Bildschirm frei, so dass sowohl die Klient*in als auch die Berater*in dieselbe Oberfläche der InGeno-App sehen können. Eine interaktive Nutzung der App ist nicht möglich, so dass die Berater*in die grafische Erstellung des Genogramms alleine übernimmt. Dies ist bereits ein erster Unterschied zum analogen Setting, in welchem die Klient*in die Möglichkeit hat, auch selbst etwas einzuzeichnen. Wie die Ergebnisse unserer durchgeführten quantitativen Studie (Rohr et al. 2022b) zeigten, übernimmt aber auch in der analogen Genogrammerstellung die Mehrheit der Berater*innen/Therapeut*innen (55,6 %) selbst die Zeichnung des Genogramms. 39,8 % gaben an, gemeinsam das Genogramm zu erstellen, wobei hier nicht näher nach der Art der Beteiligung der Klient*innen gefragt wurde. Lediglich 4,6 % der Berater*innen/Therapeut*innen überlassen die Genogrammerstellung vollständig der Klient*in. Wir sehen in der Aufteilung der Rollen in der Online-Beratung insofern keinen Nachteil, da die Klient*in durch den gemeinsamen Blick auf das geteilte Bild jeden Vorgang der Berater*in gut verfolgen und ggf. verbal korrigieren und ergänzen kann. Zudem muss sich die Klient*in auf diesem Weg nicht auf die technische Bedienung der App konzentrieren, sondern kann ihren Fokus ganz auf das Erzählte und die zeitgleiche visuelle Gestaltung der Berater*in richten.

Beim Teilen des Bildschirms sollte darauf geachtet werden, dass die Videobilder der Berater*in wie Klient*in unbedingt weiterhin auf der Oberfläche (z. B. der Zoom-Plattform) zu sehen sind, damit auch Gestik und Mimik in der Kommunikation nicht verloren gehen. Dient das Genogramm in der analogen Beratung auch als Medium, um miteinander in Beziehung zu treten und ins Erzählen zu kommen, so sollte dieser Aspekt auch im Online-Setting nicht in Vergessenheit geraten. Hierfür ist, wie generell für die Arbeit mit InGeno oder einer anderen Genogramm-Software, ein geübter Umgang mit dem Programm von großer Bedeutung, um im gemeinsamen Setting mit der Klient*in auch als Berater*in nicht zu sehr auf die technische Handhabung des Programms fokussiert zu sein. Gegebenenfalls kann es im Prozess auch sinnvoll sein, den geteilten Bildschirm für eine Weile zu schließen und den Fokus wieder bewusst auf das Gespräch zu legen.

Mithilfe der App kann nun zunächst die graphische Stammbaum-Struktur erstellt werden, so dass die Familienmitglieder in Form der entsprechenden Symbole alle einen Platz im Genogramm finden. Es gibt Auswahl-Menüs mit beschrifteten Symbolen und Beziehungslinien – eine Erleichterung im Vergleich zum analogen Setting, denn die Symbole und Linien müsse nicht im Einzelnen erläutert werden. Zu den einzelnen Personen können wichtige Daten innerhalb des Kerndatenmenus erfasst werden.

Ist diese grafische Struktur erstellt, so kann gemeinsam mit der Klient*in überlegt werden, auf welche Familienkonstellation, auf welche Einzelpersonen, auf welche familiären Themen oder auf welche Beziehungsmuster der Blick gerichtet werden soll. Über die Notizfunktion können einzelne Informationen ergänzt und bei der Betrachtung im Einzelnen, über die Kategorienfunktion ein- und ausgeblendet werden. Dieser Wechsel der Genogramm-Ansicht hinsichtlich unterschiedlicher Fokussierungen unterstützt die Klient*in darin, ihre Familie aus verschiedenen Perspektiven (neu) zu betrachten. Im Genogramm kann gezielt auf Ressourcen geschaut werden – hierfür gibt es eine Extra-Kategorie – und damit zu einem positiven Reframing anregen. Hierunter fallen z. B. Bewältigungsstrategien oder Stärken und Kompetenzen einzelner Familienglieder fallen (vgl. Kühling u. Richter 2009, S. 244 f.).

Über die Zoomfunktion können einzelne Subsysteme im Genogramm, wie z. B. die Kernfamilie oder die Großelterngeneration, im Bildschirm vergrößert und so gezielt in den Mittelpunkt der Betrachtung gerückt werden. Andersherum kann durch das Herauszoomen aus dem Bildschirm wiederum auch das Genogramm im Gesamten überblicksartig betrachtet werden.

Einige Berater*innen ermuntern ihre Klient*innen, Bilder und Fotos der Familie für die Genogrammerstellung mitzubringen. Gleiches kann auch in der Online-Beratung erfolgen, bestenfalls indem die Klient*innen schon im Vorhinein gebeten werden, ausgewählte Fotos in einem Ordner auf dem PC abzuspeichern und ggf. alte, analoge Fotos einzuscannen. Während der Beratung können diese Fotos dann ebenfalls für die gemeinsame Ansicht über den Bildschirm geteilt werden.

Die Ergebnisse unserer quantitativen Studie zeigen, dass die große Mehrheit der Berater*innen/Therapeut*innen (81,5 %) die erstellten Genogramme in Papierform in der Klient*innenakte abheftet und 40,7 % das Genogramm der Klient*in in ausgedruckter Form mitgeben (bei dieser Frage war eine Mehrfachnennung möglich). Mit InGeno kann hierfür entweder ein Bildschirmfoto oder eine PDF-Datei erstellt werden, die im Anschluss entweder ausgedruckt oder der Klient*in per E-Mail zugesandt werden kann. Die Berater*in kann dieselbe Datei natürlich ebenfalls zum Abheften in der analogen Akte ausdrucken oder in der digitalen Akte abspeichern.

Selbstverständlich ist das Vorgehen in der digitalen Genogrammerstellung ebenso wenig statisch und vorgegeben wie im analogen Setting. Es geht weniger um das »richtige« Aufzeichnen des Genogramms, als vielmehr um die individuelle Füllung desselben, um das Bewusstwerden der subjektiven Sicht auf die eigene Familie, das Einnehmen neuer Perspektiven sowie um das Entdecken und Sichtbarmachen familiärer Muster und Dynamiken. Um diesem Prozess Raum geben zu können, ist in der digitalen Kommunikation umso sensibler auf Stimmlage, Gestik und Mimik zu achten. Wenn wir uns auf diese Form der Genogrammarbeit einlassen können und der digitalen Umsetzung mit all ihren Möglichkeiten offen und neugierig begegnen, kann das Genogramm auch im Online-Setting eine wertvolle und anregende Intervention darstellen.

Sie möchten die InGeno-App kostenlos testen?

Was Sie tun müssen:
- Schreiben Sie eine Mail an cstein5@uni-koeln.de und sven.kullack@th-koeln.de und erfragen den Link E-zur InGeno-App.
- Öffnen Sie den Link in der Antwort-E-Mail: Sie werden weitergeleitet auf die Seite von Firebase und müssen den »Test auf diesem Gerät« freigeben.
- Im nächsten Schritt laden Sie den Firebase App Tester herunter (dieser wird unten auf der Seite automatisch eingeblendet). In dieser App werden dann auch Updates von InGeno angezeigt.
- Sie tippen »Letztes InGeno-Release« an (auf der Homepage, die sich über den E-Mail-Link öffnet); daraufhin wird InGeno gedownloaded. Sie werden nochmals aufgefordert, die Installation der App zu bestätigen, dann können Sie die App öffnen!
- Tutorials für das Erstellen von Genogrammen auf der InGeno-App finden Sie unter http://www.gm.fh-koeln.de/~winter/inGeno/

Wer interessiert ist, die InGeno-App anzuwenden, sollte den Umgang vorher üben, um sich im Kontakt mit Klient*innen ganz auf die Beratung konzentrieren zu können. In regelmäßigen Abständen bieten wir hierzu (online) Fortbildungen an bzw. integrieren die Anwendung in unsere (online) Weiterbildung zur systemischen Berater*in (www.koelner-institut.de).

Autor*innen

Clara Stein ist Rehabilitationswissenschaftlerin (M. A.), wissenschaftliche Mitarbeiterin im Arbeitsbereich Beratungsforschung der Humanwissenschaftlichen Fakultät der Universität zu Köln sowie Systemische Beraterin (DGSF). Weiterhin ist sie in einer Praxis für Kinder- und Jugendpsychiatrie und -psychotherapie tätig. Zurzeit befindet sie sich in Ausbildung zur tiefenpsychologisch fundierten Kinder- und Jugendlichenpsychotherapeutin.

Dirk Rohr, Dr., Gestalttherapeut, systemischer Berater und Lehr-Supervisor (DGSv/DGSF), ist Akademischer Direktor und Leiter des Arbeitsbereichs Beratungsforschung und des Zentrums für Hochschuldidaktik an der Humanwissenschaftlichen Fakultät der Universität zu Köln sowie Institutsleiter des koelner institut für Beratung & pädagogische Professionalisierung. 2004 erhielt er den Ruf auf die Professur für Kommunikation in pädagogischen Handlungsfeldern der Universität Oldenburg. Seit 2018 ist er Herausgeber der Reihe Beratung, Coaching, Supervision im Carl-Auer-Verlag; seit 2019 Präsident der European Association for Counselling (EAC) und im Vorstand der International Association for Counselling (IAC).

Literatur

Baum, R., Jablonski, C., Rohr, D. (2021). Systemisch online lehren – mehr als ein Plan B? In Zeitschrift für systemische Therapie und Beratung 39 (3). Dortmund: Verlag modernes Lernen.

Kühling, L., Richter, K. (2009). Genogramme in der Sozialen Arbeit. In: B. Michel-Schwartze (Hrsg.), Methodenhandbuch Soziale Arbeit. Basiswissen für die Praxis. Wiesbaden: Springer VS.

McGoldrick, M., Gerson, R., Petry, S. (2009). Genogramme in der Familienberatung (3. Aufl.). Bern: Huber.

Roedel, B. (2009). Praxis der Genogrammarbeit. Die Kunst des banalen Fragens (6. Auf.). Dortmund: Borgmann.

Rohr, D. (2017). Über die Arbeit mit Genogrammen. Auswertung von ExpertInneninterviews zur Genogrammerstellung. Heidelberg: Carl Auer.

Rohr, D. (2021). European Association for Counselling, International Association for Counselling: Counselling in Europe. Training, Standards, Research, ›Culture‹ & Information about 39 Countries. Heidelberg: Carl-Auer-Verlag.

Rohr, D., Spath, K., Aschermann, E. (2022a; angenommen). Genogramme in Beratung und Therapie: Übersicht über die aktuelle Forschung. In Zeitschrift Familiendynamik – Systemische Praxis und Forschung 1/2022. Stuttgart: Klett-Cotta Verlag.

Rohr, D., Spath, K., Aschermann, E. (2022b; angenommen): Genogramme in Beratung und Therapie: Ergebnisse einer Mixed Methods Studie in Deutschland. In Zeitschrift Familiendynamik (2)/2022. Stuttgart: Klett-Cotta Verlag.

Schubert, F.-C., Rohr, D., Zwicker-Pelzer, R. (2019). Beratung. Grundlagen – Konzepte Anwendungsfelder. Heidelberg: Springer.

16 Online-Coaching mit der CAI® World

Elke Berninger-Schäfer und Hannah Süß

Online-Coaching stellt Coaches vor die Herausforderung, eine tragfähige, vertrauensvolle Beziehung zu ihren Klient*innen mit den Möglichkeiten der Online-Kommunikation herzustellen und ihr professionelles Vorgehen in eine Online-Umgebung zu übertragen. Hierzu gehören die Gestaltung von Coachingprozessen und der Einsatz von Online-Tools. Wie können vertraute Methoden aus dem Präsenzcoaching – wie Flipchart und Pinwand – online durch Whiteboard und Chat ersetzt werden? Und wie können systemische Aufstellungen, die Arbeit mit dem Inneren Team und die Arbeit mit Bildmaterialien online umgesetzt werden?

Diese Möglichkeiten können durch die gewählte technische Umgebung eingeschränkt oder erweitert werden. Elke Berninger-Schäfer ist geschäftsführende Gesellschafterin der CAI GmbH und stellt CAI World als eine Gesamtlösung für Coaches mit zahlreichen Tools vor. CAI World ist eine Software, die von Elke Berninger-Schäfer und Ihrem Team am Karlsruher Institut entwickelt und getestet wird.

Professionelles Online-Coaching ist mehr als nur die Durchführung von Coaching über Medien. Professionelle Online-Coaches verfügen über Kompetenzen der Medienbeurteilung, Mediennutzung, der Medienkommunikationskompetenz, der Fähigkeit, Coaching-Prozesse online zu gestalten und interaktive Coaching-Tools zu nutzen. Sie sollten sich mit empirisch fundierten Wirkfaktoren im Online-Coaching auseinandergesetzt haben, um wertschätzende, vertrauensvolle Online-Beziehungen gestalten und auch emotionale, physiologische, soziale und assoziative Ebenen im Online-Geschehen bearbeiten zu können (Berninger-Schäfer, 2018).

Online-Coaching kann als Zusatzqualifikation für bereits qualifizierte Coaches verstanden werden bzw. es wird bereits in grundständige Coaching-Ausbildungen integriert. Dabei geht es darum, sich einerseits mit den Besonderheiten des Online-Coachings auseinanderzusetzen, und andererseits auch darum, mit geeigneter technologischer Unterstützung das Coachingrepertoire online sinnvoll einsetzen zu können.

So macht es einen Unterschied, ob ein Coachinggespräch ausschließlich über den verbalen Austausch zwischen Coach und Coachee stattfindet oder ob es mit zusätzlichen Methoden angereichert wird. Viele Coaches setzen im Face-to-Face-Setting Moderationsmaterialen und Visualisierungen ein, arbeiten mit kreativen Techniken, mit Bildmaterialien, Collagen, Figuren, uvm.

Dies sollte auch im Online-Coaching möglich sein. Es gibt verschiedene Plattformen, mit denen Online-Coaching aktuell durchgeführt wird. Sie verfügen meistens über eine Audio- und Videoübertragung, Desktop Sharing, Präsentation und manche über ein Whiteboard und über die Möglichkeit, Dokumente auszutauschen. Einzelne Tools können ergänzend eingesetzt werden.

Eine Plattform, die all diese Möglichkeiten integriert und spezifische Tools für Online-Coaching bereitstellt, ist die CAI Plattform, die im Folgenden vorgestellt werden soll.

Die CAI World verfügt über datensichere, interaktive Räume mit vielen Formaten und Tools, über Audio- und Videokommunikation, Klienten-, Dokumenten- und Zeitmanagement, sowie Kompetenzeinschätzung und Evaluation, die auch für Beratung, Supervision, Psychotherapie, Training, Meeting und Digital Leadership genutzt werden. Über Verschlüsselungstechnologie, sowie Firmensitz und Serverstandort in Deutschland wird dem Datenschutz Rechnung getragen.

Die Sitzungsräume der CAI World sind nicht flüchtig, d. h. sie können jederzeit von den hierfür berechtigten Personen betreten werden, so dass an den Themen synchron und asynchron weitergearbeitet werden kann. Klient*innen nutzen diese Möglichkeit sehr gerne, um zu reflektieren und zu dokumentieren, wie sich die im Coaching behandelten Themen weiterentwickelt haben. Sie beschreiben ihre Erfolge und Herausforderungen bei der Umsetzung von Zielen und vereinbarten Maßnahmen. Coaches können sie somit engmaschig begleiten und den Transfer sichern. Die Weiterarbeit an den Themen des Coachings ist möglich, da alle Inhalte automatisch gespeichert und zusätzlich als PDF exportiert werden können.

Coaching-Formate

CAI World unterscheidet zwischen verschiedenen Coaching- und damit zwischen verschiedenen Online-Formaten. Denn neben dem methodischen Einsatz ist professionelles Coaching dadurch gekennzeichnet, dass Coaches über ein Coaching Konzept verfügen, das im besten Falle wissenschaftlich fundiert ist. Dieses Konzept sollte den Coaches die Möglichkeit geben, Coaching-Prozesse zu gestalten, bei denen Klient*innen zu ihren Anliegen sinnvolle Ziele und Lösungsmöglichkeiten erarbeiten können. Daher ist es sinnvoll, Coaching-Prozesse in verschiedenen Formaten durchzuführen. Der Begriff des Formats bezieht sich auf die Durchführungsform. So kann Coaching im Einzel- oder

Gruppenformat stattfinden. Es kann sich um Business-, Health-, Team-, Konflikt- oder agiles Coaching handeln. Diese Coachingformate können sich im Ablaufprozess und in der Wahl der Methoden unterscheiden. Coaches wird damit nicht nur eine technische Plattform, sondern eine Strukturierung des Coachingprozesses selbst angeboten.

Die CAI World bietet verschiedene Formate an. Bei jedem Format wird ein eigener Ablaufprozess angeboten, z. B. für Business-Coaching, Konfliktmanagement, Team Development, Design Thinking, Transfercoaching, Value Proposition Canvas, Retrospektive, Coaching Konferenzen uvm.

Abb. 1: Format Konfliktmanagement mit Phasenablauf, Tools und Fragen (Quelle: CAI*World)

Das dem jeweiligen Format zugeordnete Ablaufmodell besteht aus mehreren Phasen, die angeklickt werden können und mit passenden Tools und systemisch-lösungsorientierten Fragesets hinterlegt sind. Als Beispiel ist in Abb. 1. das Format Konfliktmanagement dargestellt. Die Phase »Konfliktanalyse« ist aufklappt, da sie angeklickt worden ist, sowie das integrierte Frageset, welches genutzt werden kann.

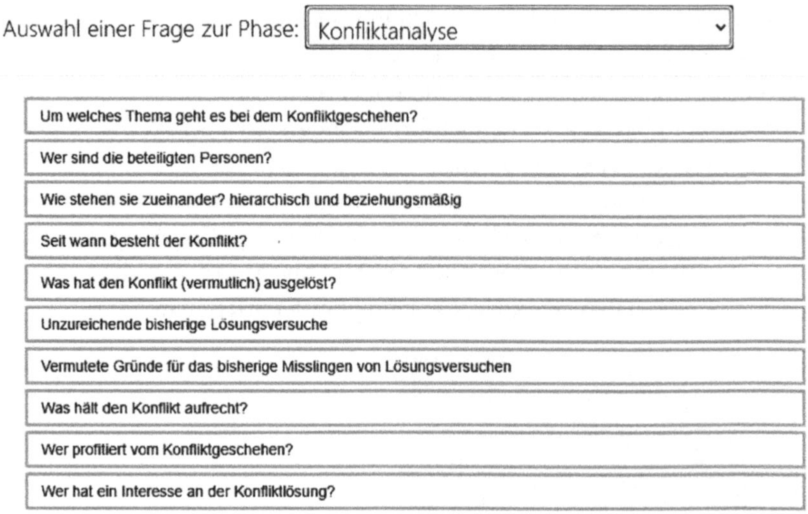

Auswahl einer Frage zur Phase:
Konfliktanalyse
Um welches Thema geht es bei dem Konfliktgeschehen?
Wer sind die beteiligten Personen?
Wie stehen sie zueinander? hierarchisch und beziehungsmäßig
Seit wann besteht der Konflikt?
Was hat den Konflikt (vermutlich) ausgelöst?
Unzureichende bisherige Lösungsversuche
Vermutete Gründe für das bisherige Misslingen von Lösungsversuchen
Was hält den Konflikt aufrecht?
Wer profitiert vom Konfliktgeschehen?
Wer hat ein Interesse an der Konfliktlösung?

Abb. 2: Format Konfliktmanagement, Phase Konfliktanalyse und Fragen (Quelle: CAI®World)

Tools
Chat
Soziogramm
Systembild (Aufstellung)
Whiteboard
Bildergalerie
Ressourcenbaum
Inneres Team
Tetralemma
Präsentation
Auswertung
Medien-Wiedergabe
Desktop-Sharing
Kompetenzen
Aufgabenliste
Tools
Chat
Whiteboard
Systembild (Aufstellung)
Soziogramm
Bildergalerie
Präsentation
Medien-Wiedergabe
Desktop-Sharing
Konfliktarten
Aufgabenliste
Konfliktlöse-Dreieck
Team-Aufgaben & Rollen
Themen & Brennpunkte
Sternstunden

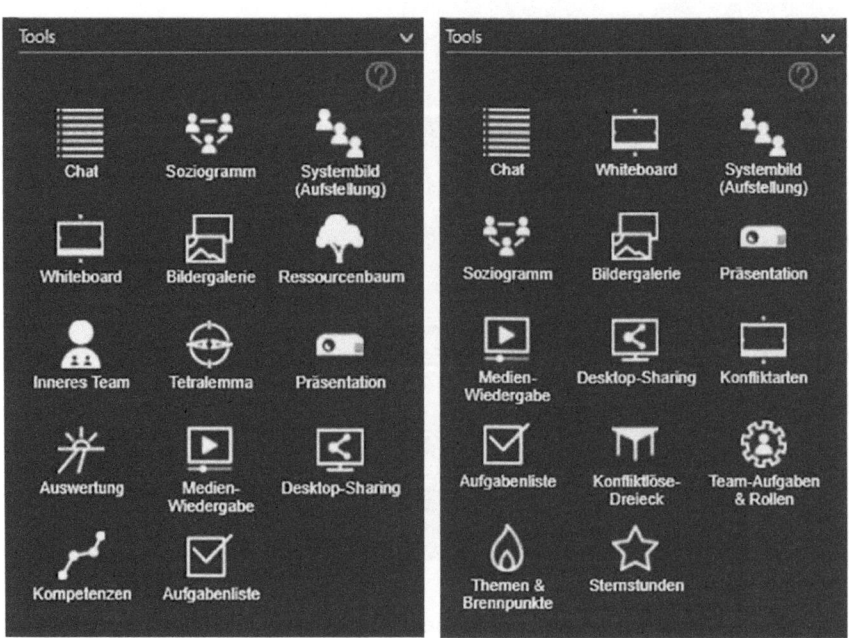

Abb. 3: Tools in den Formaten Konfliktmanagement und Business-Coaching (Quelle: CAI®World)

Tools

Als Tools werden Chat, Whiteboard, Soziogramm, Konfliktarten und Präsentation in dieser Phase empfohlen. Alle weiteren Tools können ebenfalls genutzt werden. Sie können ganz unten unter »Tools« aufgeklappt werden. Eine Übersicht der Tools zum Konfliktmanagement sowie der Tools im Format »Business-Coaching« findet sich in Abbildung 2.

Die Formate und Tools sind am rechten Rand einer Online-Sitzung sichtbar. Zwischen den Formaten kann innerhalb einer Sitzung gewechselt werden, so dass alle Tools immer zur Verfügung stehen. So kann es z. B. sein, dass das Format »Business-Coaching« eingestellt ist, aber das Tool »Konfliktlösedreieck« aus dem Format »Konfliktmanagement« in einer Coachingsitzung sinnvoll erscheint. Per Klick kann dieses aktiviert werden.

In der oberen Leiste können die Videobilder der anwesenden Personen sichtbar gemacht werden. Diese können vergrößert und verkleinert werden. In der Arbeitsfläche erscheinen die Tools, wenn sie im rechten blauen Menu angeklickt werden.

Neben der Prozesssteuerung zeichnet professionelle Online-Coaches der virtuose Umgang mit Online-Tools aus. Im Folgenden werden vier ausgesuchte Tools beschrieben, die klassischerweise im Online-Coaching genutzt werden. Beim Whiteboard und Chat handelt es sich um Basistools, da sie themenunabhängig immer in Online-Coaching-Prozessen zum Einsatz kommen. Die Aufstellung und das Innere Team eignen sich bei besonderen Fragestellungen und zur Visualisierung von Zusammenhängen in Mehr-Personen-Systemen bzw. im innerpsychischen System einer Person.

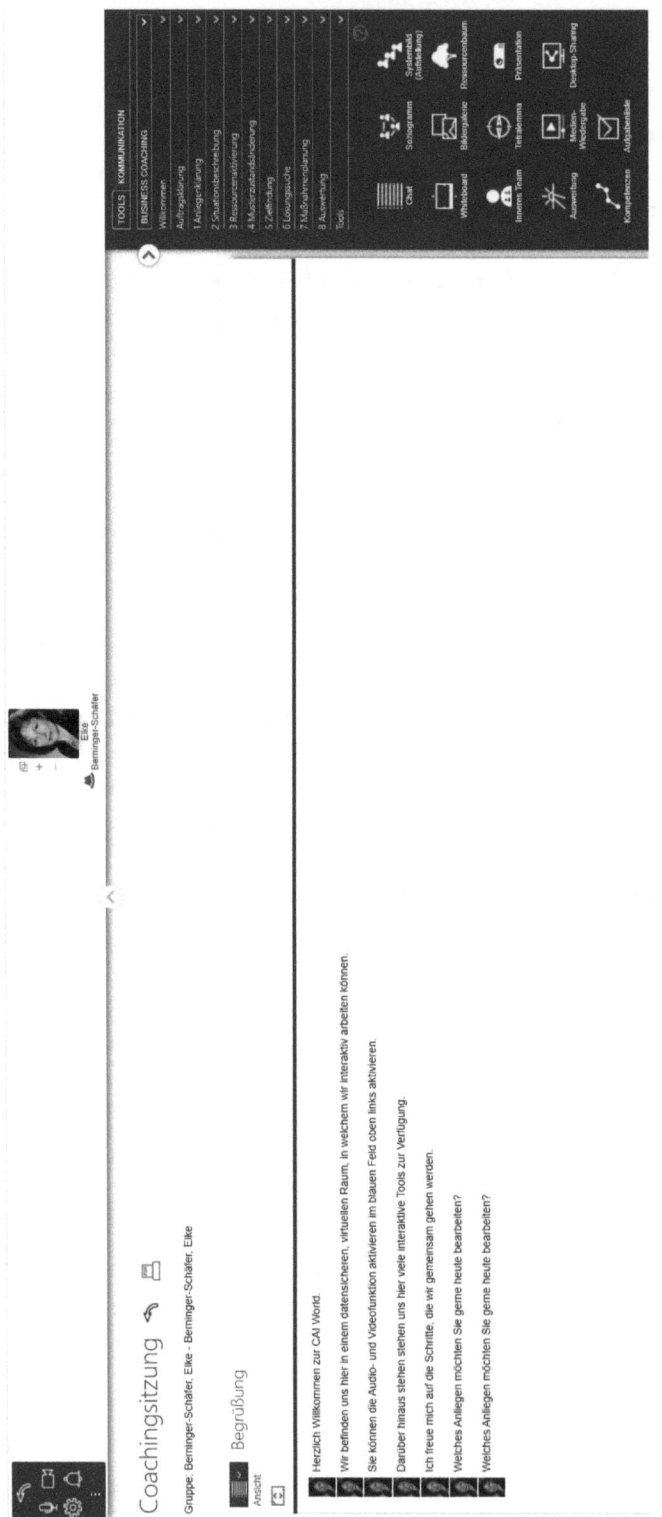

Abb. 4: Sitzungsansicht in der CAI® World mit Begrüßung im Chat (Quelle: CAI® World)

Beschreibung der einsetzbaren Tools

▶ **Chat**

Beim Chat handelt es sich um ein Online-Tool, bei dem im Gegensatz zum mündlichen Gespräch die Beiträge getippt werden. Ein Chat kann zwischen zwei oder mehreren Personen, sowohl synchron als auch asynchron stattfinden. Wird zeitgleich schriftlich kommuniziert oder werden die Gesprächsbeiträge bei der Nutzung der Audio-/Videofunktion stichwortartig protokolliert, findet der Chat auch in der synchronen Arbeit Anwendung.

In der CAI World kann der Chat als Kommunikationstool, als Chat mit integriertem Frageset oder als Chat innerhalb eines anderen Tools genutzt werden.

Wird der Chat als Kommunikationstool ausgewählt, baut sich der Chatverlauf beim Öffnen des Chats chronologisch untereinander auf. Dieser kann mit einem Zeitstempel versehen werden. Der Chat kann auch ausschließlich zu Dokumentationszwecken genutzt werden, wenn der Coach Stichworte des Gespräches, welches per Audio-Videoübertragung stattfindet, im Chatfenster notiert, so dass der Coachee ein unmittelbares Feedback über das Verständnis des Coaches bekommt. Dann erscheint an Stelle des Profilbilds ein Protokollsymbol beim Chatfenster.

Für jede Phase des Coachingprozesses bietet der Chat dem Coach zusätzlich ein integriertes Frageset an, welches typische systemisch-lösungsorientierte Fragen enthält. Durch die Auswahl einer einzelnen Frage, wird diese in das Chatfenster übernommen und kann jederzeit individuell angepasst werden. Darüber hinaus kann der Chat auch frei genutzt werden, so dass Coaches nicht gezwungen sind, den zur Verfügung gestellten Fragenkatalog zu verwenden.

Wird ein anderes Online-Tool als der Chat genutzt, baut sich zusätzlich ein Chat automatisch rechts neben dem Tool auf. So muss auch beim Einsatz anderer Tools nicht auf die Kommunikation oder Protokollierung im Chat verzichtet werden. Alle Einträge beziehen sich dann auf die Arbeit mit dem Tool. So werden z.B. beim Einsatz der Bildergalerie die Assoziationen des Coachees zum ausgewählten Bild im Chat neben dem Bild aufgeschrieben (s. Abb. 7). Dies gilt für alle anderen Tools ebenfalls.

Während des Schreibprozesses wird bei allen drei Varianten ein kleines Stiftsymbol angezeigt. Treten Pausen auf, sollte sich der Coach vergewissern, ob das Gegenüber die Zeit zum Schreiben benötigt, oder ob der Coachee auf Interaktion des Coaches wartet. Unabdingbar bei der Anwendung des Chats im Coachingprozess ist die Editierfunktion, mit deren Hilfe bereits abgeschickte Chatnachrichten korrigiert werden können. Dies dient der Behebung von Missverständnissen und trägt damit zu einer wertschätzenden Kommunikation bei. Außerdem bedarf es bei der Anwendung des Online-Tools »Chat« auch diverser Lese- und Schreibkompetenzen, damit die Vorteile des Schreibprozesses, wie z. B. verstärkte Selbstzentriertheit, Distanzierung und Perspektivenwechsel genutzt werden können (Klein, 2020). Coaches sollten sich mit den Besonderheiten der Chat-Kommunikation auseinandersetzen, z. B. mit dem Umgang mit abruptem Themenwechsel und der Entkoppelung von Beiträgen bzw. mit der beim Schreiben stattfindenden Verlangsamung oder dem Flooding, wenn zu große Textmengen geliefert werden (Winkler, 2017). Wertvolle Hinweise zur schreibbasierten Kommunikation beim Online-Coaching finden sich auch bei Ribbers und Waringa (2015).

Der Chat wird neben der Kommunikation vor allem zur Prozessgestaltung eingesetzt. Er dient der Einleitung von Phasenübergängen und der Beschreibung von Tools. Werden im Coachingprozess auch Audio- und Videofunktion genutzt, stellt der Chat ein wichtiges Tool zur Protokollierung dar, welches der Verständnissicherung dient. Der Chat bietet die Möglichkeit, sowohl als eigenständiges Tool als auch phasenübergreifend als begleitendes Tools eingesetzt zu werden.

▶ **Whiteboard**

Bei der Erfassung von Sachverhalten wird bei einem Coaching in Präsenz regelmäßig mit Flip-Charts und/oder Metaplanwänden gearbeitet. Dies sollte auch im Online-Coaching möglich sein. Für das gemeinsame Schreiben, Zeichnen und Sortieren eignet sich der Einsatz des Whiteboards. Dieses kann durch Modifikationen, wie beispielsweise die Änderung des Hintergrunds für unterschiedliche Anwendungsbereiche, genutzt werden. Neben der Durchführung von SWOT-Analysen ist nach König und Vollmer (2014) auch die Durchführung von Steakholderanalysen mit dem Whiteboard als Online-Tool möglich. Auf dem Whiteboard besteht die Möglichkeit, Metaplankärtchen in verschiedenen Farben und Formen zu platzieren, die in der Größe nach Belieben verändert werden können. Darüber hinaus stehen verschiedene Zeigerfunktionen zur Verfügung. Eine solche Zeigerfunktion stellt der Zeichenstift dar, mit dem vor allem der Prozess des Gestaltens unterstützt wird, genauso wie viele Symbole, die zur Visualisierung eingefügt werden können. Die Visualisierung ist im Online-Coaching besonders wichtig, da es aufgrund der Kanalreduktion leichter zu Missverständnissen kommen kann. Visualisierung über Symbole auf dem Whiteboard oder bei spezifischen Online-Tools (ausgesuchte Beispiele s. Punkt 3.3. und Punkt 3.4.) verdichtet Information, erlaubt einen assoziativen Zugang zu den besprochenen Themen und erleichtert die Arbeit mit emotionalen Ebenen.

Durch die Möglichkeit, ein bereits erstelltes Whiteboard zu kopieren und im weiteren Verlauf des Coachingprozesses wieder einzufügen, können sowohl Evaluationen durchgeführt als auch Prozessfortschritte dokumentiert werden.

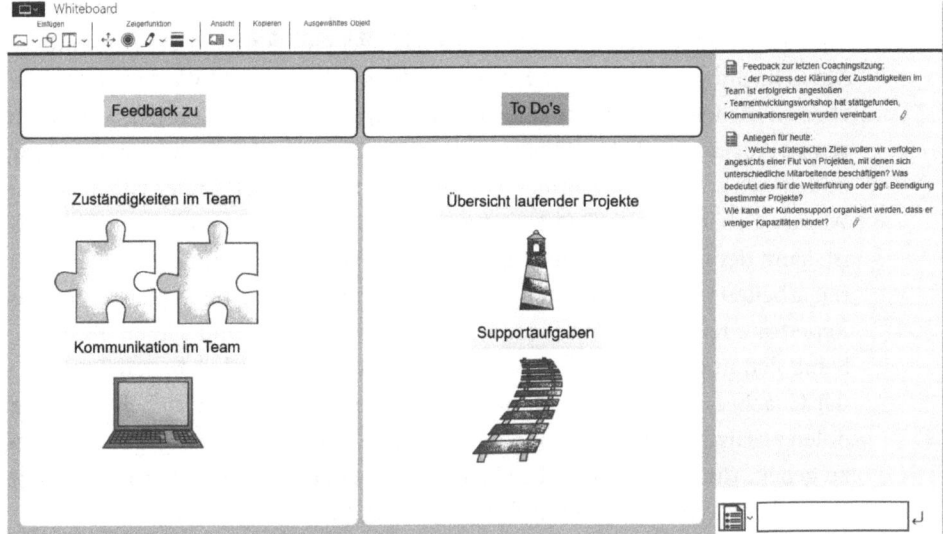

Abb. 5: Whiteboard mit Chat (Quelle: CAI® World)

Grundsätzlich kann das Whiteboard in jeder Phase des Coachings Anwendung finden. Besonders hilfreich ist dieses Online-Tool jedoch bei der Situationsbeschreibung. Hier wird durch das Sortieren von Themen und das Sammeln wichtiger Kontextinformationen eine Übersicht über den aktuellen Stand des Coachees geschaffen. Auch für die Ressourcenaktivierung und die Formulierung von Zielen, ist das Whiteboard ein geeignetes Tool.

▶ **Aufstellung**
Bei der systemischen Aufstellung handelt es sich um eine Methode zur Visualisierung bestimmter Dynamiken und Beziehungen innerhalb eines bestehenden Systems. Mit der Aufstellung bzw. dem Systembild können die Wechselwirkungen der einzelnen Bestandteile eines Systems dargestellt werden. Die Aufstellung als Online-Tool erfolgt über Symbole und nicht mit Menschen. Es handelt sich um ein Visualisierungstool. Dieses ist geeignet, um mögliches Konfliktpotenzial, aber auch Ressourcen und Lösungsansätze innerhalb eines Systems aufzudecken.

Die Aufstellung bzw. das Systembild ist ein Verfahren, welches unabhängig vom jeweiligen System eingesetzt werden kann. Neben Familien- und Organisationsaufstellungen haben sich ebenso Aufstellungen von Teams und Gruppen bewährt (Kumbier 2016, Varga von Kibed u. Sparrer, 2009). Gerade im Coaching kann die Gesamtbetrachtung der verschiedenen Beziehungen und Konflikte äußerst hilfreich sein, um mehr Klarheit in einer häufig festgefahrenen Situation zu erhalten.

Wird die Aufstellung in Präsenz durchgeführt, finden neben dem Systembrett auch Materialien wie Figuren, Holzklötzchen oder Stofftiere Anwendung. Ähnlich wird auch im Online-Setting gearbeitet. Auf der CAI World hat der Coachee zusätzlich die Möglichkeit, ein Hintergrundbild auszuwählen, welches in seinen Augen für die Ist-Situation am stimmigsten ist. In der Bildersammlung finden sich sowohl Aufnahmen von Büroräumen als auch Bilder von Wäldern, Wegen, Gebäuden und Landschaften. Sobald ein Hintergrundbild ausgewählt ist, kann der Coachee mit den in der CAI World zur Verfügung gestellten Figuren arbeiten und diese auf dem Hintergrundbild entsprechend platzieren. Das Repertoire reicht hier von Personen über Generationen und Tieren bis hin zu Symbolen und Beziehungen. Wie auch in den zuvor beschriebenen Tools, hat der Coachee die Möglichkeit mit verschiedenfarbigen Textkärtchen und Symbolen zusätzliche Informationen festzuhalten und den Figuren eine »Stimme« zu geben. Auch hier liefert die Chatfunktion ergänzend ein integriertes Frageset, welches typische systemisch-lösungsorientierte Fragen enthält.

Abb. 6: Aufstellung/Systembild (Quelle: CAI® World)

Sämtliche Figuren und Symbole können bewegt, in ihrer Größe verändert und positioniert werden.

Bei der Aufstellung handelt es sich um ein phasenübergreifendes Tool, welches vor allem in der Situationsbeschreibung Anwendung findet. Durch die Visualisierung einer Ist-Situation und einer Wunsch-Situation kann durch

Umgestaltung des Systembildes die Idee einer Zustandsänderung herbeigeführt und die Zielfindung unterstützt werden. Die Coachees sind bei der Gestaltung des Systembildes stark involviert, was sich in ihrem Erleben ganzheitlich widerspiegelt. Durch Umgestaltungen können gezielt Veränderungen im Erleben bearbeitet und genutzt werden. Das Gestalten des Systembildes führt zu Tranceprozessen der Coachees, so dass es die Aufgabe der Coaches ist, hier nicht einzugreifen, sondern empathisch zu begleiten und im Anschluss das Bild zu reflektieren bzw. zu weiteren Gestaltungen anzuregen. Der Prozess der Gestaltung des Systembildes kann über längere Zeit schweigend durchgeführt werden im Wissen darum, dass bei den Coachees sehr viel passiert. Hierbei spielen die Besonderheiten des Online-Coachings eine Rolle, z. B. die Involvierung in das Geschehen und das damit verbundene unmittelbare Erleben, das für den Coachingprozess genutzt werden kann.

▶ **Inneres Team**

Jeder Mensch verfügt über verschiedene »innere Stimmen«, die teilweise übereinstimmen, aber auch miteinander konkurrieren können. Die »innere Kommunikation« dieser Stimmen begleitet und steuert den Menschen in seinem Alltagshandeln. Mit dem Modell des Inneren Teams soll eine Darstellung der verschiedenen Stimmen erfolgen, um jeder Stimme genügend Aufmerksamkeit zu schenken (Schulz von Thun, 2013). Nur dann kann in der jeweiligen Problemsituation eine adäquate Entscheidung getroffen werden.

Im Präsenzcoaching werden die inneren Stimmen mit Figuren, Karten oder Zeichnen dargestellt und gemäß der Ist-Situation angeordnet. Den inneren Stimmen können in dieser Phase auch typische Sätze oder Worte zugeordnet werden. Bei der Veränderung in die Wunsch-Situation findet eine Umgestaltung der Anordnung der inneren Stimmen statt.

Für die Umsetzung des Inneren Teams im Online-Setting stellt die CAI World eine Auswahl an verschiedenen Silhouetten zur Verfügung, innerhalb derer ein Coachee sein Inneres Team platzieren kann. Für die einzelnen Teammitglieder stehen Figuren in verschiedene Farben zur Verfügung, welche auch namentlich benannt werden können. Darüber hinaus können auch hier verschiedenfarbige Kärtchen und Symbole zum Einsatz kommen.

Die »innere Pluralität« der Stimmen umfasst Werte, Persönlichkeitsanteile und internalisierte Stimmen von prägenden Personen. Eine ausreichende Berücksichtigung jeder dieser Stimmen, auch wenn diese zunächst als störend wahrgenommen werden, ist im Coaching von besonderer Bedeutung. So können sich aus anfänglichen Unstimmigkeiten der inneren Anteile wichtige Synergieeffekte ergeben, wenn die Konstellationen geändert werden bzw. die Bedürfnisse beachtet werden, welche die inneren Stimmen ausdrücken.

Bei der Arbeit mit dem Inneren Team kann für jede Problemsituation ein geeignetes Teammitglied gewählt werden, welches als Moderator bei den übrigen Teammitgliedern Gehör findet und im Gespräch mit ihnen zur Zusammenarbeit anregt. Innerhalb dieses Prozesses wird neben der Selbstwahrnehmung des Coachees auch die Fähigkeit zur Selbststeuerung gefördert.

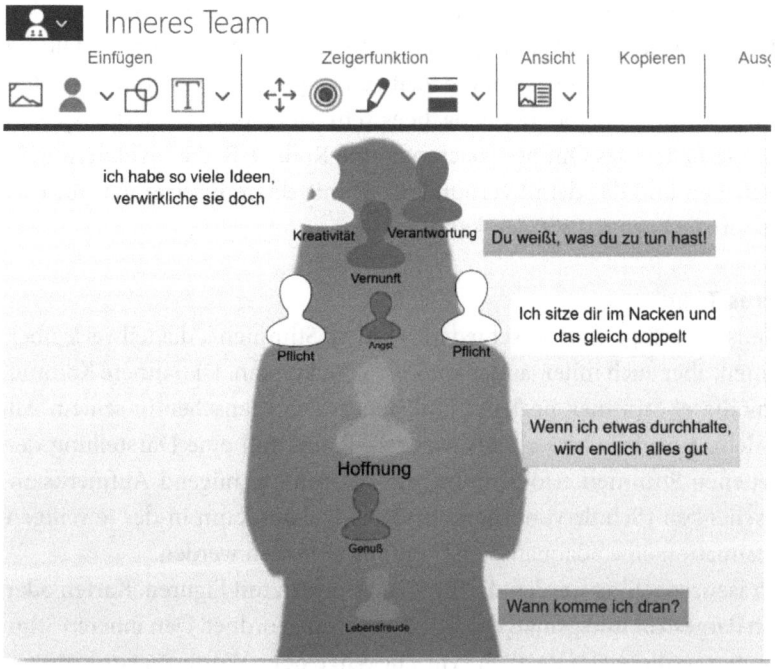

Abb. 7: Inneres Team (Quelle: CAI® World)

Die inneren Teammitglieder können bewegt sowie in Farbe und Größe verändert werden.

Nach der Erstellung einer Ist-Situation und einer Wunsch-Situation kann das Innere Team in der Situationsanalyse, zur Ressourcenaktivierung und zur Zielfindung eingesetzt werden. Das Auswählen einer Silhouette und die Gestaltung der inneren Anteile in Größe, Farbe und Anordnung zueinander auf der Silhouette bietet viele Möglichkeiten des Erkundens und Erlebens, so dass es bei der Online-Durchführung des Inneren Teams nicht um das Erstellen eines statischen Bildes geht, sondern um das unmittelbare Erleben der inneren Teamdynamik.

▶ **Bildergalerie**

Die Bildergalerie enthält eine Auswahl an verschiedenen wirkungsstarken Bildern, die sowohl als Hintergrundgrafiken als auch als Bildelemente zur Verfügung stehen. Neben Bildern von Gebäuden, Landschaften und Bäumen enthält die Bildergalerie auch Bilder von Teams, abstrakte, künstlerische Darstellungen und auch einfarbige Bilder. Die Bildergalerie stellt sowohl im Präsenzcoaching als auch im Online-Coaching ein wertvolles Tool dar, um einen einfacheren Zugang zu Emotionen und Assoziationen zu gewinnen. Häufig fällt es Coachees schwer, ihre derzeitige Situation mit Worten zu beschreiben. Die Bildergalerie kann hier als Impulsgeber den Zugang zu inneren, unbewussten Prozessen unterstützen und kreative Arbeitsprozesse anregen (Messerschmidt, 2015; Ryba u. Roth, 2017). Besonders hilfreich ist die Bildergalerie, um die Ist-Situation darzustellen, um dann, darauf aufbauend, die gegebene Situation genauer zu analysieren und über einen möglichen Soll-Zustand nachzudenken.

Abb. 8: Bildergalerie mit Assoziationen im Chat (Quelle: CAI® World)

Das Tool »Bildergalerie« eignet sich vor allem in der Situationsanalyse beim Wechsel von einer kognitiven Ebene hin zu einer überwiegend assoziativen, emotionalen Ebene. Durch Einsatz des Bildmaterials können Emotionen freigesetzt werden, welche bei der Arbeit mit dem Whiteboard oder dem Soziogramm noch unberücksichtigt blieben. Die Bildergalerie hat sich durch ihre emotionale Komponente auch bei der Ressourcenaktivierung und dem Auffinden eines Zielzustandes im Coachingprozess bewährt (Storch u. Krause, 2007).

Fazit

Am Beispiel der CAI World wurden Möglichkeiten dargestellt, wie Coaches ihr professionelles Repertoire auch online umsetzen können. Zusätzlich zum Einsatz von interaktiven Online-Tools bedarf es einer ziel- und lösungsorientierten Prozessgestaltung.

Auch hierfür kann eine Online-Unterstützung in Anspruch genommen werden. Der Ablauf des Coachingprozesses beim Format Business-Coaching der CAI World ist aus wissenschaftlich fundierten Wirkfaktoren im Coaching abgeleitet und führt von Problemsituationen zu umsetzbaren Zielen und Lösungen, die der Ganzheitlichkeit menschlichen Erlebens und Verhaltens Rechnung tragen (Berninger-Schäfer, 2015). Die interaktiven Online-Tools ermöglichen die gezielte Bearbeitung von kognitiven, emotionalen und körperlichen Reaktionen. Sie verstärken Trancephänomene durch die Fokussierung der Aufmerksamkeit auf die kreative Gestaltung der Tools mit ihren Visualisierungsmöglichkeiten.

Die Kombination zwischen audio-visueller Kommunikation mit schriftlicher Dokumentation und Reflexion stellt die Abläufe transparent dar, so dass Coachees das Gefühl der Kontrolle haben. Das verstärkte Kontrollgefühl stellt einen Wirkfaktor im Online-Coaching dar. Dies wird auch dadurch unterstützt, wenn Klient*innen darüber entscheiden können, ob sie gesehen und gehört werden oder nicht. Der Erwerb von Hör- und Sprechkompetenzen speziell für Online-Begegnungen ist wesentlich, wenn Audio- und oder Videokommunikation hinzukommen. Das Face-to-Face-Verhalten ist nicht einfach übertragbar.

Online-Coaching steht noch am Anfang seiner Entwicklung und wissenschaftlichen Erforschung. Neben dem Präsenz-Coaching wird die Zukunft des Coachings wahrscheinlich online oder hybrid sein. Somit ist es für die Zukunftssicherung von Coaches unerlässlich, sich für Online-Coaching zu professionalisieren und sich mit den spannenden und hilfreichen, technischen Möglichkeiten zu beschäftigen, die inzwischen zur Verfügung stehen.

Autorinnen

Elke Berninger-Schäfer ist geschäftsführende Gesellschafterin der CAI GmbH. Sie ist Professorin an der HdWM (Hochschule der Wirtschaft für Management in Mannheim), Diplom-Psychologin, Senior Coach DBVC, Senior Coach IOBC, Lehrcoach und Supervisorin. Sie hat den Fachausschuss Forschung im Deutschen Bundesverband Coaching gegründet und mehrere Jahre geleitet. Als Inhaberin des Karlsruher Instituts mit den Schwerpunkten Führung, Coaching und Gesundheit bietet sie Weiterbildungen und Zertifikatsstudiengängen zum »Business-Coach« und »Gesundheitscoach«, sowie in »Online-Coaching« und in »Leadership online« an. Sie ist Gründerin und geschäftsführende Gesellschafterin der CAI GmbH, die professionelle Online-Vorgehensweisen in Coaching, Beratung, Therapie und in Digital Leadership entwickelt. In diesen Themenfeldern liegen viele Veröffentlichungen vor. Sie ist Mitherausgeberin der ersten deutschsprachigen, wissenschaftlichen Coaching-Zeitschrift Coaching|Theorie und Praxis (CTP).

Hannah Lena Süß ist Diplom-Rechtspflegerin (FH) und Bachelor of Science (Psychologie). Seit dem 01.07.2019 ist sie am Karlsruher Institut Prof. Dr. Elke Berninger-Schäfer in den Bereichen Assistenz, Marketing und Seminarorganisation tätig. Darüber hinaus absolviert sie derzeit die Weiterbildung zum Business-Coach mit der Zusatzqualifikation Online-Coaching.

Literatur

Berninger-Schäfer, E. (2018). Online-Coaching. Wiesbaden: Springer.
Berninger-Schäfer, E. (2015). Systemisch lösungsorientierte Bewertungskriterien der Karlsruher. In H. Geißler, R. Wegener (Hrsg.), Bewertung von Coachingprozessen (S. 101–118). Springer.
König, E., Vollmer, G. (2014). Der Blick auf das soziale System. In: A. Ryba, D. Pauw, D. Ginati, St. Rietmann (Hrsg.) Professionell coachen. Das Methodenbuch: Erfahrungswissen und Interventionstechniken von 50 Coachingexperten (S. 321–333). Weinheim: Beltz.
Klein, O. G. (2020). Wer schreibt, der bleibt. Wie selbstreflektierendes Schreiben den Coaching-Prozess vertieft und nachhaltiger gestaltet. Coaching Magazin, I|2020, S. 22–26.
Kumbier, D. (2016). Aufstellungsarbeit mit dem Inneren Team: Methoden- und Praxisbuch für Gruppen. Stuttgart: Klett-Cotta,
Messerschmidt, J. (2015). Das Selbst im Bild. Eine empirische Studie zum Einsatz von Bildmaterialien zur Förderung von Selbstreflexions- und Selbstveränderungsprozessen im Einzelcoaching. Frankfurt: Peter Land,
Ribbers, A., Waringa, A. (2015). E-Coaching. Theory and practice for a new online approach to coaching. London: Routledge.
Ryba, A., Roth, G. (2017). Integrative Coaching-Praxis mit neurowissenschaftlicher Fundierung. Coaching Magazin. 4|2917, S. 50–54.
Schulz von Thun (2013). Das innere Team und situationsgerechte Kommunikation: Kommunikation, Person, Situation. Rheinbeck bei Hamburg: Rowohlt Taschenbuch.
Storch, M., Krause, F. (2007). Selbstmanagement-ressourcenorientiert. Bern: Huber.
Varga von Kibed, M., Sparrer, I. (2009). Ganz im Gegenteil: Tetralemmaarbeit und andere Grundformen Systemischer Strukturaufstellungen. Heidelberg: Carl Auer.
Winkler, O. (2017). Anwendung der Gesprächsanalyse als Feedback-Instrument im Chat-Coaching. In Coaching|Theorie und Praxis, 3, 17–27.